POLITICS
AND LAW REVIEW

主办单位 北京大学法治研究中心
重庆大学人文社科高等研究院

主 编 强世功

政治与法律评论 第九辑

本书编辑出版获得“北京大学法治研究中心·丽达研究基金”支持

法律出版社
LAW PRESS·CHINA

“英美宪制变迁”专题导言

如果将现代宪制等同于英美宪制,或许不会有太大的问题。无论是因为本身的制度优势,还是因为对外殖民扩张,英美作为现代宪制的策源地,贡献了诸如法治、代议制、议会主权、混合宪制、分权制衡等现代观念与制度,构成了当代绝大多数国家公法制度的底色。因此,探究英美的宪制秩序究竟如何发生,又是如何演化至今天的样态,就不仅仅是好奇心或“好古癖”(霍姆斯语),而是真正理解现代宪制的门径。这种理解的获得,无法停留于学说的梳理,而必须进入历史的场景。这不仅是因为“一页历史抵过成卷理论”,更是如罗伯特·卡沃(Robert Cover)所说,对法律和政治的解读生长在“伤痛和死亡的领域”之上。①

既往对于英美宪制的研究,往往聚焦于“限权”,即对于国家权力的制约,而往往忽视了限权的前提——权力建构的本身。柔弱的国家权力无法保障政治共同体内部的安宁,更无力在“国家丛林”的血腥竞争中自立。纵观英美宪制的生成史,不难发现,一切争论的核心,都在于寻找自由与权威的

① 参见 Robert M. Cover, “Violence and the Word,” *Yale Law Journal* 95 (1986): 1601 – 1629。

平衡,探寻一种既保有个人自由,又能使国家强大的政治秩序。无论主权话语是君权神授还是议会主权、无论权力结构是混合宪制还是分权制衡、无论是坚持成文法至上还是推崇自然法学说,所有观念的争论与制度的变迁,一以贯之的逻辑都在于达到"权"与"力"的匹配、自由和强大的平衡。因此,本辑以"英美宪制变迁"为主题,尝试对自17世纪始至今漫长的宪制变革作一个既有侧重又有线索的探讨。

于明在《从都铎宪制到议会主权——英国宪制的现代转型及其美国影响》一文指出,虽然在美国宪法的诸源头中,英国宪制的遗产占有支配性地位,但既往的研究并未对其有足够的重视。"美国宪法的历史不仅在美国,也在英国;不仅在现代,也在中世纪。"英国宪制的两个传统,即都铎宪制所代表的"混合宪制"模式,与作为现代主权观念的神学表述——"君权神授"观念,在经历了斯图亚特王朝前期的政治动荡与革命重塑之后,逐渐退居幕后。取而代之的是主权观念的现代表述——"议会主权"。"议会主权"与"君权神授"事实上分享了"机构至上"的共同本质,使得奉行"基本法至上"的都铎宪制在英国以及欧陆遭遇严重挫败。但都铎宪制并未完全破产,它在很大程度上被殖民者移植到新世界,并在日后成为殖民地反抗母国的合法性资源。正如亨廷顿指出,在美国宪制中,无论总统的"君主"职权及其与国会的博弈,还是法院实质具备的立法职能,都揭示出美国宪制的"都铎"色彩。

查尔斯·卡尔顿的《三次英国革命与国王的个性》一文,则通过心理历史学的分析,重新揭示了宪制变革中"人格化"力量的重要性。既往对于英国革命以及美国革命的理解,大体上被"辉格史观"或唯物史观所支配。然而卡尔顿指出,查理一世与詹姆斯二世的性格,很大程度上决定了英国内战和光荣革命的走势。一个自卑的童年,意味着成年之后难以有健全的人格。作为君王,查理的口吃症状意味着他难以通过政治演说与社交获取公众支持或政治伙伴;内心的抑郁与交流障碍,则决定了他成为一个无法妥协的人。然而,妥协恰恰是政治的艺术。因此,查理一世的性格注定将激化17世纪早期英国政坛的重重矛盾,直至内战的爆发,直至登上断头台。不仅如此,詹姆斯二世与乔治三世的性格缺陷,也都在不同程度上激化了时局。托利党人与新英格兰的爱国者们借用了查理一世的形象来正当化自身的反抗行为,也间接地促成了光荣革命与美国独立运动。

王婧的《普通法法治的现代阐释——以艾伦(T. R. S. Allan)的〈法律、自由与正义〉为中心》一文则探讨了脱胎于英国中世纪普通法传统的普通法宪政主义如何形塑当代英国公法。通过重塑戴雪的理论,艾伦提出了其普通法宪政主义学说。一方面,艾伦认为基于平等与自由的法治原则,比议会主权原则更适合作为宪政主义的理论基础;另一方面,艾伦否定了戴雪对于宪法性法律与宪法惯例的区分,主张将宪法惯例视为法律,并作为规制特权的法律原则的重要渊源。在他看来,普通法是蕴含法治价值的“原则的集合”,不仅蕴含着实质(道德)意义,也是现行有效法律规则整体精神的体现,因此,艾伦希冀普通法能抑制立法至上所可能导致的权力滥用与权利压制。王婧认为艾伦的学说是在法律实证主义占据主导地位的英国公法学界复兴自然法学说的一种努力,“在现代社会条件下发掘英国普通法的法治内涵,延续古典普通法理论捍卫个人自由、抵制专制权力的立场”。

王凯的《脱欧程序、君主特权与宪法惯例——米勒诉脱欧事务大臣案的法理分析》进一步探讨了源于中世纪君主特权的外交权是否应当受到议会主权的限制。该案的争点是程序性问题,即脱欧程序是否需要议会批准,但实际上涉及的是实体权利问题。王室政府的外交特权基于宪法惯例,原则上不受限制,但不得挑战议会权威,即不得实质上修改议会立法。而这恰恰是数百年来英国宪制变迁的一个结果,因而脱欧案的法律问题,就在于判断脱欧这项决策是否会根本地改变公民的基本权利。更为根本的问题在于,将重大决策性议题立基于君主特权的宪法惯例之上是否可行。王凯认为,宪法惯例在日益异质化的今天已经失去了适用的社会基础,以传统的君主特权应对因价值多元化而产生的脱欧问题势必将导致宪法危机。

对于深陷“文化内战”泥沼的美国而言,同性恋议题无疑是最主要的交火地。在约翰·罗伯茨看来,赞成同性婚姻的五位法官,不仅夺走了本属于人民的决定权(立法权),而且抛弃了司法审慎原则,屈服于以“新见解”来重塑社会的欲望。以司法权介入或推动价值议题,从根本上混淆了法律与政策的区别,使之暴露于政治与价值的“党同伐异”之中,这最终消解的是司法与宪法的权威。因此,译者田雷不无担忧地指出,同性婚姻案到底会成为同性恋人士的“布朗诉教育委员会”,还是成为21世纪的“洛克纳诉纽约州”,抑或成为“罗伊诉韦德”的翻版?“同性婚姻案的历史如何写,取决于美国政治的未来会如何发展。”

那么,美国是如何在对内深陷“文化内战”的同时,对外依然保有帝国霸权态势的。换句话说,美国的宪政体制,是如何平衡“自由”与“强大”这对在传统政治哲学中难以调和的主题的。威廉·诺瓦克的《美国“弱”国家的迷思》一文通过梳理国家学说的谱系间接地回应了这个问题。他指出了美国历史经验中的一个核心断裂:“一方面,美国人乐于向自己讲述个人主义、自我信赖、自愿主义、结社主义、自由劳动和自由市场的故事;另一方面,真实的历史却表明‘具体的国家机构’完全有能力在国内外施加广泛的干涉、强制与管制力量。”他认为,美国“弱”国家能力的神话很大程度上源于经典社会理论的“欧洲主线传统”所带来的支配性影响,以及韦伯的国家学说难以覆盖美国的历史经验。修正美国“弱”国家的观念,不仅需要区分国家的专制权力和基础权力,并且要以实用主义的视角审视美国的权力分配结构,“美国国家权力如此隐蔽的一个重要原因,就在于它广泛地混合在不同机构、辖区、部门、办公室、程序、规定、习俗、法律和规章之中”。在他看来,“美国国家权力的真实影响时刻与我们相伴。对于一个强制力掌握在被统治者手中的民主共和国来说,书写国家权力的历史是前所未有的当务之急”。

政治与法律评论(第九辑)

《政治与法律评论》
(第九辑)第1~30页

从都铎宪制到议会主权

——英国宪制的现代转型及其美国影响

于　明*

摘要:在英国宪制的历史上,存在混合宪制(以都铎宪制为代表)与议会主权两种传统。在17世纪,传统的都铎宪制开始遭遇现代社会的挑战。挑战者分别来自君权神授与议会主权。虽然两者所主张的最高主权者不同,但两者又都分享共同的本质,是现代主权话语的不同面向的表达。而且议会主权在英国胜利,并不意味着都铎宪制的传统彻底失败了;相反,后者更多地影响了作为殖民地的美国,在今天的美国宪制中依然具有生命力。

关键词:都铎宪制　君权神授　议会主权

美国宪法的历史不仅在美国,也在英国;不仅在现代,也在中世纪。

在美国宪法的诸源头中,英国宪制的遗产始终占据着支配性地位。但较之美国宪法的研究,国内学界对于英国宪制的讨论仍然未能深入。或许由于历史的久远以及不成文宪法的传统,使得英国宪

* 于明,华东政法大学法律学院副教授。

制的基本面貌较之美国更为复杂,以至于一些关键问题依然难以廓清。本文并不打算考察英国宪制的全貌,而是将目光集中在17世纪这一转折时期,试图从历史与理论的视角重新阐释"都铎宪制"与"议会主权"这两种传统的塑造与衔接,从而为我们更深入地理解英国宪制的基本精神及其对于美国宪制的深层影响提供一些智识基础。

一、英国宪制的两个传统

对于英国宪制的阅读,往往纠缠于两种相互冲突的体验与情感之中。一方面,英国宪制是中世纪以来近千年的历史延续,在这片蛮荒的土地上诞生了影响世界的宪制传统,并始终保持着相当的稳定性与连贯性,以至于我们今天仍然可以看到其中蕴含的诸多古代宪制的惯性与遗迹。① 但另一方面,英国宪制又是革命性的,尤其是在经过了17世纪的内战与革命,以及18世纪后期开始的议会改革后,一个以议会主权为核心的全新宪制得以塑造,并得以延续至今,且仍然影响着世界。② 连续性与革命性这两种相互冲撞的因素共同作用于英国宪制的历史之中,也使得其内在结构更趋复杂与多元。

这恰恰是英国宪制的贡献所在。英国宪制在革命后开创的议会主权原则,切断了中世纪宪制传统的历史延续,锻造了真正属于现代政治架构的宪法原则,并成为世界诸多奉行议会政体的宪政国家的典范。但与此同时,英国古代宪制的传统,尤其是以都铎宪制为代表的混合政体,也并未在今天的世界宪法格局中彻底消失。相反,恰恰是当都铎宪制在它的母国走向衰落时,它在大洋彼岸的殖民地新世界中生根发芽,

① 关于英国古代宪制的传统,参见[美]麦基文:《宪政古今》,翟小波译,贵州人民出版社2004年版;[英]J. G. A. 波考克:《古代宪法与封建法》,翟小波译,译林出版社2014年版。

② 关于议会主权的宪法传统及其基本形态,参见[英]戴雪:《英宪精义》,雷宾南译,中国法制出版社2001年版;[英]沃尔特·白芝浩:《英国宪法》,夏彦才译,商务印书馆2010年版。

构成了美国宪制的基础与底色[③]。以至于不少学者认为,20 世纪的美国宪制比同时期的英国宪制更接近于 16 世纪的都铎宪制[④],甚至将美国宪制理论视作"本质上是中世纪的"[⑤]。而随着美国宪法在世界范围内的日渐扩张,这些在英格兰本土已经消逝的古老传统仍然发挥着强劲的影响力。

在现代宪法的格局中,英国式的议会主权与美国式的混合宪制是主要的两种具有世界影响力的宪制模式,但这两种模式本身却共同源自中世纪以来的英国宪制。在这个意义上,英国宪制同时为今天的世界贡献了两笔旨趣相抵却同等分量的遗产,也以自身的复杂和多元为研究者留下了诸多难题。本文的写作也同样无法解决全部的问题,只将重点放在英国革命与宪制变迁的关键时刻,以展现这两种传统在历史转折中的基本形态及其变迁的内在理路。本文的叙事将从对于都铎宪制的回顾开始,在此基础上考察传统宪制在 17 世纪遭遇的理论与实践的挑战,尤其是君权神授作为最初的主权理论所造成的强大冲击,及其最终为议会主权原则所取代的历史进程,最后讨论传统宪制对于英美宪制的当代影响。

二、所谓"都铎宪制"

都铎王朝是英国历史的转折时代。

这个时代首先呈现的是国家主权的兴起。从红白玫瑰战争的废墟中走出的都铎王朝,首先思考的问题即是如何结束中世纪英格兰漫长的混乱状态,建立长久的和平与秩序。从亨利八世到伊丽莎白女王的时代,集权化的力量逐渐增强,各种促进近代主权萌发的改革措施也渐

---

③ C. H. Mcllwain, *The High Court of Parliament and Its Supremacy*, Yale University Press, 1910, pp. 384 – 387.

④ [美]塞缪尔·P. 亨廷顿:《变化世界中的政治秩序》,王冠华、刘为译,上海人民出版社 2008 年版,第 81 页。

⑤ A. F. Polland, *Factors in American History*, Macmillan, 1925, p. 39.

次展开。宗教改革的进行、枢密院的设立、治安法官的加强以及各种特权法庭的发达,都在不同程度上强化了英国王权与中央集权,重新塑造了民族国家的认同,大大扩大了王室和行政机构的权力。[⑥] 因此,有学者认为,在都铎时代的英格兰,已经出现了一种专制君主制(autocratic monarchy),或绝对主义君主制(absolutism monarchy)。

但对于都铎王权的性质,也有学者持完全相反的意见。在他们看来,都铎时代的王权虽然较之此前的安茹时代或玫瑰战争时期得到极大强化,但较之欧洲大陆,似乎又不曾完全摆脱中世纪的束缚,而仍然保留着封建时代有限君主制(limited monarchy)的痕迹。即便在伊丽莎白时代的政府,无论王权如何强大,英国政治的要义仍然是保持"中世纪基本因素的连续性"。[⑦] 都铎王朝所带来的各种改革与变化,仍然未能打破"封建制度的基本原则","甚至连封建政治结构也未能动摇"。[⑧] 因此,要理解所谓"都铎宪制"的本质,首先需要回到当时的历史场景,重新理解都铎宪制的基本结构与实际运作。

都铎宪制首先表现出王权加强的趋势。作为都铎王朝的创立者,亨利七世通过对战争的清算极大削弱了贵族力量,同时大力提拔乡绅阶层出身的官员与支持者;并通过加强对治安法官的控制实现王权对地方的渗透。亨利八世时代开始的宗教改革,不仅创立了不依附于罗马教廷的英国国教,也使得国王获得了空前的政治权威。宗教改革的共同目标使得国王与议会形成紧密合作关系,议会在多数议题上保持对于王权的顺从。[⑨] 作为常设中央政府核心的枢密院,取代了传统的咨询机构咨议会,逐渐形成担负日常行政管理的全能政府。[⑩] 星宫法庭、恳请法庭、高等宗教法庭等王室特权法庭的创设,也都使得国王对

⑥ 郭方:《英国近代国家的形成——16世纪英国国家机构与职能的变革》,商务印书馆2007年版。

⑦ A. L. Rowse, *The England of Elizabeth*, Macmilan, 1951, p. 262.

⑧ S. B. Chrimes, *English Constitutional History*, Oxford University Press, 1953, pp. 121－123.

⑨ [英]F. W. 梅特兰:《英格兰宪政史》,李红海译,中国政法大学出版社2010年版,第162页。

⑩ See W. S. Holdsworth, A History of English Law, Vol. VI, pp. 65－67.

于司法事务的控制大大增强。[11] 到伊丽莎白女王时代，伴随着对西班牙战争的胜利、海外市场的开拓和英国国力的迅速增强，议会和臣民对于女王的尊崇也与日俱增，将王权的荣耀推向了顶峰。

但如果仅仅以此作为所谓“专制君主”或“绝对主义”的依据，则仍然只看到了硬币的一面。在都铎王权急剧膨胀的同时，封建时代以来的加诸于王权之上的种种束缚并没有彻底消失，仍然以传统或新的形式发挥影响。王权的限制首先来自于议会。在亨利八世时代，由于在反对罗马教廷问题上的一致立场，国王与议会的关系空前紧密。首席大臣克伦威尔尤其善于利用平民议员对国王的敬畏和抵制教皇的情绪，控制议会的辩论和表决，使得大多数国王政府的议案都能得到议会的支持。但这并不意味着国王已经完全取得了对议会的胜利。事实上，宗教改革在剥夺教皇权力的同时，也在很大程度上削弱了国王的传统神圣性，使得国王不得不在宗教之外寻求新的合法性来源。由议会通过的英国《1534 年王位继承法》和英国《1795 年叛逆法》，都意味着王权的合法地位已经越来越多地依赖于议会权威的支持。[12]

在这个意义上，宗教改革在带来王权扩张的同时，也导致了议会作为另一世俗性权力中心的崛起。这一时期的王权，并非凌驾于议会之上，而更多呈现出“王在议会中”(King in Parliament)的混合体制的特征。用亨利八世的话来说，“朕的王位在任何场合都不如在议会中崇高；在议会中，国王如同首脑，两院议员如同躯干四肢，我们连在一起，我们共同结合为政治意义上的国家”。[13] 这一新理论的提出，在一定程度上回应了王权与议会之间的内在紧张关系，但同时也回避了国王与议会谁是最高主权者的核心问题。在这个新体制中，国家的主权归属依然模糊不清；它既不属于国王，也不属于议会，而属于国王(君主制)、上院(贵族制)与下院(民主制)共同构成的“混合政体”。此后，

---

⑪ 程汉大、李培锋：《英国司法制度史》，清华大学出版社 2007 年版，第 41 ~ 53 页。

⑫ See G. R. Elton, *The Tudor Constitution: Documents and Commentary*, Cambridge University Press, 1983, pp. 62 – 80.

⑬ G. R. Elton, *Studies in Tudor and Stuart Politics and Government*, Cambridge University Press, 1983, p. 270.

随着王权与议会紧密合作的结束,在玛丽时代与伊丽莎白时代,议会对于王权的反对和限制也逐渐增多。玛丽女王的天主教复辟政策屡屡因议会否决或搁置;伊丽莎白时代围绕滥用专利权、立法创议权的斗争,议会也数次赢得胜利,迫使女王不得不在关键问题上作出让步。⑭

除议会之外,王权的束缚还来自普通法及其法庭。尽管其管辖权受到来自王室特权法庭的挑战,但在都铎时代,普通法法庭的主导地位并未动摇。由于特权法庭本身存在的前提即在于弥补普通法法庭之不足,因此,在一般案件审判中,都铎时代始终坚持管辖权的基本原则,即只有在普通法法庭确实无力提供充分救济时,特权法庭才可以获得对案件的管辖权。⑮ 虽然在普通法法庭与特权法庭发生冲突时,枢密院的裁决往往偏向特权法庭,但总体上说,王室依然认同普通法法庭的基本管辖权,也从未打算以特权法庭取代普通法法庭。1598 年,枢密院接受了大法官埃杰顿的观点,申明北方法庭决不能妨碍普通法法庭中任何案件的审理。⑯ 由于王室对于普通法法庭的尊重,也由于法庭在宗教改革问题上与王室立场的接近,在整个都铎时代,王权与普通法法庭基本保持了合作姿态,也形成了微妙的内在制约。

与此同时,都铎王权也仍未超出"特权"的范畴,其在理论上仍受到普通法的制约。依据中世纪的原则,国王与贵族的权利共同源于封建采邑关系;国王的权力,与贵族自由权利一样,本质上都是封建制下的"特权"。⑰ 封建权利义务的相互性,意味着任何一方的特权都是有

---

⑭ See A. L. Rowse, *The England of Elizabeth*, Macmilan, 1951, pp. 392 – 397.

⑮ 星宫法庭所受理的案件,主要是因当事人过分强大而普通法法庭无力将其绳之以法的案件,直接涉及国王利益的案件及普通法上缺乏明确规定的诽谤、伪证、造假等案件。恳请法庭设立的主旨之一,是解决普通法法庭诉讼费用昂贵所产生的贫民无力起诉问题。北方法庭和威尔士边区法庭的建立有助于提高普通法的权威,因为正是它们真正把普通法推广和落实到西南和北部边陲地区。参见程汉大、于民:《在专制与法治之间——"都铎悖论"解析》,载《世界历史》2002 年第 5 期。

⑯ See W. S. Holdsworth, *A History of English Law*, Vol. IV, p. 274.

⑰ 自由(liberty)和特权(privilege)在中世纪的含义接近,自由首先指的是做某件事的特权。参见钱承旦、陈晓律:《在传统与变革之间——英国文化模式溯源》,江苏人民出版社 2010 年版,第 28 页。

边界的,而边界的确定来自法庭的普通法。在特权范围内,国王权力的行使是自由的,且神圣不可侵犯,但却不能超出普通法所确定的边界。自《大宪章》以来,这一原则始终被视作封建王权的基本原则。尽管都铎王权的势力空前地扩张,但依然不曾在理论上突破普通法的束缚。1539 年的《国王宣告法》规定,在无议会期间,国王的宣告(proclamation)具有与议会法案同等的权威,但同时明确,国王宣告不得与普通法相抵触,不得宣告普通法不违法之事为违法。[18] 这一法案的目的显然是加强王权,但也清晰地阐释了国王命令与普通法之间的界限,在事实上接受了王权受制于普通法的历史传统与事实。

当然,不仅是国王,在都铎宪制中,议会的权力同样是有限的。尽管都铎时代的议会获得了空前的崇高地位,但这一时期的议会仍然未能摆脱作为国王法庭的本质。在中世纪的政治中,"司法是政治权力的核心形态",[19]国王政府首先呈现出的形象是王室的高等法庭。在英文中,所谓法庭(court),本义只是庭院,后来衍伸到一切在庭院内召开的议事会议;而国王的"王廷",不过是国王与贵族们的议事场所。王廷主要由"大会议"和"小会议"组成;前者由所有贵族共同参加,而后者则只有大贵族与国王亲信。从"小会议"中,分裂出民事高等法庭、王座法庭、大法官法庭等专门的司法机构,以及咨议会、枢密院等行政机构,而"大会议"则演变为后来的国会,但本质上仍然是国王的最高法庭,也因此一直是重大案件的最高审级法庭。尽管在中世纪后期,国会作为法律制定机关的作用越来越突出,但一直到 17 世纪之前,国会作为国王最高法庭的性质仍未改变。

中世纪政治的"司法"性质,很大程度上来自"立法"观念的缺失。在日耳曼早期社会的观念中,法律是世界秩序的一部分,是神圣的、永恒不变的规则,来自超出记忆之外的古代习俗。因此,在中世纪的观念

---

⑱ See G. R. Elton, *Studies in Tudor and Stuart Politics and Government*, Cambridge University Press, 1983, p. 272.

⑲ [英]佩里·安德森:《从古代到封建主义的过渡》,郭方、刘健译,上海人民出版社 2001 年版,第 156 页。

中,理论上并不存在创制法律的问题,只有发现既存法律的问题;并不存在所谓法律规则的首次运用这样的问题,因为法律是古老的,古老的法律才是真正的法律,真正的法律必为古老的法律。[20] 在中世纪的英国,真正的法律(普通法)是没有作者的,是已然存在的古代习惯,只是经由法庭的判决宣告而得以明确;因此,作为国家最高法庭的国会,也同样是在宣告法律,而非制定法律。[21] 尽管从中世纪后期到都铎时代,国会已经承担大量"立法"任务,但这些制定法并不具有最高权威,而只不过是国会法庭的一种判决。[22] 换言之,直到 17 世纪之前,英国的国会仍然主要是被视作"法庭",而非立法机关;现代意义上的主权者的"立法"观念仍不存在。

在"立法"观念缺失的背后,实际上反映的是"根本法"至上的思维。由于真正的法律早已是既定的存在,并且是永恒不变的神圣权威,因此,一切的政治权威也都只能来自法律。用布拉克顿的话来说,"法律创造了国王"。[23] 同样,我们也可以说,法律创造了国会,而非国会创造法律。与此同时,这样一种"根本法"的观念也就意味着,在都铎宪制中,现代意义的主权概念难以找到合适的位置。正如菲吉斯(Figgis)所指出的,对于 1600 年的人来说,"法是真正至高无上的,他们无须考虑构成国家终极权威的究竟是国王,还是贵族、平民或是这二者合在一起"[24]。根本法的至上,决定了人间的权威可以是多样化的,而无需寻找到一个最终的归属。现代的主权观念对于都铎时代的政治家是完全陌生的;在那个时代,"没有一个律师或政治家能够回答在英国究竟谁拥有最高主权这一问题"。[25]

因此,在这个意义上,16 世纪的都铎宪制在本质上仍然是中世纪

---

[20] 陈颐:《立法主权与近代国家的建构》,法律出版社 2008 年版,第 5 页。

[21] See G. R. Elton, *The Tudor Constitution: Documents and Commentary*, Cambridge University Press, 1982, p. 299.

[22] See W. S. Holdsworth, *A History of English Law*, Vol. IV, p. 83.

[23] *Bracton on the Laws and Customs of England*, S. E. Thorne ed., Vol. II, William S. Hein & Co. 1997, p. 304, f. 107.

[24] J. N. Figgis, *The Divine Right of Kings*, Hardpress Publishing, 1922, p. 230.

[25] W. S. Holdsworth, *A History of English Law*, Vol. IV, p. 208.

的。在都铎时代的政治观念中,中世纪以来形成的有关国家是一个内在和谐的"有机体"的观念依然占据统治地位。都铎政权"实际上是中世纪君主政府的典范,为了某些目的,它与国会携手,在适宜之时承认普通法的至上权威。没有谁关心国家主权的归属"㉖。这个"有机体"的本质正是中世纪传统中的"混合政体",国王(君主制)、上议院(贵族制)和下议院(民主制)和谐地构成这个国家的整体,共同遵循至上的根本法;整个国家机构,无论是议会,还是王庭,都呈现出消极治理的"司法"性质。所谓都铎宪制,实质上仍然是"中世纪基本因素的连续性",㉗尽管这一时期已经开始了混合政体向现代主权政体的过渡,但这些改革与变化,仍然未能打破封建制度的基本原则,"甚至连封建政治结构也未能动摇"。㉘

三、君权神授的挑战

都铎宪制终结于17世纪。

有如前述,都铎时代以来的英国宪制首先要面对的问题是近代主权国家的建构,"王在议会中"的混合宪制无疑可视作对这一主题的回应。但这种建立在相互让步基础上的混合宪制本身又是极不稳定的,它"建立在议会的政治自觉还不充分的基础上;也建立在国王本人的智慧、机敏与深受爱戴的基础之上"。㉙ 一旦国王丧失拥戴与智慧,或是议会失去耐心,这一微妙平衡的体制就可能被打破;"都铎时代的英国宪制就好比不稳定的化合物,任何粗暴的继承者都将打破

㉖ S. B. Chrimes, *English Constitutional History*, Oxford University Press, 1953, pp. 122 – 123.

㉗ A. L. Rowse, *The England of Elizabeth*, Macmilan, 1951, p. 262.

㉘ S. B. Chrimes, *English Constitutional History*, Oxford University Press, 1953, pp. 121 – 123.

㉙ C. H. Mcllwain, *The High Court of Parliament and Its Supremacy*, Yale University Press, 1910, p. 342.

它的平衡”。[30]

在伊丽莎白的时代，这种微妙的体制因为女王的机敏与谦让而得到维持；然而，当来自苏格兰的继承人不具有这些素质时，政治有机体的分裂与冲突就变得难以避免。事实上，从事后的眼光来看，这场冲突依然在很大程度上来自英格兰在近代主权国家建构中所面临的各种紧张关系：国教、清教与天主教之间错综复杂的矛盾，封建政治体制与现代国家架构的结构性冲突，以及与西班牙、荷兰等传统海上强国的争霸战争，摆在近代英国统治者面前的是一系列没有多少先例可以参照的棘手难题。这一空前复杂的主权国家建构的政治使命，也在客观上决定了“王在议会中”的脆弱体制难以成为国家政治现代化转型的坚强领导者。

在这场冲突中，以混合政体和司法国家为特征的传统宪制最终结束，取而代之的是内战与革命所塑造的议会主权的新原则。在今天的英国宪制结构中，我们看到的是国会作为主权者的现代政体，国会制定的法律在英格兰具有最高的法律效力。在议会主权的原则下，中世纪以来的“根本法至上”的传统已不复存在，取而代之的是“机构至上”的现代政治逻辑；原本以“司法”为核心形态的国家架构也随着“立法主权”的崛起而结束。这一过程的发生，并不来自“光荣革命”的瞬间，也并非平缓的自然演进，同样经历了长达一个世纪的激烈冲撞与斗争。本文接下来的部分，将把目光转向动荡的17世纪，重新考察议会主权作为理论与实践在英格兰的兴起，及其与各种可能选择之间的冲突与竞争。

1. 詹姆斯与菲尔默

最初对传统原则发起挑战的，并非议会主权，而是作为其竞争者的君权神授理论。在英格兰，最早提出君权神授理论的思想家正是来自苏格兰的詹姆斯一世国王。在英格兰的国王谱系中，詹姆斯一世不仅以博学见长，而且是历史上少有的亲自著书立说的学者型国

---

[30] C. H. McIlwain, *The High Court of Parliament and Its Supremacy*, Yale University Press, 1910, p. 343.

王。出于对宗教的热忱，詹姆斯曾组织54位学者翻译《圣经》，至今仍然是《圣经》英语版本的典范；另外，詹姆斯还撰写了《自由君主制的真正法律》（1598年）和《君主赠言》（1599年），系统提出了君权神授的理论学说。[31]

在詹姆斯看来，所谓"君权神授"，是指君主的权力来自上帝的授予，君主的世袭权利是神圣不可剥夺的；作为世俗君主的国王只对上帝负责，而无需遵循人间的法律。对于王权的来源，詹姆斯借助《圣经》中上帝允许以色列人有一个国王的故事，以及国王与人民犹如"父与子""头与身体"的类比，得出基本结论：君主是凭着上帝的意志与万物的自然秩序得到王位的；因此，真正君主的世袭权利是永远不可侵犯的，任何情况下都不可能以人的意志或法律去改变王位继承的顺位。即便篡位者的王朝统治一千年，只要真正君主的后代继承人仍然存在，他都仍然是唯一真正具有神圣权利的国王。[32]

由于国王权力只来源于上帝，在詹姆斯的理论中，中世纪所谓"法律创造了国王"的信条就在根本上颠倒了历史的真相；恰恰相反，"不是法律创造了国王，而是国王创造了法律"。因此，作为法律创造者的国王，也就不再受到人世间法律的约束。在詹姆斯看来，尽管一个好的君主应该按照法律来规范其行为，但这种对法律的遵守，并非基于中世纪的神圣义务，而仅仅是一种自愿行为；"然而他并非必须得这样，而是出于自愿，并作为其臣民之良好表率而这样做"。[33] 也因此，臣民必须在一切事情上服从其君主的命令，除那些直接违反上帝律令的命令之外，他们永远也不能反抗他。

在詹姆斯的语境中，臣民对于国王的消极服从义务是绝对的、永久的，不以国王命令是否合理为前提。"无论作为一个主权君主犯下多大的错误，做了多么可憎的事，他也应该免除一切惩罚，就好像整个世

[31] See *King James VI and I: Political Writings*, edited by J. P. Sommervile, Cambridge University Press, 1994.

[32] See J. N. Figgis, *The Divine Right of Kings*, Hardpress Publishing, 1922, p. 21.

[33] *King James VI and I: Political Writings*, edited by J. P. Sommervile, Cambridge University Press, 1994, p. 75.

界只是为国王所定,他们只要高兴就可以不受控制地将世界颠倒过来”。[34] 在成为英格兰国王后的演讲中,詹姆斯也一再重申,如果国王决心要成为暴君,臣民尽一切力量也无法阻止他。唯一可能抵制君主的是其命令与神法相抵触,因为人的义务是服从神法而不服从人。只要君主的命令不违反神法,哪怕命令直接损害臣民利益,臣民也必须温顺地接受君主的法律。

当然,作为哲学家的詹姆斯也一再强调,君主的绝对权力只是问题的本源,但这并不意味着君主应当随心所欲地行使权力;相反,统治者的责任早已为圣经、普通法与自然法所确定。君主既然代表上帝管理王国,其职责就在于为人民保证正义和司法、惩恶扬善。君主应当维持祖先们所创立的良好的法律,维护每个阶层的古老的特权与自由,并且通过创造新的法律去防止人民的危险,维持人民之间的和谐、富裕和文明。总之,君主就有如上帝、父亲与守夜人,精心地照料人民的福祉。不过,也正是由于君主对于臣民无尽的责任与父爱,反过来更要求君主获得更多的特权,以更好地造福于他的国家与臣民。[35]

尽管詹姆斯一世最早在英国提出了君权神授的学说,但由于詹姆斯本人的身份,决定了他的著作并非深入的理论探究,而更多是为自身权力扩张的摇旗呐喊;“与其说他是在说明什么,不如说他是在宣示什么”。[36] 从论证的角度来说,詹姆斯对于君主权力的绝对性极尽铺陈,但却并未从理论上说明君主权利来源于上帝的充分理由。詹姆斯的论证至多是一种形象的“类比”,以君主和上帝之间的相似性,论证君主拥有与上帝一样不受限制、随心所欲的权力。但这种简单的比拟,无法构成一种令人信服的论证,也无法从哲学层面阐释君权神授的理论基础。这一理论的最终证成还有待于稍晚时候的菲尔默爵士及其《父权论》。

㉞ *King James VI and I: Political Writings*, edited by J. P. Sommervile, Cambridge University Press, 1994, p. 83.

㉟ See J. N. Figgis, *The Divine Right of Kings*, Hardpress Publishing, 1922, p. 280.

㊱ 陈思贤:《西洋政治思想史》,吉林出版集团有限责任公司 2008 年版,第 5 页。

作为英国右翼政治思想的代表，罗伯特·菲尔默爵士(Sir Robert Filmer,1588～1653)的写作也并非基于纯粹的学术研究，而更多形成于17世纪有关君主权力的政治论争之中。在英国内战期间，菲尔默撰写了《论有限君主制或混合君主制的恶果》《国王绝对权力的必要性》等小册子，反对清教思想家的混合宪制主张，为君主专制的学说提供了理论论证，在当时的政治论争中产生了很大的影响。但真正给菲尔默带来持久理论影响力的还是在他死后27年才得以发表的《父权制》(1680年)。也正是在这一著作中，菲尔默完成了对于君权神授学说的理论论证。由于著作的出版正值复辟王朝的“排斥危机”时期，菲尔默的理论很快成为托利党人的意识形态与理论基础，其影响之大以至于被洛克称为布道坛上的“当代圣经”。

菲尔默的《父权论》放弃了简单的比拟论证，从父权主义对君主权力的起源做了新的论证。在菲尔默看来，《圣经》中所包含的最重要的政治事实都出现在《创世记》的开头几页。《圣经》中记载的上帝将世界给予亚当这一简单真理，足以推翻最初的主权是人民所建立的观点。亚当是全部父权的起点，而亚当的父权又来自上帝的授予。菲尔默主张“世上所有权力要么源自父权，要么篡夺了父权，无论什么权力再也不可能找到其他来源”。所以人们最初建立的不可能是自由而平等的民主政体，而是由一个父亲作为家长独揽大权而其他人消极服从的家庭。因此，根据人的自然本性，人是生而服从的，而非生而自由平等。[37]

如果说最初的权力来自于亚当，那么接下来的一个问题是，亚当最初拥有的权力是父权还是君主权？换言之，人类最初的共同体是国家，还是仅仅是家庭？对于这一问题，罗马天主教哲学家苏亚雷斯曾经提出“二元论”的理论，认为父权与君主权有本质的不同，前者来源于上帝，而后者来源于人民。人类最初的组织是家庭，贯彻的是上帝授予亚当的父权制原则，但当人类由家庭组成国家时，这种权威的转移只能是给予人民的同意。但对此，菲尔默坚决反对，认为亚当所

---

[37] See R. Filmer, *Patriarcha and Other Writings*, Edited by J. Sommerville, Cambridge University Press, 1991, p. 3.

统治的并非家庭而是国家。[38] 依据《圣经》，亚当活了930年，他统治的子孙之多超过任何王国，因此毫无疑问是一个大国的君主。

因此，在菲尔默看来，无论是亚当的时代，还是在后世，国家与家庭都分享共同的本质。国王的权力都与父亲的自然权利"是一回事，在程度上和范围上没什么差别"。在一个家庭中，父亲的权力是至高无上的，父亲的统治除了根据自己的意志之外别无其他法律，绝不会依据子孙的意志或法律来统治。同样，国王的统治也只依据上帝之法，而不可能被人间的低级法律所束缚。[39] 当然，这并不意味着国王将随意侵害臣民的利益，因为父权主义在授予权力的同时也赋予义务。国王作为统领许多家庭的父亲，其职责就在于给予人民以普遍的、父亲般的关心。他关注的问题在于如何保护他的臣民、提供福利和保卫国家。国王主持正义与法庭，就是为了将权利合理地分配给他的臣民，就像父亲对于家庭成员的分配一样。[40]

从思想史的谱系上看，以父权主义证成君主的绝对权力，在英国并非菲尔默的首创。在都铎王朝后期天主教徒和国教徒的论战中，已有父权制观念的问世。17世纪初，萨拉维亚（Hadrain Saravia）、安德鲁斯（Lancelot Andrews）、罗德尼爵士（Sir Edward Rodney）等，都曾发表过宣扬父权制的论著。[41] 更近一步地说，这种父权主义的思路，实际上是自亚里士多德以来的关于国家起源于家庭的自然主义论证的延续（菲尔默在《父权论》中大量引用亚里士多德的观点也就不奇怪了）。在这个意义上，菲尔默的理论贡献并非原创的，但却成功地将中世纪的神授政治观与传统的自然政治观结合在一起，从而"在这个时期的文献中

---

[38] See J. R. Western, *Monarchy and Revolution: The English State in the 1680s*, Macmillan Publisher Ltd., 1985, p. 52.

[39] See R. Filmer, *Patriarcha and Other Writings*, Edited by J. Sommerville, Cambridge University Press, 1991, p. 35.

[40] See R. Filmer, *Patriarcha and Other Writings*, Edited by J. Sommerville, Cambridge University Press, 1991, pp. 11 – 12.

[41] See R. Filmer, *Patriarcha and Other Writings*, Edited by J. Sommerville, Cambridge University Press, 1991, p. xvii.

提供了支持君主绝对主义的最持久和最融贯的论证”。[42]

2. 重新理解“君权神授”

但本文并不只是简单地重述君权神授的经典理论。更重要的问题是,君权神授理论的提出,在当时的条件下,究竟具有怎样的理论意义与政治意义?这一学说是否如同后人的批评那样愚蠢荒谬,还是蕴含着可能对于现代政治的孕育具有关键性意义的理论内核?因此,在简单重述了君权神授理论的基本观点之后,我们还需要重新回到历史的脉络中,语境化地理解这一理论所要解决的问题,及其可能具有的潜在的政治学与宪法学的理论价值。

从历史上看,君权神授理论的提出,并非始于斯图亚特王朝的詹姆斯,而实际上有着悠久的传统。由于人类早期对于神明的普遍信仰,且统治者有寻求权力合法性的迫切需求,在古代东西方文明中,以神明或上帝来论证世俗君主的权力,无疑是一种极其普遍的做法。在古代的东方,无论是两河文明、埃及文明,还是远东的中国文明,都存在各种形式的君权神授的理论。即便在基督教文明中,以上帝来证成世俗国王的权力,也并非詹姆斯的首创。自 751 年法兰克国王丕平接受教皇加冕以来,欧洲的世俗国王莫不以基督教神权作为自身权力合法性的来源,强化王权的权威与神圣。

中世纪的君权神授理论,不仅来自世俗国王的合法性需求,同时也来自罗马教廷加强自身权力的重要理论武器。自奥古斯丁提出上帝之城与世俗之城的“双城论”以来,天主教理论学家就不断尝试论证教会相对于世俗权力的优越性。5 世纪的教皇杰雷西乌斯一世将“双城论”转喻为“双剑说”,认为教皇与皇帝分别掌握上帝的精神之剑与物质之剑,并将王权置于教会精神权力的监督之下。11 世纪的教皇革命中,格里高利七世更是明确将教皇解释为上帝权力的代理人,认为只有通过教皇的转赠,君主才可以掌权执法。13 世纪的英诺森三世教皇进一步把“双剑论”演变成“日月说”,认为教皇和国王犹如太阳和月亮,“月

[42] [美]戈登:《控制国家——西方宪政的历史》,应奇等译,江苏人民出版社 2001 年版,第 250 页。

亮从太阳获得光辉，国王从教皇手中获得权力”，从而将教权完全凌驾于王权之上。[43]

但必须指出的是，尽管君权神授的理论在中世纪欧洲源远流长，但这并不意味着詹姆斯一世的神圣权利学说只是中世纪理论的翻版；否则，我们也难以解释，詹姆斯一世的理论何以在后世的政治理论谱系中具有如此重要的地位。事实上，詹姆斯一世的君权神授理论，不仅不是天主教正统学说的延续，而且恰恰构成了对于传统神授理论的反叛，从而将国王的权力从罗马教廷的束缚中解放出来。换言之，作为支持新教的国王，詹姆斯的理论从一开始就旨在挑战罗马教皇的权威，从神圣权利的视角真正确立世俗君主的至上权力。[44]

比较新旧两种理论，一个重要的分别在于，天主教的君权神授强调上帝授予君主的“职位”，但对于接受职位者是否具有纯正血统或继承权却并不关注；而詹姆斯的新理论则更多地强调上帝把权力授予真正具有神圣血统的“人”，否定教会随意授予君主职位的权力。有如前述，第一位由教皇加冕的国王，即是作为“篡位者”的加洛林国王丕平；而英国的第一次加冕则是 1066 年的征服者威廉。通过教皇的加冕和涂油礼，无论篡位的宫相，还是外来的征服者，都可“承蒙上帝恩典”成为合法的国王。12 世纪的英国思想家索尔兹伯里的约翰也认为，血统并非王权合法性的有力证据，王权的真正来源存在于上帝的神性之中。[45]

而相比之下，詹姆斯一世的君权神授理论，则完全基于对君主世袭权利神圣性的强调；不仅是君主的“职位”，更重要的是，君主的“家族”和“人身”都来自于上帝的钦定。有如前述，在詹姆斯的理论中，上帝的权力被直接授予君主的神圣家族及其继承人，而无需罗马教皇的认可或加冕。君主的神圣权利来自于其身上流淌的神圣血统，通过长子继承制得以自然地延续，任何人都不可能篡夺。即便篡位者得到所谓

---

[43] ［英］约翰·麦克里兰：《西方政治思想史》，彭淮栋译，海南出版社 2003 年版，第 110～123 页。

[44] See J. N. Figgis, *The Divine Right of Kings*, Hardpress Publishing, 1922, p. 34.

[45] See J. N. Figgis, *The Divine Right of Kings*, Hardpress Publishing, 1922, p. 121.

的加冕,甚至统治上千年的时间,只要真正的王位继承人仍然存在,上帝的神授权利就永远不会转移。与此同时,上帝对于国王的权力授予是完整的,不为包括教会在内的任何人所分享。君主对于国家享有完整的至高无上的权力,不受任何教会的或世俗的法律的束缚。㊻

詹姆斯一世理论的提出,实际上具有特殊的历史背景。就詹姆斯个人而言,对于王位的世袭权利的强调,很大程度上是因为,作为苏格兰国王的詹姆斯之所以能够继承英格兰王位,完全是基于他身上流淌的都铎王朝亨利七世的血液。尽管詹姆斯的《自由君主的真正法律》写作于伊丽莎白女王逝世的前五年(1598 年),但由于女王当时已经考虑将詹姆斯列为英格兰王位的继承人,我们有理由相信,这一理论的提出很大程度上是在为他自身继承王位的合法性做预先的辩护。事实上,当詹姆斯一世继承英格兰王位时,同样遭遇了来自英格兰议会的强大阻力,这都迫使詹姆斯更强硬、更鲜明地继续阐释自己的君权神授学说,以强化自身继承王位的合法性与打消可能的批评。㊼

然而,除詹姆斯的个人原因之外,这一理论更深层次的理论背景还是来自于宗教改革与主权国家建构的历史潮流。有如前述,英国宗教改革的目标在于斩断罗马教廷对于世俗政权的控制,使得国王成为真正的、最高的政治权威,同时统领国教教会与世俗国家。但与罗马教廷切割的世俗王权,尽管在理论上取得了至上的地位,同时也在一定程度上损伤了世俗君主的神圣性与合法性,因此这一时期的王权理论同样急需新的理论来弥补合法性资源的不足。在这个情况下,詹姆斯版本的君权神授理论无疑有效地填补了这一理论的空间,为新生的主权国家提供了神圣化的论证。在一个宗教信仰普遍存在的时代,要挣脱罗马教廷的束缚,不仅需要实力与勇气,也同时需要对"政治的非神学观点进行神学的论证"。㊽

㊻ See King James VI and I: Political Writings, edited by J. P. Sommervile, Cambridge University Press, 1994.

㊼ See J. W. Allen, *English Political Thought*, 1603 – 1644, Conn Archon Books, 1967.

㊽ J. N. Figgis, *The Divine Right of Kings*, Hardpress Publishing, 1922, p. 314.

在这个意义上,君权神授的理论,在本质上只是现代主权理论的政治神学表达,“构成了中世纪政治与现代政治的必要过渡阶段”。[49] 一方面,君权神授理论摆脱了中世纪天主教神权理论的束缚,剥夺了教皇作为上帝唯一代理人的资格,将上帝的权力直接交到了世俗君主的手中,从而终结了神圣罗马帝国的观念加诸于世俗政治之上的负荷。而另一方面,在当时的历史条件下,较之“混合宪制”理论的支持者,君权神授论者最先敏锐地发现了现代主权观念的理论需求,为世俗政权中的最高权威提供了神学色彩的论证。正是通过诉诸圣经等宗教话语的方式,君权神授理论恰恰证明了世俗国家独立于教会的可能,第一次在政治架构中为绝对的主权者留下了必要的空间;只不过,这个位置最初被授予从上帝手中直接获得权力的国王,而今天则留给了更为世俗化的议会。

回到当时的历史语境中,君权神授理论对于君主权力的伸张也并非毫无现实依据。在这一理论中,君主拥有的是绝对的、不受限制的权力,但同时也对于臣民的利益和福祉承担繁重的政治义务。这一基于父亲角色的无尽关爱与职责,实际上正是都铎时代以来英国王权的真实写照,也客观反映了英国臣民对于王权与福祉的期待。随着宗教改革的开展与工商业经济的发展,王室政府所要承担的政治、经济与社会管理的事务急速地扩张,事实上为国家与臣民提供了越来越多的公共产品,诸如社会保障、为商人提供保护等,但相应的王室收入却并没有太大增加,征税权力的扩大也一直阻力重重。在这个意义上,君权神授理论的提出,固然是为了拓展君主权力服务,但也不排除君主为了更好地履行政府职责的现实考虑。[50]

君主享有父亲般的权力,似乎也预示了现代主权者所承担的繁重义务,以及无所不在的权力渗透。在这个意义上,君权神授论者最早意识到现代国家的广泛、主动的职能,首先将国家从消极的司法裁判者角

---

[49] J. N. Figgis, *The Divine Right of Kings*, Hardpress Publishing, 1922, p. 271.

[50] [意]萨尔沃·马斯泰罗内:《欧洲政治思想史:从十五世纪到二十世纪》,黄华光译,社会科学文献出版社 2001 年版,第 67 页。

色中解放出来，为至上、全能的主权者的诞生预留了足够的空间，并为其提供了当时的人们所能接受的神学论证。在今天的政治话语中，神学的修辞已经变得不再重要，各种形态的主权者已经担负起神圣君主所需要照管的繁重事务，这一过渡形态的君权神授理论也变得不再重要，甚至可以令人们随意嘲弄。但如果我们坚持理论的历史性，就不能轻易否认君权神授理论在变革时代曾经具有的理论贡献。用菲吉斯的话来说，“君权神授理论之所以不再受欢迎，并不是因为它的荒谬，而是它的工作已经完成”。[51]

四、议会主权的兴起

当君权神授的理论大行其道时，反对的声音从一开始就产生了。挑战者主要来自两个阵营。反对声首先来自都铎宪制的捍卫者，其中尤其以普通法法律人和混合宪制论者而著称；另一种批判则来自议会主权的理论与实践，主张以议会取代君主成为英国的至上主权者。这场宪制冲突的结果，以前者的失败和后者的胜利而告终。就理论的内在逻辑而言，尽管议会主权与君权神授理论在立论基础上存在根本冲突，但同时也分享着“机构至上”的共同本质，而奉行“根本法至上”的都铎宪制则遭遇了严重的挫败。

1. 都铎宪制的“反动”

詹姆斯一世的王位继承纯属偶然。由于都铎王统的绝嗣，才使得苏格兰国王詹姆斯有机会入主英格兰。尽管当时的苏格兰已经完成长老教会的新教改革，在宗教立场上与英格兰同属新教阵营，但在政治传统与文化上两者仍然存在很大的差异。较之英格兰的混合宪制和议会传统，苏格兰政治文化与欧洲大陆的绝对主义有更多的相似之处，王权传统也更加强势。此外，与英格兰本土的普通法传统不同，苏格兰全面

---

[51] J. N. Figgis, *The Divine Right of Kings*, Hardpress Publishing, 1922, p. 410.

继受欧陆的罗马法,在法律体系与观念上两者也同样存在较大隔膜。因此,当詹姆斯基于苏格兰和欧陆学说提出所谓君权神授理论时,首先站出来的反对者就是来自英格兰本土的普通法法律人和混合宪制的信仰者。

在英格兰的政治传统中,普通法法律人是古代宪制的附庸。在普通法的思维中,法律是没有作者的古代习俗,来自于不可追忆的遥远时代,只有经受过"律师会馆"的长期实践训练的法律人才能理解与运用。[52] 因此,詹姆斯所主张的"国王创造法律"的观念,必然与普通法法律人的传统观念发生激烈的冲突。在1608年詹姆斯国王与首席法官爱德华·柯克爵士的对话中,柯克即提出所谓"技艺理性"学说,强调普通法的神秘性与至上性,要求来自苏格兰的国王尊重英格兰既有的法律传统。[53] 尽管普通法法律人在当时同样是一个复杂的利益团体,在内战与革命到来时也并非一致地对抗王权,但由于英格兰普通法传统的思维倾向,我们仍然看到包括柯克在内的许多普通法法律人与伸张君权的国王之间的激烈对抗。

在普通法法律人的著作中,也往往充斥着对于古代宪制的尊崇。就柯克的思想而言,他本人早期亦是王权的支持者,并深得伊丽莎白女王和詹姆斯一世的信任,但究其本质,其思想的核心仍然是都铎宪制之下的强大王权。[54] 当意识到詹姆斯的君权神授试图挣脱都铎体制的束缚时,柯克等普通法法律人仍然选择了站在古代宪制传统的阵营,主张将王室的"特权"维系在"王在议会"的政治架构之中。在1610年的告令(Proclamations)案中,柯克等普通法法官明确反对国王颁布缺少法律先例的告令,主张除非是"事后禁止就为时已晚"的紧急事项,国王不得在没有国会的情况下改变普通法中的任何部分,或是创造出之前

[52] 参见[英]J. G. A. 波考克:《古代宪法与封建法:英格兰17世纪历史思想研究》,翟小波译,译林出版社2014年版,第28~29页。

[53] 参见于明:《法律传统、国家形态与法理学谱系——重读柯克法官与詹姆斯国王的故事》,载《法制与社会发展》2007年第2期。

[54] See C. D. Bowen, *The Lion and the Throne: The Life and Times of Sir Edward Coke*, Little & Brown, 1957.

不构成犯罪的新罪名。[55] 在1608年的富勒(Nicholas Fuller)案中,柯克也强调,国王"特权"范围的界定,完全属于英格兰本土的普通法领域,法官较之国王是更为权威的解释者。

不仅是对于君权神授的理论,柯克对于正在形成中的议会主权也同样心存疑虑。在1610年著名的"邦汉姆医生案"中,柯克宣布"当一项国会法令有悖于普遍的权利和理性、或自相矛盾、或不能实施时,普通法将对其予以审查并裁定该法令无效"。[56] 许多学者认为,这一观点的提出,已经模糊地"预见到了今天美国法官们所运用的、以制定法与宪法相矛盾的理由而否决它们的权力",[57]因而在一定程度上构成了司法审查制度的理论渊源。在这个意义上,柯克等普通法法律人所理解的古代宪制,不仅仅是国王、上院和下院这三者的混合,还应当将普通法法院发展成为"既能制约国王又能限制议会的独立权力中心"。[58] 也只有在这样一种多中心的政治架构中,才能有效地遏制绝对主权观念的发展,[59]普通法法律人所"保守"的都铎宪制与普通法至上的权威才能得以维持与延续。

除普通法法律人外,清教神学家菲利普·亨顿(Philip Hunton,1604~1682)的《论君主制》(1643年)和内战期间议会印行的《政治问答集》,也都是这一时期批判君权神授、维护混合宪制的有影响力的论著。在亨顿看来,绝对权力无论是掌握在君主还是其他等级手中,都必然会构成对自由的威胁。"除非他们(三个等级)各自限制自己,避免

---

[55] See Sir Edward Coke, Reports Ⅻ, "Proclamations", in Sheppard Steve, *The Selected Writings and Speeches of Sir Edward Coke, Vol.* Ⅰ, Liberty Fund 2003, p. 487.

[56] Sir Edward Coke, *Part Eight of the Reports*, in Sheppard Steve eds., *The Selected Writings and Speeches of Sir Edward Coke*, Vol. 2, Liberty Fund, 2003, p. 275.

[57] [美]考文:《美国宪法的"高级法"背景》,强世功译,三联书店1996年版,第43页。

[58] C. H. Mcllwain, *The High Court of Parliament and Its Supremacy*, Yale University Press, 1910, p. 92.

[59] 柯克明确地拒绝主权观念,在1628年围绕《权利请愿书》的国会辩论中,柯克指出:"主权在我看来却是不适合议会的言语。它削弱了大宪章和所有其他的法规,因为它们是绝对的,没有主权作任何保留,如果我们现在又把它添上去,就会削弱法律的基础,而整个大厦就必然坍塌。"参见Roger Lockyer, *The Early Stuarts: A Political History of England*, 1603-1642, Longman, p. 342。

无法无天”。只有混合政体的君主制，才能避免各个等级对权力的滥用。[60] 同时期出版的《政治问答集》则明确指出，英国政体是由“三种经典的纯粹形式”混合而成的“有条理的君主制”，其真谛在于作为人民代表机构的下院可以否定“政府的某些权威”；而国王“不但要对上帝负责，还要对法律负责”。[61] 总之，在17世纪的历史语境中，尽管面对君权神授等绝对主义话语的挑战，但有关古代宪制或根本法至上的讨论却从来不曾中断，对于都铎宪制的保守甚至“反对”始终是近代英国政治话语中的重要主题。

2. 议会主权：从“宣告”到“创制”[62]

但这些理论的努力并没有挽救都铎宪制的命运。面对崛起的王权，都铎宪制精心维护的国王与人民紧密结合的“有机体”已经被打破。君权神授的理论，在打碎教皇权力至上的同时，也确立了君主的至上地位，将君主的地位置于人民的共同体之上。在17世纪的英格兰，维系脆弱的都铎宪制的精密条件已经失去，试图依靠历史资源回到过去的努力注定失败，而只能在新的理论资源与实践中寻求出路。

当“王在议会”的平衡被打破时，面对王权的膨胀，另一种成长中的趋势是以议会取代国王成为新兴国家的主权者。有如前述，都铎时代以来的核心问题是，英格兰如何摆脱各种外在与内在的束缚，建立现代意义的主权国家。亨利八世的宗教改革结束了罗马教廷对于英国宗教与政治的控制，确立了英国王权与教会的自主性，但同时也留下了世俗政权的合法性危机。为了对抗教权至上的理论，詹姆斯、菲尔默等人提出君权神授学说，以神圣权利的理论第一次论证了国家主权的正当性。然而，当王权走向绝对主义时，王权曾经的合作者——议会——也

---

[60] See M. A. Judson, *The Crisis of the Constitution: An Essay in Constitutional and Political Thought in England*, 1603 - 1645, Octagon, 1964.

[61] ［美］戈登：《控制国家——西方宪政的历史》，应奇等译，江苏人民出版社2001年版，第280页。

[62] 关于17世纪议会主权的生成史，本节只是简单的概况，具体展开可参见于明：《议会主权的“国家理由”——英国现代宪制生成史的再解读（1642—1696）》，载《中外法学》2017年第4期。

同样开始了谋求至上性的努力,并最终压倒君主主权成为国家主权的担当者。

在都铎宪制中,议会仍然首先是一个法庭,而非立法机构,但最初的变化在亨利八世的宗教改革时代已经开始。宗教改革中几乎所有重大问题的决策都以议会立法的形式通过,从而使得议会逐渐开始摆脱消极的司法机关的形象,更加积极主动地介入到国家政治事务之中。中世纪以来的法律神圣的权威,逐渐开始让步于“王在议会”创立和变更法律的最高权威。[63] 与此同时,普通法法官在审判案件时,也必须尽可能地遵循议会的立法,不再像中世纪的法庭那样可以随意地对待。[64] 而任何议会法案的废除,也都必须通过议会自身的另一个法案,即使在玛丽女王恢复天主教的时期也是如此。[65] 当然,由于都铎宪制中“王在议会”的传统,尤其是国王与议会的紧密合作,决定了这一时期议会权力很难与王权分离开来;议会对于至上性的谋求,只有在国王与议会的决裂之后才成为可能。

17 世纪的英国内战将议会推向了国王的对立面,也给予了议会清晰地表达自身至上性的时机。尽管议会主权最初被付诸实践的准确时间已不可考,但我们还是可以从议会在内战前后的激进言论中找到其最初的表达。在 1642 年 5 月,已经离开伦敦的查理一世国王发布告令,禁止他的臣民遵从议会关于召集军队的命令。对此,上议院和下议院在 5 月 27 日共同起草了一份宣言回应国王的告令。在这份宣告中,议会明确宣称,国王的职责在于作为正义的源泉维护王国的和平,但国王并不是凭借其个人履行这一职责,而是通过他的法庭。国王的法庭既包括普通法法庭、咨议会法庭,也包括作为最高法庭的议会。尽管议会的权力来自于国王的特许,但这并不意味着它们将受制于国王的命令,因为议会的权威在本质上比任何其他的法庭都更高,也更卓越。因

---

[63] See W. S. Holdsworth, *A History of English Law*, Vol. VI, p. 187.

[64] See W. S. Holdsworth, *A History of English Law*, Vol. VI, pp. 185 – 186.

[65] See G. R. Elton, *The Tudor Constitution: Documents and Commentary*, Cambridge University Press, 1982, p. 232.

此，作为最高法庭的议会，就不仅仅是一个司法裁判的法庭，不仅有权做出违反国王意志的个案的裁决，而且它还是一个可以采取必要行动的委员会，有权做任何为了王国和平和安全而必须做的事，即便国王本人可能反对这些事情。[66]

正如约翰·艾伦所言，“这一里程碑式的宣言，实际上构成了内战期间议会一切后续行动的理论基础，它清楚表明，议会不仅是从国王自然属性中分裂出的政治实体，而且已经将自己转变为主权者权威。议会给予自己国家的至上权力，留给君主的只有名分”。[67] 正是在内战期间的议会行动中，我们已经可以清晰地看到正在形成中的议会主权。[68]同时，长期议会长达13年的存在，也构成了议会主权生成的制度基础，使得一个稳定行使主权的常设机构得以形成。1641年的《三年法案》也强调了议会至少每三年召开一次；如国王到期不召开议会，议会可自行开会。1642年内战爆发后，国王长期脱离议会的事实，也使得议会在事实上扮演着主权者的角色，议行合一的“委员会制”使得议会真正成为整个国家立法、行政与司法的中心。就像德·鲁姆的那个著名比喻，“议会除了把男人变成女人和把女人变成男人之外，没有它办不到的事”。[69] 正是在长期国会的工作之下，“英国实际上首次有了一个现代类型的立法机关——不再仅仅是宣布法律的机构，而是创制法律的机构”。[70]

尽管在共和国与护国公时代遭到不同程度的破坏，议会在1660年复辟时很快得到恢复，并建立在了一个比内战前“更坚实的基础之上”。[71]

---

[66] See C. H. Mcllwain, *The High Court of Parliament and Its Supremacy*, Yale University Press, 1910, pp. 389 – 390.

[67] John Allen, *Inquiry into the Rise and Growth of the Royal Prerogative in England*, Longman, 1894.

[68] See C. H. Mcllwain, *The High Court of Parliament and Its Supremacy*, Yale University Press, 1910, p. 353.

[69] ［美］考文：《美国宪法的“高级法”背景》，强世功译，三联书店1996年版，第91页。

[70] C. H. Mcllwain, *The High Court of Parliament and Its Supremacy*, Yale University Press, 1910, p. 93.

[71] C. H. Mcllwain, *The High Court of Parliament and Its Supremacy*, Yale University Press, 1910, p. 353.

较之内战前不确定的议会，复辟时代的议会召集更加稳定。1664 年，查理二世重申《三年法令》，承诺至少 3 年召开一次议会。[72] 查理二世第二届议会从 1661 年持续到 1678 年，其间共开会 16 次，存在时间比长期国会更长。尽管随着国王与议会在宗教问题上分歧渐大，国王频繁使用解散议会的权力来摆脱议会的不利影响，但在查理二世时代，议会的召开基本是常规与稳定的。詹姆斯二世的四年任期内只召集一届议会，尽管开会次数很少，但也持续了两年多时间。此外，议会的权力也继续增强，下议院获得了对征税创议权的垄断；[73]并通过了一些有悖国王意愿的宗教法案，在立法事务上逐渐占据优势。[74] 同时，在这一时期发生的“排斥危机”中，为通过议会立法来排除詹姆斯的继承权，辉格党人也不断强调“议会在王位继承问题上的压倒性权力”[75]；主张议会的立法权可以“改变普通法、宣布任何法律的含义、推翻任何法庭的判决”。[76] 总之，在这一时期，议会的权力虽然还并未完全取得至上的地位，但已经开始呈现出主权者的姿态。正如西利（Seeley）所说，“正是在复辟时代，而不是在革命时代，英国君主制和政府体制采取了一直保留到 18 世纪的基本形态”。[77]

在这个意义上，1688 年的光荣革命也并不具有根本性的变革意义，而只是将一个世纪以来的变化，尤其是复辟时代的实践以议会立法

---

[72] 该法在 1664 年以因被视为对国王正当权利的侵犯而被废除。取而代之的法律（16 Car. II, c. 1）规定：议会的召开和开会最长不能被中断三年以上，但如果国王未能履行召集义务却并未规定相应的召集机制。

[73] 1661 年，下议院否定了上议院的征税动议，理由是“任何增加平民赋税负担的法案都不应由上院提出”。J. Marriott, *English Political Institutions*, Hardpress Publishing, 1925, p. 206.

[74] 如恢复国教的《克拉伦敦法典》和禁止天主教大臣任职的《宣誓法案》（1673）。J. P. Kenyon, *The Stuart Constitution: Documents and Commentary*, pp. 370 – 382.

[75] C. C. Weston and J. R. Greenberg, *Subjects and Sovereigns: The Grand Controversy over Legal Sovereignty in Stuart England*, Cambridge University Press, 1981, p. 181.

[76] W. Disney, *The Case of the Government of England Established by Law*, 1681, p. 135, in J. Goldsworthy, *The Sovereignty of Parliament*, Clarendon Press, 1999, p. 154.

[77] J. R. Seeley, *Introduction to Political Science*, Read Books, 2006, p. 253.

进一步明确下来。1689 年 1 月,在詹姆斯二世逃亡法国后,议员们在没有国王的情形下自行召集开会,并宣布詹姆斯二世自动退位,将王位授予威廉和玛丽,从而确立了王位来源于议会授予的事实。国王宣誓誓词中的法律要件,也从“维护王国现有法律、习俗和民众选择的法律”转变为“议会通过的制定法和认可之法律和习俗”,对于议会与国王的定位已跃然纸上。1689 年的《权利法案》将原本属于国王的停止法律、设立法庭、征收特殊税收和征募军队的特权一律剥夺,从根本上否定了这些特权本身的合理性。同时,议会的立法权也空前扩张,制定法的数量、权威与能动性都大大增长。正如罗威尔(A. L. Lowell)指出的,议会越来越摆脱消极的法庭角色,逐渐成为积极推进法律变革的立法机构;“只要希望改变,或有阻碍挡在路上,任何想要的结果都可以直接由制定法带来,并且,这些制定法将被法庭视作英国本土法律的一部分”。[78] 从这一时期开始,议会作为主权者的原则,已不再只是部分激进的政治家(如复辟时代的辉格党人)的主张,而成为整个英国议会共同接受的普遍原则。[79]

一方面,议会主权的确立,意味着君权神授理论的失败,国王在与议会的主权者竞争中的失败。但另一方面,失败的又并不仅仅是国王,作为君权神授反对者的混合宪制理论也同样失败了,也即都铎宪制在英格兰的终结。依据混合宪制理论,建立在古代习俗基础上的根本法具有至上的地位,任何机构——无论国王,还是国会——制定的法律都不得与根本法相违背,更无权修改或废除传统的法律。但议会主权的确立,却意味着立法观念的诞生,国会不再是以判决形式宣布法律的法庭,而成为依据自己意志创造法律的立法者。用弥尔顿的话来说,“国会高于包括民法和普通法在内的一切成文法,并有权制定或废除之”。在这

---

[78] A. L. Lowell, *The Government of England*, Hardpress Publishing, 2012, p. 476.

[79] 议会主权原则的最终确立,来自于革命后议会中的托利党人对议会主权的接受。托利党的这种观念转变,生动地体现在 1696 ~ 1697 年议会围绕约翰·芬威克(Sir John Fenwick)的审判而展开的争论之中。关于这一过程,具体的论述,参见于明:《议会主权的“国家理由”——英国现代宪制生成史的再解读(1642—1696)》,载《中外法学》2017 年第 4 期。

个意义上，尽管君权神授理论失败了，但议会主权却事实上与之分享共同的本质，即由一种机构承担的主权者的至上性——所不同的，只是前者是国王，后者是议会。议会主权的胜利，只是在君权神授开辟的现代政治道路上继续前进，而继承中世纪传统的都铎宪制则似乎彻底失败。

五、旧制度遗产：中世纪的美国宪法

但真的是彻底的失败吗？

事实上，古典的混合宪制从来没有彻底从英国宪制中退出。以历史延续性著称的英国宪制中，旧制度的遗产仍然随处可见，这首先就体现在作为最高立法机构的议会本身。议会主权的原则意味着议会突破了封建法庭的束缚，成为国家至上的立法机构，并同时取得对于行政权、司法权的支配地位。但同时，在国会的内部，国王、贵族院与平民院分享立法权的宪制结构仍未改变，仍在一定程度上延续着君主制、贵族制与民主制的混合政体。在 18 世纪布莱克斯通的《英国法释义》中，议会主权被视作英国法的首要原则，甚至宣称“只要不是本质上不可能的事，议会都能做到”；[80]但在议会内部存在的君主、贵族与人民相互牵制的混合政体，依然是英国法的重要特征和优越性体现。[81]

当然，我们也应当看到，这一时期的混合宪制与都铎时代有着根本差别。在都铎宪制下，在混合的权力结构中，不存在任何一种绝对的、支配性的权力；无论是国会、枢密院或普通法法庭，都不曾拥有“至高无上且不受约束”的权力，共同受制于起源于古代的、永恒不变的根本法。然而，议会主权之下的混合政体，已经失去了中世纪以来的根本法至上的政治意涵，而蜕变为至上主权者内部的权力制衡结构。同时，随着君主

[80] ［英］威廉·布莱克斯通：《英国法释义》（第 1 卷），游云庭、缪苗译，上海人民出版社 2006 年版，第 182 页。

[81] ［英］威廉·布莱克斯通：《英国法释义》（第 1 卷），游云庭、缪苗译，上海人民出版社 2006 年版，第 62～64 页。

否决权事实上被剥夺,以及上议院立法权的衰微,所谓议会内部的权力均衡也逐渐被打破,代表人民意志的下议院越来越成为议会意志的实际担当者。进入 19 世纪后,混合宪制已基本成为中世纪政治残留在英国宪制中的一叶化石,民主制的议会主权已成为不可动摇的核心原则。

但旧制度的遗产并不只是在英格兰本土。有如前述,当 16 世纪的都铎宪制在母国被抛弃时,这一制度却漂洋过海来到了殖民地的新世界,并在那里生根发芽,获得了新的生命。[82] 麦基文(C. H. Mcllwain)在讨论美洲殖民地和英国分裂的原因时认为:"美国殖民者显然还高度地保留着英国都铎时代的传统";"殖民地与母国的决裂很大程度上是由于相互间的误解,而误解主要又基于这样一个事实:国会把旧观念清除出了英国本土,而殖民地却仍然保留了这些旧观念"。[83] 换言之,在美国独立战争前后有关宪制问题的讨论中,殖民地的革命者在很大程度上是在为英国本土已经逝去的传统宪制辩护,反对的恰恰是"光荣革命"后的英国所确立的"议会主权"的新宪制。如果说都铎宪制的本质仍然是中世纪政治的延续,那么在大西洋对岸,似乎还存在另一部"中世纪的美国宪法"。

美国宪法中的旧制度遗产,首先体现在对"主权"观念的排斥上。当欧陆与英国都在走向君主主权或议会主权时,美国宪法仍然与"立法主权"保持着相当距离;中世纪以来的混合政体依然延续,主权观念虽然存在,却从未取得支配地位。事实上,殖民地当初反对英国暴政的依据,即在于对议会主权的否定。有如波拉德(A. F. Pollard)指出,"美国革命的深远意义就在于否认一切主权","这些观念是美国的,但它们从前却是英国的,是中世纪思想体系的一部分"。[84] 与议会主权不同,美国所能接受的主权观念是人民主权。但与作为特定机构的议会相比,人民的概念依然模糊不清;除了批准宪法等少数例外,人民极少

---

[82] [美]亨廷顿:《变化社会中的政治秩序》,王冠华等译,上海人民出版社 2008 年版,第 81 页。

[83] C. H. Mcllwain, *The High Court of Parliament and its Supremacy*, Yale University Press, 1910, p. 386.

[84] A. F. Pollard, *Factors in American History*, Macmillan, 1925, p. 39.

出场。一切权力来自人民,但并不等于一切权力由人民行使。[85] 人民只是主权的拥有者,只是一种在具体政治行动中不能显现的“拟制”宣示。[86] 因此,美国宪制中的主权,尽管存在,却并非唯一;尽管名义上属于人民,但在行使时却“分散”于分立与制衡的机构之中。

在政府的结构上,权力的混合在美国宪制中依然如故。尽管存在国会、总统与法院的机构分立,但任何机构都不独享立法、行政和司法中的任何一种权力。在美国宪制中,作为主权者的议会独享立法权的主张被拒斥,而更多地是将立法权分别授予代表三种传统的不同机构。贵族制的参议院、民主制的众议院和带有浓厚君主制色彩的总统,在立法的过程中仍然扮演着对抗的竞争性角色;这种两院之间以及两院与总统之间的激烈对抗,更多使人们联想到都铎时代的英国议会,国王每每通过胁迫、哄骗或劝说等手段确保下议院通过他们所希望获得的法律。而在今天的英国,贵族院与国王在立法中的功能几乎形同虚设,下议院作为议会的实际执行者才是真正的主权者。在这个意义上,都铎时代的英国,“王室与国会之间的关系更像美国总统与国会之前的关系,而不像今天英国王室和议会的关系”。[87]

这种权力的混合不仅体现在立法权,还体现在司法权的行使上。有如前述,都铎宪制的本质就是封建法庭的统治,各种类型的法庭执行着行政和司法的混合职能;普通法法庭通过宣布法律是什么的司法权,事实上掌握了主要的立法权,甚至可以告诉立法机关什么样的法律是不合适的。因此,许多学者认为,在普通法的传统中,已经蕴含了司法审查的制度雏形,只是由于革命后议会主权的确立,使得这一可能性在英国本土彻底落空。[88] 而在美国的宪制中,法院及其司法权的“尊荣”

---

[85] See M. N. Sellers, *American Republicanism: Roman Ideology in the United States Constitution*, New York University Press, 1994, p. 24.

[86] See Edmund Morgan, *Inventing the People: the Rising of Popular Sovereign in England and America*, W. W. Norton & Company, 1989.

[87] A. L. Rowse, *The England of Elizabeth*, Macmillan, 1951, p. 294.

[88] [美]考文:《美国宪法的“高级法”背景》,强世功译,三联书店1996年版,第40~58页。

依然延续着。今天的美国法院“仍然保留着都铎时代的许多不确定性,许多决定的作出都在很大程度上受到政策问题和权宜之计的影响,并一再地修正自己的原则,而这在今天的英国法院都无法想象”。[89] 换言之,美国法院不仅拥有比英国法院大得多的立法权,而且在立法职能上更趋积极能动,更多受到法律外部影响的影响。而最高法院司法审查权的行使,不仅意味着法院可以拒绝那些它们认为不符合宪法的立法,而且还获得了对于宪法的解释权,一种可能是更高的“立法权”。这种由法院垄断宪法解释权并要求其他机构服从的主张,被一些学者称为“司法至上”(Judicial Supremacy)的传统。[90] 而这一立场正是普通法法律人在17世纪的英国曾经提出但终遭挫败的主张。

在这个意义上,都铎宪制的遗产从未消失;它不仅遗留在英国的复杂宪制中,更生动存活在美国宪法的制衡体制之中。无论是对于立法主权的拒斥,还是宪制机构与职能的混合,都在不同程度上仍然支配着美国宪法的运行。而随着美国宪法在现代世界的地位提升,这种保留着诸多中世纪政治遗产的宪法体制也开始重新返回他的诞生地欧洲,并以强劲的文化优势迅速扩张至新兴的主权国家。[91] 尽管这一“地方性”宪制在传播过程中不可避免地会遭遇困难和失败,但仍然在当下构成具有文化优势的政治话语与制度移植摹本。也正是在这个意义上,本文所讨论的英国宪制的两种传统及其内在张力,依然在现代世界的宪政格局中延续,并将在未来持续支配着宪法的潜在表达与实践。

---

[89] C. H. Mcllwain, *The High Court of Parliament and its Supremacy*, Yale University Press, 1910, p. 386.

[90] 尽管“司法至上”在实践中可能受到来自总统和国会的挑战,但本身却构成了其宪法史的一个重要组成。关于司法至上的形成,及其在历史上与总统权的竞争,参见[美]威廷顿:《司法至上的政治基础:美国历史上的总统、最高法院及宪政领导权》,牛悦译,北京大学出版社2010年版。

[91] 美国宪法对欧洲和其他转型国家的影响,参见 S. Hoffmann, “Europe's Identity Crisis: Between the Past and American”, *Daedalus*, 1964, Vol. 93, No. 4, pp. 1249 - 1254。张千帆、包万超、王卫明:《司法审查制度比较研究》,译林出版社2012年版,第156~204页。

《政治与法律评论》
(第九辑)第31～66页

三次英国革命与国王的个性*

查尔斯·卡尔顿**　王凯译***

1644年,正值英国内战如火如荼之际,议会军领袖曼彻斯特伯爵察觉道:"如果我们9次甚至99次击败国王,他依旧是国王。但我们哪怕只被他击败一次,我们就将被送上断头台,子孙将被奴役。"①伯爵指明了一条不仅适用于1641年英国革命,也适用于1688年和1776年——三次英国革命的主旨,以及这三场革命的结果(按时间逆序)。第一次国王失去了其帝国,第二次国王失去了其王位,第三次国王失去了其脑袋。伯爵还隐射了在英国政治传统中,任何起义行径所面临的极端困境——即反抗王权会受到叛国罪的制裁。在内战期间,议会党人一直宣称,他们并非反抗国王,而是为了拯救国王才发兵以"清君侧",以此试图避免上

---

* Charles Carlton, " Three British Revolutions and the Personality of Kingship", J. G. A. Pocock ed., *Three British Revolutions*——1641,1688,1776, Princeton Legacy Library.

** 查尔斯·卡尔顿,北卡罗来纳州立大学历史系荣休教授。

*** 王凯,北京大学法学院博士研究生,哥伦比亚大学访问学者。E-Mail: wang-kai@188.com.

① *Public Record Office State Papers* 16/503/56IX. 此后引注为SP。我要感谢麻省理工学院的Bruce Mazlish和我的同事Don Scott对于本文初稿的批评指正。

述局面。他们的目的,如同《神圣盟约》所宣称的,是“为了存续与守护国王殿下本人及其权威”免受“煽风点火、心怀不轨与邪恶的行径”。[②] 1643 年 2 月赫丽埃塔登临布里德灵顿湾,并在议会海军对她的炮击中幸免于难。保王党诗人威廉·卡特莱特在他的诗句中欢庆此事,并嘲讽地指出议会宣言背后的荒谬行径。那时,他沉思地说皇后“被炮击正是因为国王做得没错”。议会宣言之中悲剧性的幻想在战事结束之后彻底地破灭了。在“清君侧”之后,查理依旧倒行逆施,最终以“暴君、叛徒、凶手和公敌”的名义被处决。[③]

在 1688 年之后,胜利的辉格党人在洛克的《政府论》以及原初契约中找到了摆脱叛国罪指控的依据,与此同时,托利党人通过宣称詹姆斯二世的失败乃是“上帝最终的制裁”,来为他们默许光荣革命寻找依据。[④] 在很多层面,爱国者对于乔治三世的想象近似于议会党人对于查理一世的想象。爱国者与议会党人都认为国王扮演了一个明显不当的角色。爱国者起初将乔治视为父亲的角色。当他没有将他“挚爱的北美臣民”从议会和奸臣的诡计中解救出来时,爱国者们变得越发愤怒。“他阻挠司法的执行”,《独立宣言》充斥着类似的话语,“迫使法官置于他个人意志的支配之下……委派大批官员到这里骚扰我们的人民……在我们的海域里大肆掠夺,蹂躏我们的沿海地区,烧毁我们的城镇,残害我们人民的生命。”

当代对于这些诠释的激烈争论塑造了三次英国革命的辉格解释,这点并不令人惊讶。当下,这点更进一步体现在美国革命,根据杰弗逊的观点,乔治的“直接反对”被视为“塑造了绝对的暴政”。其他评论者较少涉及(也或许是更宽容),也可能是将他视为疯子而加以忽略。与

② S. R. Gardiner, ed., *The Constitutional Documents of the Puritan Revolution*, 1625 - 1660 (Oxford, 1906), p. 269. 除非另有提及,否则本文所引用的版本出版地为伦敦。

③ Ibid., p. 380.

④ See William Lloyd, *A Discourse on God's Ways in Disposing of Kingdoms* (1961), printed in Gerald M. Straka, *The Revolution of* 1688 (Englewood Cliffs, N. J., 1965), pp. 25 - 28. 仍可参见 J. P. Kenyon, *Revolution Principles: The Politics of Party*, 1688 - 1720 (Cambridge, 1977)。

此类似的还有不再将詹姆斯二世视为天主教徒(对于大多数新教徒而言,这个描述比精神错乱更为恶劣),从而进一步阐释1688年光荣革命的不必要性。当辉格史学家强调1688年更深层次的意义时,他们,例如屈夫兰,就会得出结论说这是一场"明智的革命",因为这能比送一名教皇至上主义者去法国更为明智,即便这样的旅程包含一些令人不快的停顿,诸如博因河战役和格伦科大屠杀。⑤

辉格史学家发现,对查理一世视而不见并不容易。在克拉伦登将国王敌人的弄权阐释为大叛乱的原因之后,辉格史学家则将查理一世视作阻碍通往进步之路的恶人。他们不仅接受了《大抗议书》的说辞,谴责国王身边的乱臣贼子出于"一种恶意与巧舌如簧的企图去颠覆根本法与政府的根本原则,即这个王国之所以稳固存续所仰仗的宗教与正义",并且认同查理一世审判中起诉书对于他的指控,即查理事实上是专制主义阴谋的始作俑者。⑥ 并且,对于"十一年暴政"故事的不断演绎,即国王在此期间着手颠覆奠基于普通法并可追溯至大宪章的英格兰古代宪制,取而代之以暴政、重税、专制主义、阿米纽斯主义、教士以及教皇至上主义者。⑦ 然而,"人民"挫败了查理,并且拯救了法治、议会、新教、产权、个人自由,以及——根据辉格史学的解释——子孙的幸福。

上个世纪,历史学家对于这三场革命成因的进一步阐释中,着重强调了非人格的力量。例如,查尔斯·比尔德主张从经济上解释美国革命。与此同时,丹尼尔·布尔斯廷主张革命标志着独一无二的——基于美国式经验——时代的到来。⑧ 相较于美国历史,如果有什么不同的话,就在于英国历史更加强调非人格阐释的重要性。S. R. 加德纳基本上将内战——或者说清教革命——的起源,视为宗教因素。马克思主义者

---

⑤ See G. M. Trevelyan, *The English Revolution*, 1688 – 1689 (New York, 1965), p. 4.

⑥ See Gardiner, *Constitutional Documents*, pp. 206, 220.

⑦ See J. G. A. Pocock, *The Ancient Constitution and the Feudal Law* (Cambridge, 1957).

⑧ See Charles Beard, *The Economic Interpretation of the Constitution of the United States* (New York, 1965); Daniel Boorstin, *The Americans: The Colonial Experience* (New York, 1964).

与辉格主义者一样,共享了对于进步的关切,但依旧将英国革命视为通往共产主义国度不可避免的一个阶段。对于克里斯托弗·希尔而言,他“通过社会,而非个体”⑨来解释革命的成因。因此,查理成为“一个被网套住的国王,现实境遇的牺牲品”。⑩ 唯物辩证主义盛行之时,对于马克思、唐尼、希尔等人而言,在国家的巨轮直奔礁石而去之际,国家的掌舵者斩断舵索的行为,与英格兰之后面临的灾难之间,并没有太大关系。

如今,将英国内战的起源归因于社会而非个人的观点已渐渐失去了市场。也许是因为玛丽·基勒或者布鲁顿与彭宁顿的研究使学界逐渐对马克思主义的解释产生了质疑,⑪所以从上一代学者或者说激进学生开始,大部分对于内战成因的解释,在学科结构上,逐渐从历史学转向社会科学,这导致持马克思主义立场的都铎—斯图亚特历史学者逐渐被边缘化。

目前而言,对于英国内战似乎并没有一个被普遍接受的解释。一些运用新的学科综合范式产生的研究成果并未推翻旧有的观点。⑫ 近期涌现的一批关于詹姆斯一世、查理一世以及克伦威尔的传记暗示着新辉格主义的回归,也即强调个性的重要性。值得庆幸的是,这类对于个体的关注不再拘泥于道德评价和由此产生的批判。⑬ 然而,部分新

---

⑨ Christopher Hill, *The English Revolution of* 1640 (1955), p. 8.

⑩ C. P. Hill, *Who's Who in History* (Oxford, 1965), III, p. 46.

⑪ See Mary Keeler, *The Long Parliament*, 1640 – 41 (Philadelphia, 1954); D. Brunton and D. H. Pennington, *Members of the Long Parliament* (Cambridge, 1954).

⑫ See Conrad Russell, *The Origins of the Civil War* (1973), 以及“Parliamentary History in Perspective, 1604 – 29”, *History*, 61 (February 1976), pp. 1 – 27; G. R. Elton, “A High Road to Civil War?”, *Essays in Honour of Garrett Mattingly*, ed., Charles H. Carter (1966), pp. 315ff.

⑬ See Margaret Toynbee, *King Charles I* (1968); Christopher Hibbert, *Charles I* (1968); D. R. Watson, *The Life and Times of Charles I* (1972); John Bowie, *Charles I* (1975); Roy Strong, *Charles I on Horseback* (1972); Maurice Ashley, *Cromwell and His World* (New York, 1976); Antonia Fraser, *Oliver Cromwell* (1976); Christopher Hill, *God's Englishman* (1970); A. A. Hillary, *Cromwell* (Oxford, 1969); Roger Howell, *Cromwell* (Boston, 1977); Ivan Roots, *Cromwell* (New York, 1973); Robert Ashton, *James I by His Contemporaries* (1969); Antonia Fraser, *KingJames VI of Scotland, I of England* (New York, 1974); David Mathew, *James I* (Birmingham, Alabama, 1967); Otto Scot, *James I* (New York, 1976); D. H. Willson, *King James VI and I* (New York, 1956).

辉格主义式的个性研究,其缺陷在于他们忽略了晚近关于人性的研究成果,而采用了一种相当简单的模型来衡量人的行为。

因此在本文中,我将关注君主们的个性对于1641年、1688年和1776年三场革命的影响。在光荣革命期间,詹姆斯二世的个人品性无疑具有头等重要的意义。然而乔治三世的个性对于美国的意义,实际上并没有他自己所想象的那么重要。我们通过对英国革命编年史的简要梳理,也许能够发现查理一世的个性对于内战局势的走向,有着比大多数历史学家能够认同的程度还要根本的意义。当然,对于一篇论文而言,本文没有足够的篇幅以翔实的资料去查证每一个国王的个性。因此,我将以查理一世为个案,详细阐释他的前半生如何影响他的后半生,之后尝试性地简要评价詹姆斯二世与乔治三世的个性。

这种研究进路的优点在于它基本上道德无涉。这种研究不需要查证一个人是好是坏,而是关心他何以如此。虽然这种研究有着辉格主义式的对于进步的强调,但精神分析所指的进步,并非历史的进步,也非辩证法上的进步,而是生命期间的进步。心灵与肉体一样,必须经过成长的阶段。采用精神—历史方法研究查理一世的另一个好处在于它也许能揭示,对于在1625~1649年坐在王位上的那个人而言,以国王为职业究竟需要什么样的品质。对于詹姆斯二世与乔治三世的研究也许能揭示在接下来的一个半世纪中,作为国王所需要的品质发生了怎样的变化。

采用其他学科来研究历史的风险众所周知。这种危险最大的好处在于提醒我们,应该尽可能避免让初出茅庐的导航员去置放压舱石。⑭由于通常缺乏对于心理分析的正规训练,心理历史学家是“业余水手”,他们往往随心所欲。在他们看来,他们起航与否,无需告知海警。的确,心理历史学的一个主要缺陷在于该学科无法重现心理访谈的场景,以及几乎无法留下患者梦境的信息(劳德大主教是个例外)。虽然

⑭ 关于心理历史学两篇主要的评论文章,参见Gertrude Himmelfarb,“The New History”,*Commentary*,59(fan. 1975),pp. 72 – 80,以及Jacques Barzun,*Cho and The Doctors*(Chicago,1974)。

有这些问题,心理历史学依然有其优点。它提醒我们人是一种极其复杂的动物,其活动会在有意识和无意识两种层面下进行,与此伴随的行为模式和心理症状对仅仅基于"常识"的解释提出来挑战。举例来说,除了受审和处决的那段时期,查理一世的一生饱受口吃困扰,他的演说障碍使他看起来冷漠,寡言,无礼,不友好,因而难以通过演讲以赢得公众支持或者通过私下的交流来赢得朋友。在他小时候,由于舌下结块导致了口吃,使得詹姆斯曾想将其剪掉。是否因为上述经历,或者是由于极度的神经衰弱症状所导致的,这类对于其父亲或长兄控制的恐惧,除了他最后的时光之外,一直伴随着他的一生?⑮

查理在登临王位前的人生大致可分为四个主要阶段:婴儿期(直至三岁);儿童期直至他十二岁,在此期间他经历了三次心理创伤;青春期,在此期间他饱受抑郁症的困扰,直至他十八岁;以及青年期,在这个阶段,他不得不去找寻自我认同,并且迎合他的父亲与国王的喜好。

查理生于1600年12月19日,出生在苏格兰丹弗姆林,成为了这个位于西方世界边缘的王国的统治者的次子与第三个存活下来的孩子。他的父母是无爱婚姻,并且对于他的降临的期待,也只是转瞬即逝的兴趣。作为次子,他并不被寄予厚望,不像他的父亲。他的父亲于1603年3月继承了英格兰的王位。詹姆斯迫不及待地前往加冕。在接下来的十多天内,在妻子安妮、长子亨利、女儿伊丽莎白的陪同下,他的父亲一路向南。与此同时,两岁的查理因体弱多病,或者说带上他过于累赘,而被留了下来。在接下来的一年时间,他都在大法官菲维勋爵的监护之下留在苏格兰。直到1604年的夏天,他才在罗伯特·卡里爵士及其夫人的照看下带到英格兰。对于王子的早年生活,大家知之甚少。在罗伯特·卡里爵士的回忆录中写道,在查理第一次去英格兰的时候,由于他过于羸弱,并没有人愿意照看他,唯恐他死在自己的照料之下。但在自己夫人的悉心照料下,他一天天茁壮成长,最终成为了一名优秀的骑士与射手。罗伯特爵士记得他曾尝试劝阻国王用绳索切断

⑮ 相关例证,参见H. L. Koch,"Sibling Influence on Children's Speech",*Journal of Hearing and Speech Disorders*,21 (1965),pp. 322 – 328。

查理的舌头使他得以说话，以及对他使用铁质的矫正器以迫使他走路。实际情况是，在罗伯特爵士的建议之下，詹姆斯一世在1604年花了50马克让他的儿子学习击剑。正是因为这些，使得罗伯特在二十年后向国王请求退休金的时候，有可能夸大了查理孩童时期的羸弱，以凸显其妻的“功劳”，使他得以安享晚年。⑯

对于查理的成长阶段，其心理上的问题，也许比他生理上的问题还要严重。似乎在罗伯特的家中，要远比在父亲的宫廷之内，令他来得更有安全感。毕竟宫廷内的酗酒与丑闻，会让一个敏感的男孩无所适从。随着年岁的增长，詹姆斯要求他多待在宫里。于是这个男孩不得不屈服于父亲的世界，出席国王的外交使节聚会，陪伴他去塔楼观看动物展览，并且在那些必然使他笼罩于其兄长亨利王子阴影之下的国家典礼上，扮演微不足道的角色。

亨利与查理截然不同：自信、受欢迎、广受尊崇。他属于富有魅力的那类王子中的一员，举手投足皆无可挑剔。他与弟弟相处的时间不多，更偏爱与伊丽莎白作伴。他经常毫无怜悯地嘲笑查理。有一次他们两人与阿伯特大主教一同等待国王。这时亨利一把夺过大主教的方帽将它扣在查理的头上，并且说道：如果查理一直是个好孩子，他会在即位之后任命查理为坎特伯雷大主教。因为查理一定能胜任这项工作，并且不管怎样，主教的长袍都能掩盖他的细长腿。查理恼火极了，一把将帽子丢在地上，气得上蹿下跳，不住地擦拭眼泪。⑰ 在1611年1月，亨利试图控制住查理一家，以此来奖赏自己的追随者。他在没有征询查理感受的情况下，试图开掉查理的朋友与家庭教师托马斯·穆雷爵士。⑱ 这件事激怒了查理，也许促使他在几周后给亨利写信：“挚爱

---

⑯ See Robert Carey, *Memoirs* (Oxford, 1972), pp. 25 – 26, 66 – 69; Historical Manuscripts Commission (此后引注为 HMC), *Salisbury*, XVI, 137 – 38, 163; Frederick Devon, *Issues of the Exchequer . . . during the reign of James I* (1836), p. 17.

⑰ See Peter Heylin, *A short view of the Life and Reign of King Charles* (1658), pp. 6 – 7.

⑱ See Sir Francis Osborne, *Some Traditional Memoyres on the raigne of King James the First* (1658) in Sir Walter Scott, *Secret History of the Court of James I* (1811), II, p. 287.

的兄长……我诚挚地恳求您善待我……我将永远是殿下挚爱的弟弟。"⑲一段时间过后,亨利一家人抛弃了法国时尚,改为追求意大利风格。查理及其侍从也立刻有学有样。也许查理觉得这种模仿是最为诚挚的奉承。⑳ 与诸多饱受欺凌的孩子一样,查理尝试讨好哥哥:"最亲爱的哥哥",他写道,"我将把我的一切献给您,包括马匹与我的书籍、火枪与十字弓,或者一切你想要的。爱我的好哥哥……"㉑

1611 年至 1613 年三次惨痛的经历更为深刻地影响了查理的人生。第一次(也是无足轻重的一次),发生在 1611 年早期。那时詹姆斯觉得他的次子足够大了,决定让他离开妇孺的陪伴,并且离开伊丽莎白·卡里女士。另外为他安排罗伯特·卡里爵士、詹姆斯·富勒顿爵士以及托马斯·穆雷爵士来管理他的日常起居。㉒

第二次(也是最严重的创伤),发生在 1612 年 12 月 6 日。那天,亨利死于伤寒症。他的死是国家的灾难。"我们的旭日沉没了",多塞特伯爵写道,"毋宁说他不再熠熠生辉"。㉓ 查理很快也跟着病了,可以确定是身心失调引起的。一个月之后,在他哥哥的葬礼上他作为丧主,在公众面前抛头露面让他极为苦恼。他的母亲因过于伤心(也由于痛风)而无法参加。与此同时,他的父亲依旧待在罗伊斯顿,因为他人的葬礼使他产生了与日俱增的危机感。㉔

亨利死后,查理的地位立马显著提升。毕竟在这以后,这位口吃的少年,将成为英格兰、苏格兰及爱尔兰王国的储君。詹姆斯为他配备了一个新的也更为庞大的家政班底,以避免查理之前对于身边人的许诺会将查理牢牢控制。这样的支配远甚于他长子身边环绕的谎言,因为查理并不像亨利一样拥有着独立的心智。国王将查理的王室专款提升至一年 400 英镑,并且将亨利所有的大部分土地与康沃尔公爵头衔都

---

⑲ British Library, Harl. MS. 6986, p. 174. 此后引注为 BL.

⑳ See *Calendar of State Papers, Venice*, 1610 – 13, p. 186. 此后引注为 CSPV.

㉑ Sir Patrick Walter, *Letters to King James the Sixth* (Edinburgh, 1835), p. xxxviii.

㉒ See *Archaeologia*, 15 (1806), pp. 1 – 12.

㉓ Alex Macdonald, *Letters to James VI* (1835), p. xxxix.

㉔ See CSPV, 1610 – 13, p. 727.

赐予他。[25] 从丹麦、洛林、西班牙、托斯卡纳、萨伏伊和法国都传来了联姻的磋商,并且查理的一举一动开始占据伦敦报纸的重要版面。[26] 在一段时期内,他成为八卦的焦点。但这并未持续太久。新储君的名望被旧太子的阴魂所笼罩。例如,在查理就任威尔士王子的仪式上,伊利主教就出现了口误——完全是心理原因——为亨利王子祈祷,而非为查理王子祈祷,伴随着错误的印刷,这些都阻碍了记者们对于这场就职典礼的报道。此间还夹杂着亨利就职典礼的旧稿件,估计是为了促进销量。[27] 在他的"对于无与伦比的亨利王子早夭的无限挽歌"的诗句中,约翰·多恩想要知道,究竟谁可以取代故去王子,但他甚至都未提到查理[28]。与此同时,几位作家将他们的作品奉献给了新储君,但也可以解释他们多么想把作品奉献给故去的那位。[29]

第三次创伤影响了查理的儿童晚期,是件苦中作乐的事。1612 年 10 月下旬,帕拉丁——一个横跨莱茵河中部,北至多瑙河上游的小国——的统治者,选帝侯弗雷德里克亲王,为了追求英格兰国王唯一的女儿,登临威斯敏斯特。查理非常正式地迎接了他,并很快成为朋友。也许是因为德国人被提醒到查理的兄长时日无多。在亨利的葬礼上,弗雷德里克跟随着查理;作为报答,查理陪同他参与了他与伊丽莎白的订婚仪式。自从与伊丽莎白坠入爱河以来——爱情可是外交联谊中的稀罕物——弗雷德里克的穿衣打扮越发富丽堂皇。在他们的婚礼仪式后,庆祝活动也很合时宜地放在 1614 年的情人节。查理花了大量时间陪伴这对新人。他与弗雷德里克在纽马克打猎,一同骑马到剑桥视察大学。并且,根据一名狡猾的教员的说法,他们还在一场极为无聊,无

---

[25] See SP 14/72/107 – 11.

[26] See SP 78/61/21. *Calendar of State Papers*, *Domestic*, 1610 – 18, pp. 163, 189, 375; 此后引注为 CSPD; Sir Henry Wooton, *Life and Letters*, ed. L. P. Smith (Oxford, 1907), II, 115 – 16, 131 – 32; Bodleian Library, MS. Eng. Hist. c. 28, p. 75; 往后引注为 Bod.; John Chamberlain, *Letters*, ed., N. E. McClure (Philadelphia, 1939), I, p. 399.

[27] See Chamberlain, *Letters*, II, pp. 31 – 34.

[28] See John Donne, *The Complete English Poems*, ed., A. J. Smith (1971), p. 253.

[29] 相关例子,参见 Robert Harcourt, *A Relation of a Voyage to Guiana* (1613), and Joseph Hall, *Contemplations on the principal passages of The Holie Storie* (1612)。

聊到不少学者观看后也觉得乏味的戏剧表演途中,一起打瞌睡。[30]

查理短暂的田园牧歌式的生活在1614年4月结束了。那时,弗雷德里克与伊丽莎白不得不返回德国。国王与王后陪同他们到罗切斯特。与此同时,查理则在坎特伯雷多待了一个星期,直到他的父亲召唤他返回伦敦。第二天,伊丽莎白搭乘皇家乔治号启程前往大陆开启一段新的生活,而查理则回到国内他那毫无乐趣的生活圈中。

接下来五年,查理生活当中最令人惊奇的事情就是生活的波澜不惊。1613年,他的地位越发巩固;1614年,他与詹姆斯国王骑着马,一道出席了议会的开幕式;1615年,他陪同国王去了剑桥大学并检阅了伦敦的民兵;1616年,他代替他的父亲出席了嘉德庆典并且被赐予威尔士亲王头衔——就是以上全部。[31] 查理曾尝试影响圣职授予权但失败了。1617年,詹姆斯在苏格兰设立了国务委员会,好在他离开期间管理英格兰。查理也被詹姆斯任命为国务委员会的成员。然而,即便在理论上查理是国务委员,这里也没有他施展的空间。并且,虽然对外交事务富有见地,但查理依旧不被允许参与政策的制定。[32] 查理每一天都在那静静地读书,将书摘誊写至剪贴本,作他的功课,服从家庭教师的指导,并且沉溺于诸如狩猎、慢跑与枪术比武等剧烈运动之中。

在12岁至18岁这一阶段,查理的生活也许显现了广义的抑郁症症状。这是由于兄长的病逝与姐姐远嫁德国带来的失落感所导致的。哀伤是一个痛苦但正常的过程,将其视为一项心灵的活动最为贴切。哀伤使得我们的大脑得以在完全适应了新的环境之后再重新运作。通常这一过程会产生强烈的罪恶感,幻想着这些失去的事物并未发生,并且这种感觉会在某种情况下自己消失。大体来说,一个人成功地实现哀伤所起到的作用的能力,取决于他(她)的自我认同是

---

[30] See J. Nichols, The Progresses, *Processions and Magnificent Festivals of James the First* (1828), II, 607; Cambridge University Library MS. Mn IV, 57, No. 11.

[31] See CSPD, 1580 - 1625, 539 - 40; Chamberlain, *Letters*, i, 586 - 89, 611; CSPV, 1615 - 17, p. 54. Bod. Ash. MS. 109; SP 14/88/30.

[32] See CSPV, 1615 - 17, p. 710; Chamberlain, *Letters*, p. 29.

否强大。[33]

查理对于战胜哀伤,显然缺乏准备。他在年仅 12 岁之际就经历了丧亲之痛,虽然已经到了理解这种逝去的年纪。但对于一个健全的人格而言,还是太小了,更别提他经历了一段惨痛的童年。的确,查理早年的经历恶化了这个问题。因为如许多人一样,在经历了一段平乏无趣的童年之后,他会尝试用一个更加有活力的形象,来补偿人格中的另一半。因此,当亨利离开的时候,查理不仅失去了他自己的那部分人格,并且兄长缺失使得他的心里越发渴望,这种渴望使得失去感不仅没有及时消除,还越发强烈。丧亲之痛还会造成打击自尊心——家常便饭地打击自尊对于小查理而言绝非好事——并且他的父母包括民意也没有做些什么去缓解这份亲人离逝的痛苦。

在 1618 年,查理漫长、孤独、乏味的童年晚期终于画上了句号。他成了一个新的王室家族代理人团体的一员。这个团体的核心人物是国王的宠臣——乔治·维利尔斯,加入这个团队也就是允许他以一种全新的关系为他父亲效力。原因大致在于,詹姆斯认可查理进入他的圈子,他们开始争吵,与全天下男孩都必须反抗他们的父母以建立自己的自我认同感一样,查理也竭尽所能地抗争着。他们争论着大大小小的事情,吵了忘,忘了再吵。白金汉公爵的作用则在于利用他的影响力,使得权力从垂垂老矣的君王手中转移到年轻有为的继承人手里的权力传承机制得以延续。

在这个过程中,安妮皇后也起了一定作用。其他女性会在查理还是婴孩时抚养他,以及即便安妮在之后宣称查理是他最疼爱的孩子,但她与亨利和伊丽莎白的紧张关系,使得这一“荣誉”毫无意义。安妮与詹姆斯的婚姻长久以来都不美满,很大可能是因为她曾发现詹姆斯是同性恋。皇后在宫廷内毫无地位,甚至到最后,她在日常生活中都只能

---

[33] 这部分的理论基础来源于 Sigmund Freud,“Mourning and Melancholia”,*Collected Papers* (1952), ii, pp. 152 – 73; Erikson, *Identity, Youth and Crisis* (New York, 1968), pp. 178 – 79;以及 Martha Wolfenstein,“How is Mourning Possible?”,*Psychoanalytic Study of the Child*, 25 (1966), pp. 93 – 123.

尝试依靠国王的男宠去影响她的丈夫。在安妮去世的时候,查理的行为可以清晰地表明,他站在他母亲这边。当他听闻母亲病危,立刻赶往汉普顿宫,并坚持为她守夜照料。查理与他父亲一样,担心的是她会将珠宝留给她那丹麦女仆安妮。即便在她弥留之际,查理也一直在尝试说服母亲将珠宝留给自己。一如以往,詹姆斯拒绝参加他妻子的葬礼,所以查理便成为丧主。根据相关记载:"只有恰到好处的忧伤,而无真情流露的悲痛。"㉞安妮对她的次子而言具有否定性的意义。安妮无法与孩子建立一个紧密且温暖的关系。她所建立的关系使她对于查理而言,与其他女性毫无区别,这对查理来说过于残酷。此外,这样的关系还剥夺了他"情感的占有与对于成功的自信往往孕育出真正的成就",这也正是弗洛伊德所说的"母亲宠爱的遗产"。㉟

一开始,乔治·维利尔斯与查理相处的时间并不多。例如,1616年在纽马克的一个下午,查理遗失了一个从乔治那借来的昂贵戒指,乔治立马向国王告状。詹姆斯把儿子叫来"用尖酸的话挖苦他直到殿下流泪"。几个月后,当他们在格尼尼治的花园中漫步,查理打开了藏在酒神塑像中的喷泉,浇了这位众所周知的宠臣一身。见到乔治被如此冒犯,詹姆斯给了他儿子一记耳光。㊱

弗朗西斯·培根提醒乔治,有必要培养与王位继承者的感情。也许是出于对此忠告的回应,包括由于他缺乏对于王室政府成员的尊重——哪怕他不是现任的——所引起詹姆斯的恼怒,乔治开始有意结交作为继承人的查理。1618年6月,他送给查理整整塞满两个房间的家具与饰品,查理也十分热忱地回应他抛出的橄榄枝。有可靠资料表明,到了当年年底,他们俩的关系已非常紧密。查理让维利尔斯打理"他的各项重要事务"。㊲ 大部分年幼的男孩都会利用他们的兄长来保护自己免受外部的威胁,诸如别人家的小孩或者自家暴躁的父母。此外,

---

㉞ Richard Perrinchief, *The Royal Martyr* (1676), p. 61.

㉟ Sigmund Freud, *Collected Papers*, vi, p. 367.

㊱ See SP 14/86/95 and SP 14/87/40.

㊲ HMC, *Bath*, II, p. 68.

兄长还是弟弟们进入令人兴奋的成人世界的入场券。查理也不例外。就这一点而言,查理利用维利尔斯填补了兄长离去所带来的空缺;乔治与亨利年岁相仿,同样英俊、讨人喜欢并且自信。对于查理而言,富有人格魅力、英俊的面庞,正是吸引他的事物。这也许逐渐吸引他步入温和同性恋阶段。这个阶段在今天看来,不仅习以为常并且被广泛接受。[38]

极少人会以相似的形容来描述詹姆斯的性取向。詹姆斯国王在苏格兰有着孤独的童年,经历过你死我活的贵族派系斗争,并且受到以严厉闻名的长老会派牧师的监护。他们不断地回忆起詹姆斯母亲的罪恶以及詹姆斯自己的邪恶。詹姆斯13岁那年遇到埃斯米·斯图亚特,一个带着高卢式的愉悦气息,刚从法国归来的英俊少年;詹姆斯的同性恋也许就源于这场相见。它在斯图亚特的流放中坚持了下来,摧毁了詹姆斯的婚姻,也许这背后还有高里的阴谋。[39] 在詹姆斯登上英格兰王位之后,他的性追求发生了变化。他的转变——向大部分异性恋那样在正常的情况下生活——从肉体的变为情感的,从恋人的角色变为父母的角色。

因此,詹姆斯对于罗伯特·卡尔的家庭生活极感兴趣。在卡尔的失宠之后,詹姆斯换了一位新宠臣——乔治·维利尔斯。卡尔的失宠,大部分得归咎于他老婆卷入了他的秘书托马斯·欧佛里的谋杀案中。詹姆斯接纳了维利尔斯的家族,赐予乔治母亲、哥哥与姐夫贵族身份;他为乔治创设了首任白金汉侯爵——之后是白金汉公爵——的爵位,大量地赐予他土地与年金,帮他与英格兰即便不是最美,也是最富有的女继承人凯瑟琳·曼娜斯女士成婚。詹姆斯甚至让维利尔斯一家搬到他宫中来住,任凭他们家的熊孩子在宫中大吵大闹,玩捉迷藏——同样的行为要是发生在詹姆斯自己的小孩身上他绝对无法容忍。[40] 詹姆斯认为他自己是维利尔斯家族的族长,就在他写给维利尔斯家族的信中

---

[38] See D. J. West, *Homosexuality* (1968), p. 116.

[39] See Antonia Fraser, *King James VI of Scotland, I of England* (1974), pp. 36 – 39.

[40] See Anthony Weldon, *Court and Character of King James*, in Scott, *Secret History*, I, p. 443.

称自己是他们“亲爱的父亲”。1618年1月,詹姆斯国王举办了一场在那个年代看来也极为奢华的,以“国王的宴请”而为人熟知的晚宴。在这场晚宴中,詹姆斯的祝酒词是敬“高贵的维利尔斯家族,他决定使所有的一切步步高升”。[41] 对于查理而言,在主桌坐在国王身边,它所传递的信号是显而易见的:只要他甘于接受次子的身份,在他父亲的新家庭中,还是有他的一席之地。

在一定层面上,王位继承人非常愿意接受这样一个局面。这是因为,一方面,这有助于缓解因他父亲所导致的恋母情结。詹姆斯从未亲近过他的孩子们。他更偏向扮演一个先生的角色以保持和查理的距离并掩饰他的缺陷。詹姆斯曾拒绝将“陛下最谦卑顺产的孩子与仆人”改为“伟大的父亲”的提议。例如,让查理陪同他去苏格兰,他也一概拒绝。1615年访问剑桥的旅途中,当一位大学老师称呼查理为“Jacobissime Carole”和“Jacobale”时,国王异常愤怒。因为这种称谓暗指“一个讨詹姆斯喜欢的查理”以及“一个卑微的詹姆斯”。[42]

查理意识到他的父亲有两幅面孔——理论上的和实际上的。在他早期写给国王的信中所呈现的,是一个害羞的小男孩竭尽全力地讨父亲喜爱,甚至是注意。而这个父亲对于宠臣的热情远远超过自己的孩子。当詹姆斯病了的时候,查理写道他希望自己发现一种药剂,能让父亲好些。[43] 国王并未回信。当查理学习法语和拉丁语时,他用规范的外语给他父亲写了一封信,称颂通晓外语的优点。再一次地,国王没有理睬。[44] 与每一个青少年一样,查理有时会发现自己的父亲让人难为情。在一次为白金汉公爵而举办的贺宴上,詹姆斯喝醉了。他带着查理离席并走入内室,开始争论他们两个谁更爱白金汉公爵夫人凯特,并通过背诵一首抄袭自本·琼生的诗来证明自己的魅力更胜一筹。[45] 总

---

[41] BL, Add. MS. 4176, p. 71.

[42] G. Goodman, *Court of King James the First* (1839), pp. 209 – 210.

[43] See BL, Harl. MS. 6986, p. 182.

[44] See MacDonald, *Letters*, 无页码.

[45] See Frederick Von Raumer, *History of the 16th and 17th Centuries* (1838), v, pp. 260 – 261.

之，在查理的印象里，他的父亲必然更接近安东尼·威尔登爵士那令人难以磨灭的恶毒描绘："他有着普通人的身高……一双大眼咕噜咕噜转……胡子极细，舌头比嘴巴还大……使得他喝水的样子丑极了，吃东西的时候，喝进去的东西又会喷在他嘴边的杯子里……躺在男宠的肩上……他的手指一直……在掏自己的裤裆。"[46]

例如，詹姆斯给他的儿子们设置了极为不同的教育要求。国王要求亨利的家庭应该更像一个大学而不是宫廷，并且为他的长子写下了《国王的礼物》作为教诲。"君主国是这世上最至高无上的事物"詹姆斯声称，"对于国王而言，他不仅是上帝在人间的助手，坐在上帝的宝座之上，而且甚至就是人们口中所言说的上帝本身"。[47]

基于詹姆斯君主与父亲的双重身份，他对于查理的言行不一，就更加令人琢磨不透。詹姆斯基于君权神授统治，他对于在他统治的王国、父系家庭以及一切人与事物各安其位的一连串宇宙秩序中至关重要。因此，当查理回应青春期再正常不过的逆反心理，去发现他自己的自我认同感时，他所经历的不仅是因恋母情结所导致的对于他的父系家庭的反抗，还有政治上对于国家之父的抗拒。查理通过白金汉公爵来回避这一两难局面。白金汉公爵事实上成了兄长的替身，将查理从依附父亲角色以逃避恋母情结的悖论中解脱了出来。

宠臣、储君与国王的三角关系——或者用詹姆斯的绰号，"Steenie"，"小查理"，以及他们"亲爱的父亲"——并不平静。在他父亲统治的最后六年，冲突在查理生活中的三个主要方面发生。詹姆斯日渐衰老，即便他竭尽全力想要掌控一切，却也越发依赖他的宠臣。随着国王的身体一日不如一日以及查理继位的日子指日可待，白金汉公爵越来越在意自己能否在权力交接后继续弄权。与此同时，查理也犹豫不决。在他的父亲和他最好（也是唯一的）朋友之间究竟该如何选择。在马德里搞砸了一件能够使查理成为查理自己的事情之后，他决定倒向白金汉公爵一边。

---

[46] Weldon, *Court and Character*, II, pp. 1 – 2.

[47] *Commons Debates*, 1621, pp. 405 – 406.

查理、白金汉公爵、詹姆斯在多个领域各个方面展开相互之间的斗争,大部分无足轻重,只有一些比较重要。例如,小说家简·奥斯丁告诉我们的,小意外往往能够催生出大变革。毋庸置疑,查理对于他的父亲与朋友感情的理解不会拘泥于世俗事务——讨论时尚、狩猎和引体向上、赌博、观看比赛和赛跑。例如,我们知道,1620 年查理跟白金汉公爵以一场晚宴为赌注猜一场网球比赛的输赢。不久之后他们又为两个男仆谁跑得快而下注。[48] 然而,这类事件的绝大部分,虽然记录了下来,但对时人而言并不重要。因此,为了解释幼儿时期(成年时期)查理的人格塑造,我们需要利用议会召开期间或者外交谈判的记录,通过梳理这些被视为值得记录的事件当中,找出影响查理的关键事件。

1621 年 1 月 20 日,查理与父亲骑行前往威斯敏斯特参加议会的开幕式。查理上一次参与此事还要追溯至 1614 年。当时他还太小,没有发挥的余地;如今他年满 20 岁,在上议院就座,已经为第一次参会做好了准备。作为上议院的新成员,查理可谓非常认真。他做足了功课,坐在主席台,并充当国王联络人的角色。毕竟,他是白金汉公爵最忠实的支持者。通常来说,弄臣是讨厌召开议会的。但是,随着三十年战争的爆发以及弗雷德里克与伊丽莎白被驱逐,这些事情已不仅仅关乎波希米亚王权,还事关他们的帕拉丁王国。这些都使得英国民众义愤填膺,要求国王出手相助。因此,为了妥善处理这些棘手的事项,白金汉公爵尝试利用议会给国王施加压力。但很快他就失去了对下议院的控制。在众议员们将枪口指向弄臣之前,他们率先弹劾了贾尔斯·莫彭森爵士(白金汉公爵的表亲)和弗朗西斯·培根爵士(白金汉公爵的参谋)。白金汉公爵正在劝说詹姆斯解散议会使他摆脱困局。在议会真正有机会之前,国王并未照办。议会的机会在 12 月 3 日到来。那一天众议员们通过了一项抗议书表达"他们由衷地悲痛与遗憾"欧洲大陆所发生的令人担忧的局势。由于天主教已传到家门口,他们提议查理应该迎娶信奉新教的西班牙国王的女儿,多纳·玛丽亚内亲王。查理对白金

---

[48] See Chamberlain, *Letters*, II, p. 293.

汉公爵写道:“众议院今天有点肆意妄为,但我希望一切都能好起来,在他们开始感到羞耻之前。但我希望国王能够解散一个委员会,好给那些挑事的成员一点颜色瞧瞧。”[49]因为查理的建议较为节制,众议员们依旧继续他们的诉求。但是到了1月6日,詹姆斯从议会的议事录中剔除了这个具有冒犯意味的抗议书,并且解散了议会。[50]“三头统治”下的查理、詹姆斯和白金汉公爵站在了一起。

他们三人很快因查理与西班牙内亲王的婚事而分裂。这个婚姻原本应追溯到1604年。当时英格兰与西班牙在打了整整一代人的热战冷战之后恢复了和平。起先是亨利,然后是查理,都曾被提出作为与西班牙公主成婚的候选人。但对于马德里而言,比起究竟选谁,它们更在意的是防止盎格鲁—法兰西联盟的建立。关于婚事的磋商也一日复一日地久拖未决。双方也没有充分地通过约翰·迪格比爵士——后来的布里斯托尔勋爵和贡多玛尔伯爵与对方交换信息。他们两人作为密使,被允许个人介入进与国家利益相关的事物。迪格比从马德里发来的信件之中对于内亲王的魅力的描述让查理动心了。她是个漂亮姑娘,有着“基督教王国之内最为丰厚的嫁妆”;与她结婚无疑可以令西班牙对弗雷德里克和伊丽莎白伸出援手,光复帕拉丁王国“没有任何困难”。[51] 这些充满诱惑的说辞往往难以说出口,但很快查理就动心了。他爱上了内亲王——或者说是他所幻想的那个——并且坚持中止外交上几十年的磨磨叽叽,决定亲自去马德里走一遭来赢得内亲王的芳心。

所以到了1623年2月17日那天,两个骑士从位于埃塞克斯的庄园出发前往西班牙。他们戴上假胡须(以便保持低调),并且互相称呼对方为“汤姆·斯密斯和约翰·斯密斯”。过了六周,当白金汉公爵与查理步入迪格比的书房,宣称他们已经到了马德里并且要接管关于联姻的谈判时,这位大使目瞪口呆。同样大吃一惊的还有菲利普四世。

---

[49] John Rushworth, *Historical Collections* (1680), I, 30. Goodman, *Court of King James*, 209 - 10.

[50] See BL, Sloane MS. 1828, p. 82; *Commons Debates*, 1621, VII, 624 - 25.

[51] 迪格比与查理来往的信件,参见 SP 94/25/261, SP 94/26/38, SP 94/25/205 and 310。

他以西班牙众所周知的好客与拖沓接待了这两位不速之客。当白金汉公爵意识到了菲利普的把戏时,他也许跟威尼斯大使表示对于这种拖沓,他感到“愤怒”和“厌恶”,并且试图说服查理与他一道回国。[52] 王储拒绝了。一方面他担心,如果空手而归(这方面白金汉公爵倒无需担心,因为他刚被授予公爵爵位)他父亲会怎么看他;另一方面则在于查理为了爱情而犯糊涂了。“我看到王子目不转睛地看着内亲王”,詹姆斯·豪威尔在家写到,“他看她的眼神好似猫看着老鼠”。[53] 查理与白金汉公爵为联姻的争执不仅仅是因为上述原因。因为这是查理生命中第一次在大事上自己做主,他转头向布里斯托尔寻求帮助。西班牙人提出了越发苛刻的要求,查理只能一再退让。每一次西班牙人都越发确信,查理绝对没有信守诺言的可能。一旦他与内亲王结婚,就会牢牢地把她拴在伦敦。到了 8 月上旬,西班牙人开出了一项全新的条件。这项条件涉及帕拉丁王国,一个之前谈判时被忽略掉的地区,也是查理非常在意的问题。他的立场强硬了起来。菲利普四世给了查理一个无言的警告,就是让他回家陪陪父亲(一位在英格兰越发衰老且需要他的人)作为正式的送别,紧接着开始组织送别仪式。这次西班牙之行虽已在英格兰贵族阶层传开,但普通民众依然蒙在鼓里。无论是查理还是白金汉公爵都不愿声张。白金汉公爵花上整整六周的时间返回英格兰,充分利用了王子的失意之情和他对于西班牙人诡计的愤恨,以确保其影响力盖过王子。查理成了白金汉公爵绝佳的“替罪羊”。当 10 月 6 日,查理和白金汉公爵登临朴茨茅斯时,他们受到了英雄凯旋般的欢迎。返回伦敦的途中,他们也受到了在海外把事情搞砸的英国特使所能享受到的最热情的对待——能跟他们媲美的估计是从慕尼黑归来的张伯伦。这些事情让查理下定决心,必须以一场复仇的战争来惩罚这帮西班牙人。白金汉公爵对此表示同意,但查理有些犹豫,因为他的父亲不想生事,因而白金汉公爵不得不将查理的主意当作自己的政策加以推行。在 1623 年最后 3 个月,查理不断地在他的父亲和他的朋友之间摇

---

[52] See CSPV,1623 – 25,pp. 34,38.

[53] James Howell,*Epistolae – Ho – Elianae*,ed. ,Joseph Jacobs (1892),I,p. 164.

摆。直至圣诞节的时候,他决定站在白金汉公爵一边,支持对西班牙开战。西班牙之行在查理早年经历当中占据了极为重要的位置。它揭开了查理人生中独立的一章,最终却一败涂地。它进一步打击了查理本就缺乏的自信,让他越发依赖白金汉公爵,使得他与国王的矛盾公开化;这也使得这位弄臣,在旧君离世新君继位的"生死时刻",活了下来。

这个由马德里之行所塑造的查理、白金汉公爵与詹姆斯三人之间的新关系在1624年的议会期间彻底显现。2月19日的议会开幕式上,詹姆斯请求两院议员们"辅佐他的儿子",给他"自由且忠实的建议"。[54] 与此相反,众议员要求抑制专卖权并惩治拒不服从的人。白金汉公爵和查理尝试重新获得对西作战的主动权。24日,白金汉公爵对马德里之行所发生的一切,向上议院给出了自己的解释。毫不意外,自此之后,查理突然间成了英雄。对于白金汉公爵极度歪曲事实的版本,查理一直保持沉默。在伦敦的西班牙大使,则以他们自己的方式拆穿了白金汉公爵的谎言。西班牙大使悄悄地对詹姆斯散布说,白金汉公爵密谋废黜他,并拥立查理继位好做白金汉公爵的傀儡。之后,为了寻求议会的支持,西班牙人做得超过了一般限度。他们反而让查理坚信白金汉公爵是他最坚定的同盟。[55] 之后,詹姆斯很不客气地将西班牙人赶回家去。为了庆祝他们的胜利,查理和白金汉公爵决定利用议会来弹劾他们在枢密院最后的对手——莱昂·克兰菲尔德。查理很高兴,在1624年6月,他的朋友白金汉公爵大权独揽。储君可以对在巴黎的詹姆斯夸耀说"一切尽在掌握"。虽然他的父亲警告他说"弹劾迟早会让你焦头烂额"。[56]

到了1624年夏天,查理成年后的个性基本形成,并且在他人生的后25年始终如一。他的早年并不容易,也不快乐。实际上,当他还是个婴儿的时候这一现象就开始显露了,他的父母把他遗弃在苏格兰,让属下代替他们抚养这个病恹恹的儿子。查理自己家里的佣人也都为了

---

[54] Rushworth, *Historical Collections*, I, pp. 115 – 117.

[55] See John Hacket, *Scrinia Reserata* (1693).

[56] CSPD, pp. 1623 – 1625.

政治上的利益投靠他的兄长和父亲。进入青春期后,查理失去了哥哥和姐姐,并且之后还要忍受他父亲的宠臣。在基于君权神授,从而有义务服从他的国王的同时,查理需要在他父亲面前形成自己的主体意识。夹在这两者中间使查理饱受折磨,让他感到无比的焦虑,甚至产生了敌意,几乎都要神经衰弱了。为此,他尝试通过比武或狩猎等身体上的历练来驱散心灵上的负担。在1624年的一次会面过后,威尼斯大使如此描绘储君"压抑,也许是教育上的失败导致的"。[57] 查理饮食节制,正进一步印证了大使的判断;他的言语过于礼貌,在男人之间的谈话中"像个腼腆的小姑娘"。他没有情妇,没有女人有热情爬上他的床笫。而当他试图让自己变得浪漫起来的时候(即便在一种高度理想化的氛围中),他与内亲王的那段感情以让人丢脸的方式结束。而后,他重新寻求与白金汉公爵之间的男性友谊所带来的安全感。因此,在心理层面上,查理的早年生活导致了过多的超我意识以压制他内心的张力。查理试图以讨好别人、拍马屁的方式来保护自己,因而成了一位沉默寡言、外表恭谦,尤其是顺从的储君。这样的储君相当少见。因此,当他成为国王的时候,他被期望保持同样的行为,被要求同样的奉献,并且如同他曾经被迫屈服的那样,坚持伟大而痛苦的忠诚。独裁者的性格使得查理不可能每一次都屈服,但妥协恰恰是源于英国君主制的内在品质。他完全如同他外表看起来的那么自信(揭示了部分君权神授的信条),而这只有内心的疑虑才能形成。在成为国王之前,查理曾概括了他的这个致命缺陷。那是在同劳德大主教谈话时,他说到他不可能成为一名律师,因为"我无法为罪恶辩护,也不会屈服于正当的理由。"[58]

这也提醒我们在解释查理的前半生如何影响他的后半生时,必须警惕"还原论"的陷阱。"还原论"假定发生在前面的事情必然决定后面的事。如果按还原论的思路走,23岁的查理跟劳德说他不会为罪恶辩护也不会屈服于真理,就暗示着查理会跟那5名议员会闹起来,内战不得不在1642年爆发,国王与议会之间的谈判也必然在1648年破裂,

---

[57] CSPV,1621 -23,pp.450 -454.

[58] William Laud, *Works*, ed. ,W. Scott and J. Bliss (Oxford,1847 -60),HI,p.147.

因而处决查理也就不可避免。这些正是还原论最糟糕的地方。另外，还原论相当荒谬的一点还在于它宣称我们无法利用查理与劳德的谈话来帮助我们解释查理后半生的行为与动机和他临刑前的表现。

查理一世的统治时期可大致分为几个主要的阶段：第一阶段，是从1625年3月继位到1628年8月白金汉公爵遇刺，在这个时期，白金汉公爵是真正意义上的英格兰统治者；第二阶段大致囊括接下来的10年，被视为一个倒退的时期；第三阶段，十年内战；以及第四个阶段，包含查理一世审判、处决及其准备阶段的一个短暂时期。

白金汉公爵的专权影响重大，在很多方面，它都是内战的预演。白金汉公爵利用其个性所孕育的各项因素，有能力控制国王。这种个性在他早年就已成型。查理一世登基之前，他就已经将维利尔斯视为其兄长的替身。在他父亲过世后让白金汉公爵统治，对他而言就像让亨利九世统治一样。相较而言，白金汉公爵有着高超的心理技能来操控查理一世。例如，在国王决定恢复弗雷德里克与伊丽莎白收回帕拉丁王国一事上，他就拿捏得很到位。这项决定的目的，在于维持已经20年不变的英国外交政策的主要目标。这也许可以追溯至查理12岁那年与他姐姐和姐夫所建立的简单但深厚的友谊，也可以追溯至他青春晚期时，他找到了一项事业（和大部分中二少年一样），立志率领一直新教十字军横贯欧洲，从天主教巨龙的魔爪中救出冬后。白金汉公爵也会利用查理的恐惧。例如1627年，在白金汉公爵率领一支前往Rhe岛的远征军大败而归之后，许多英国人都要求议会必须召开听证会调查溃败的原因。白金汉公爵在查理面前跪下，恳求他不应仅仅为了救朋友一命，就拒绝调查事件的真相。如同大部分公爵以卑微的姿态所发出的请求一样，这次的表演也极为成功；上一次，众议员想要违背国王的意愿处决国王的大臣，还是爱德华二世统治时期，并且对于白金汉公爵来说，遭受弹劾最坏也不过是丢了官帽，而不会掉了脑袋。[59]

也许白金汉公爵操纵国王有效的方式就是利用他缺乏自信的缺

---

[59] See Thomas Birch, *Court of Charles I*, II, p. 305.

点。他让查理坚信自己所尝试的一切事情都会搞砸,就像在马德里的谈判一样。即便雷恩远征的失利归结于白金汉公爵本人的不称职,查理也把责任担了下来。"你配得上荣耀,"他对公爵说道,"我们所遇到的所有耻辱依旧在我们身边"。当白金汉公爵在前线作战时,查理勤勉地工作,成功地为他筹集并输送了大量的物资与增援。这些卓有成效的工作使得英国远征军的残部得以在 11 月上旬撤退之后,依旧有足够的粮草坚持到圣诞节。尽管如此,查理依旧认为这场失利是他的错,并且如果没有朋友的帮助,任何他所冒险尝试的事情注定会一团糟。查理给白金汉公爵的信中写道,"因为我们的不幸在于没有及时地给你运送补给。所有正直的人都会说你的表现已超乎预期"。在消除国王的自责这件事上,白金汉公爵什么也没做。[60]

白金汉公爵清楚地明白查理有着依赖型人格,与这种人不容易建立起友谊关系,因此他用尽各种手段以独占查理的情感。虽然查理与赫利埃塔的婚姻一开始的失败不用公爵来负责,但他也做了他能做的一切确保这对夫妻的感情不会太好。白金汉公爵在国王身边带来了一个小帮派;克兰菲尔德、掌玺大臣威廉姆斯主教和王后的法国佣人都是他的人,但一个被弹劾,一个被撤职,一个被遣返。对于查理而言,公爵专权的优点是显而易见的;它在不确定的世界中提供了确定性,并且减少选择去考验一个缺乏安全感的人格。

在白金汉公爵于 1628 年 8 月被暗杀之后,查理的人生进入一个新的阶段。这个阶段不是什么"十一年暴政",而是一个极为漫长的假期。在此期间,政治回归两个政治派系追求国王恩宠的常态。查理回归到宫廷生活的应有之义,开始收集艺术作品,亲子活动,看戏,赞助诗人,举办化装舞会。只要在一定限度之内,查理任由他的大臣们施政以及派系斗争。

查理在白金汉公爵遇刺后退出政坛并不令人意外。因为公众不知廉耻地庆祝着白金汉公爵的死去,并奉刺客约翰·菲尔德为英雄。讽

---

[60] See BL, Harl. MS. 6988, pp. 42 – 43, 76, 80.

刺的是,菲尔顿是极少数对这场暗杀表达过悔恨之意的英国人之一。当赫丽埃塔听闻白金汉公爵遇刺的消息,她立刻赶去安慰她的丈夫。并且,随着白金汉公爵的死去,夫妻俩的感情有了极大的改善。几个月之后,有个朝臣跟他朋友说,"你会发现我们的先生和夫人相敬如宾。你可以想象这样一个场景,他重新成了一名追求者,然后她极为开心地接受了他的爱抚,甚至比他成功的追求所得到的喜悦更甚。"[61]甚至在接下来十年里,查理与赫丽埃塔有了五个孩子,保皇党诗人所编写的关于这对夫妻的爱情寓言认为他们的婚姻幸福并不是建立在肉体的愉悦;取而代之的是查理将他的性欲望转化为照顾子女的动力。通过收集绘画与赞助艺术,查理可以沉溺于他的个人幻想,一个远不同于议会和政治的世界,他可以控制这帮诗人、剧作家和画家。无论在哪里,任何一个风笛手都会很快吹出国王所希望——有时甚至比国王所设想的还好——的旋律,因为国王供养着他们。就他个人而言,查理的幻想呈现在肖像画上。例如,在 1638 年,范·戴克为他画了一张骑马图:自豪、冷漠、镇定以及自信,并将他所观察的一切呈现出来。[62] 有人希望他不要向北看着苏格兰,在那里他的宗教政策一团糟糕。如果再次揣摩威廉·阿弗南在思考苏格兰危机时所写下的那段话将会饶有趣味。在 1638 年新年那天,他这么描述王后:"现在她出现了,每一个表情都伴随着笑意/将温暖和美丽撒遍我们的岛屿。"[63]

在诸多方面,宫廷生活将这种幻想的演绎呈现了出来,特别是在为精心准备的圣诞假面舞会所进行的为期几个月的排练之中。1636 年夏天,在一场戏剧演出中,一群村民想要觐见国王和王后,以宣誓他们田园牧歌般的忠诚,但被一个傲慢的奴才轰走了。[64] 查理的宫廷所传递的信息本身非常清楚:无需在意那些议会中的辩论家或妄图废除船舶税的那帮人;真正的人民爱戴查理和赫丽埃塔。这种宫廷式的、脱离

---

[61] SP 16/112/47.

[62] See Strong, *Charles I on Horseback*.

[63] Sir William D'Avenant, *Shorter Poems* (1972), p. 61.

[64] See *The King and Queen's Entertainment at Richmond* (Oxford, 1636).

现实的幻境在1640年主显节前夜的假面晚会中达到它的顶峰。这一年见证了查理一世独裁统治的崩溃。沙玛西斯泉的战利品始于一场掀起席卷国王的风暴的愤怒。[65]“并且我会将这日益有趣的幽默散播/让它完完全全地在和平的环境下生长。”换句话说,这个王国如果有任何问题,他们也会将其归因为国家的繁荣,承蒙查理的平和与政府的英明而来的繁荣。所有出现的问题他都能轻松解决。在假面晚会结束时——即便不是他统治的结束——查理照做了。当云中的赫丽埃塔从天而降,通过一些精巧的舞台道具移动,查理沿袭了他的神圣王权,并且他们两个携手平息愤怒。令人大为惊讶的是,演员和观众们也加入进来一起载歌载舞:“一切都那么严厉,一切都那么粗鲁,/通过你的和谐才得以缓解,/但只有真正的服从/好像是教来的而不是迫来的。”

在这里,假面舞会利用了国王作为国家之父的观念,去暗示只要查理与他的王后——人民的父母——生活和谐,然后王国——他们延伸意义上的家庭,就能享有安宁。查理仅仅需要看看自己的家庭生活地如何,就可以知晓这个断言的真实性。如果詹姆斯与安妮生活美满,查理自己的童年就能更加幸福,只要他对围绕在维利尔斯的那个替代性的新家有“顺从的德性”,他的生活就会更加快乐。

事件的发展很快迫使查理从假面舞会 Salmacida Spolia 所引起的心理上的冥思走了出来。1637年7月,苏格兰人拒绝接受新的英语祈祷书,揭开了占据国王生命中最后十年的危机的序幕。事后回顾不难看出,将祈祷书引入苏格兰可以毫不夸张地说是查理这辈子犯下的最大的错误,如同他在1638年6月写道,“我宁愿去死也不会向他们那无礼且该死的要求屈服”。[66] 查理在这段文字画了横线,流露出其决心之坚定:十二年后,白厅宴会厅外,他脑袋分家,坚守了信念。

查理将新的祈祷书引入苏格兰的举动并不让人惊讶。宗教及其与英国国教崇拜形式相关的神圣之美对他来说一直都很重要;苏格兰的

---

[65] See *The Dramatic Works of Sir William D'Avenant* (Edinburgh,1872), Ⅱ,675ff.

[66] J. O. Halliwell, *Letters of the Kings of England* (1846), Ⅱ, pp. 298 – 299. Charles makes the same point in ibid., pp. 302 – 303.

事务极少通报给国王,他也对他出生的那片土地知之甚少;虽然查理为了安全深居宫中,但劳德的怂恿也是原因之一。查理的政策真正令人惊讶的地方在于,他坚持苏格兰人接受祈祷书,无视长老会、苏格兰议会的存在和他至交的警告。查理给他的一个线人,汉密尔顿侯爵写信,沉溺在两个自以为是的想法之中,暗示了他不愿放弃的理由。首先,他低估了危险。"我不会亲自过问这件事太久,剩下的事交给你"。然后,以非常类似的语调,他夸大了威胁,声称只有少数长老会众"在他们心里不反对君主制"。[67] 这揭示了查理有意作出的这项决定,仅仅是不安全感所导致的。与此同时,他可以在不违背良心的情况下成为一个独裁者,同样象征着这种不安全感的另一面。因此,如果按他的这种复杂逻辑走下去,接受苏格兰人的要求会使他的神圣受膏者的王权与上帝赐予他的灵魂都受到诅咒。

查理一世的独裁者性格的根源可以追溯至其早年经历。[68] 在他的青春期,他被迫屈服于父亲。一个亲历者将他对詹姆斯的态度描述为"谄媚的"。[69] 这种屈服往往会在潜意识中催生出强烈的敌意与压抑。表面看似平静,内心实则翻江倒海,偶尔会以结巴的症状表现出来。各色各样诸如英国公立学校或者海军陆战队新兵训练营等机构,长期以来都明白,培养独裁者最好的方式,首先就是让他们屈服于权力。当查理登基之时,他就坚持其他人必须像他当年对父亲那样,也对他卑躬屈膝。因此,他试图搞垮比利斯托尔勋爵,因为他拒绝把关于西班牙谈判不力的指责扛下来,并且奖赏被迪格比称为"诚实的沃尔特"的年轻同僚沃尔特·阿斯顿爵士,因为他不诚实地把锅背了下来。查理经常修

---

[67] Ibid., pp. 304 – 6. A similar example of this process may be found in Charles's proclamation of 9 February 1638 in Bibliotheca Regia (1657), pp. 145 – 147, or in his letter of 18 March 1638 in HMC, Salisbury, xxi, pp. 300 – 301.

[68] 本段所运用的理论资源基本包括 T. W. Adorno et al., *The Authoritarian Personality* (New York, 1950); Anna Freud, *The Ego and Mechanisms of Defense* (1937); Karen Horney, *The Neurotic Personality of Our Time* (New York, 1964); Harold Lasswell, *Power and Personality* (Chicago, 1932)。

[69] Sir Henry Wotton, "A Panegyrick to King Charles", in *Reliquiae Wottomanae* (1654), pp. 125 – 148.

订例如乔治·戈林爵士、约翰·塞尔登和弗朗西斯·内瑟索尔等冒犯过他的人给他的道歉信,以凸显他们的卑鄙,并且仅仅因约翰·艾略特不愿道歉就在伦敦塔将其杀害。[70]

顺从(屈服)往往产生一种矛盾情绪的感觉,即必须屈服于谁——必须亲吻令人厌恶的权力。这种自相矛盾的感觉会表现为进一步的屈服;自贬到受虐狂的程度;崇拜某个大人物直到他(她)成为一种象征。在白金汉公爵面前,查理有时装得很可怜,让自己深陷雷河战役(Rhe)失利的自责当中。并且当他父亲一死,他立刻大肆渲染白金汉公爵这位"宗教王子"的美德。[71]

与独裁主义人格的形成密切相关的是丧失妥协的能力。查理认为友谊难以建立,这是因为友谊往往要求平等的双方之间相互迁就。查理在政府文件上的批注,或者给检察长约翰·班克斯爵士的批示中可以看出,查理认为自己国王的身份如同一位法官,一位仲裁者,各项问题交由他作决断(或者至少交给他的大臣们以他的名义作决定)。他不是一个为了调解他的政府内部竞争派系之间的争端,周旋于强势利益团体之间以达成协议,而在那讨价还价的人。因此,查理一朝的历届议会都以冲突收场就毫不意外了。无论詹姆斯是失去了对下议院的主动,还是议会已经成为一个新兴中产阶级的人群——他们通过修道院土地的财富或者清教传播在政治上越发野心勃勃——施展抱负的舞台,在很多方面都没有太大关系。对于查理一世而言,他在心理层面上根本无力应付一个已经不再是橡皮图章的议会——这样的议会在之前从未有过。

查理通过心理学被称之为"投射"的过程来回避他的无力妥协。投射往往涉及原告指责对方的行为与想法,因为他们有意无意地都会觉得对方有罪。反对者常常宣称查理像法国式的国王,尝试成为一个专制君王,抛开议会单独统治。1625 年,罗伯特·费利佩斯对平民院议员说道:"我们是基督教王国中最后一个还保有古老的权利与特权

---

[70] See SP 16/243/47, CSPD, 1634 - 35, x - xi, xxii - xxv, pp. 14 - 15.

[71] See *Bibliothecia Regia*, pp. 115 - 121.

的君主政体。”[72]1626 年 5 月，在逮捕了艾略特和迪格斯的第二日，议会反对派的领袖，达德利·卡尔顿（查理曾经对这位大臣评价道，“能够用我的话把我的想法说出来”。）告诉众议员“在你们所知道的全部基督教王国里，议会很早就被采用。直到君主们开始意识到议会本身所拥有的力量；君主将他们的议会视为混乱的象征。他们一步一个脚印地用自己的君主特权站稳了脚跟，最终在整个基督教王国摧毁了议会制，除了我们这里。”[73]换句话说，并非查理而是议会，真正将英格兰推向了专制主义。

因此在 1640 年至 1642 年，英格兰走向有限君主制的进程注定会失败，因为英格兰的这位国王在心理上根本无力成为一名限权君主。限权君主的角色要学会妥协。但只要查理觉得妥协根本就是罪恶的，与他的良心相违背的——因为在他心中强势有力才是道德的，妥协就会是查理缺失的品质。如同一首献给国王的诗所宣称的：

什么是问心无愧
闭上你的眼睛，然后安然入睡；
你的灵魂安宁，你的肢体健全；
他守护着你，他坚持着；
不眠不休，不眠不休；
他的心中问心无愧；
有的只是和平，有的只是平静。[74]

查理认为内战是上帝对他的惩罚，惩罚他在 1641 年违背良心同意处决斯特拉德福伯爵，在查理自己被处决前，他曾向其长子吐露自己所认同的良知：“我感谢上帝，他对我来说比一个王位和一千个王国更为

---

[72] 引自 Conrad Russell, *The Crisis of Parliaments* (1973), p. 301.

[73] *Parliamentary History* (1762), vii, p. 160.

[74] George Chalmer, *Poetic Remains of the Scottish Kings* (1824), p. 203.

重要。”[75]在心理学术语中,超我基本等同于良心,而根据弗洛伊德的学说,良心是在童年时父母老师的训诫中形成的。詹姆斯十分重视他孩子的教育(虽然更多像一个校长而不是父亲),他为了启迪亨利写下了《国王的礼物》,而对于查理,则只有父亲的祝福。

当查理拥有着独裁者的个性,不愿妥协,口是心非,难以平复良心的冲突,这就使得查理注定无法成为一个优秀的立宪君主。这些特质却帮助他成为一名优秀的将领。内战期间,查理以高超的技艺指挥着他的军队,在需要自己的时候非常勇敢,并且因为查理所塑造的团结感,使军队时刻充满着坚定的信念。查理进行着卓有成效的作战宣传,赢得士兵的忠诚,并亲自指挥打了不少胜仗,而且,在战时期间挑选了类似鲁伯特亲王等人作为部将,他们拥有着杰出的军事能力。与之相对的,查理若在和平年代选择他们就显得不太合适。

在第一次内战失利后的几年,查理一直在索要作为君主的个人权力。他的要求与内战爆发前的两年开出的条件大致相同。从 1646 年到 1648 年,查理被卷入一系列与苏格兰人、军队、议会的谈判之中,他以惊人的手腕挑拨它们,让它们鹬蚌相争。即使在战争中被打败,他依旧索要胜利者才有的战利品和王位。在人生的最后阶段,查理意识到,这些东西将不再属于他,他唯一能赢得的王冠就是成为殉道者:那是在他被彻底击败后唯一能拥有的东西。然而,他的个性并未改变,但现在看来之所以显得极为不同,是因为查理所面对的挑战已彻底改变。随着要求妥协的压力越来越大,查理的毫不妥协却越发坚决,他有着近乎固执的坚定,近乎愚蠢的无畏。似乎查理想要努力遵从其二十年前在加冕礼上所受到的劝诫“活着——或死去”。“忠实至死,然后我将把王位交到你手中。”[76]

从这些文字中,殉道者的形象被塑造了起来。随着生命即将终结,

---

[75] Sir Charles Petrie, *The Letters, Speeches and Proclamations of King Charles I* (1968), p. 272; John Bruce, *Charles I in* 1642 (1866), pp. 79 – 82.

[76] SP 16/20/72. Text from Revelation 2:10.

查理的书信和行为显示他在积极地寻求成为一名殉道的国王。[77] 例如，他至少有两次机会可以从卡里斯布鲁克城堡逃走。[78] 当他被审判和处决的时候，查理的内心似乎极为平静。他有尊严地为自己辩护：他甚至不再口吃。可以说是他最终从早年经历——这段经历导致他后半生的统治痛苦不堪——所带来压力之中解放了出来了吗？查理是否意识到他内心的平静——一种因"死到临头"而在心理上所产生的释放感——所以才在 1649 年 1 月 30 日，在他临死前的几分钟告诉朱克森主教："我会从一个易朽的王国到一个不朽的王国，那里不会有纷争，不会有这个世上的纷争"[79]呢？

君主的个性对于光荣革命的意义与清教徒对于光荣革命的意义一样重要——如果不能说更重要的话。然而历史学家对于詹姆斯二世的意见不一——对于辉格党人而言，他是个心向罗马的天主教狂徒，对于托利党而言，他是个隐忍的勇士；对于修正主义者而言，他是个"无情的道德主义者"[80]——大多数的诠释都认为他的个性至少在以下两个方面极为重要：首先在于他公开宣扬支持天主教与天主教教义的政策；其次在于 1688 年的最后六个星期，他何以身心俱疲并逃往法国。

根据伯内特主教的说法，詹姆斯"在年幼时备受冷落"。[81] 从他 1633 年出生时起，詹姆斯二世的早期童年生活可谓非常幸福；直到他八岁那年，内战的爆发摧毁了他的家庭。在目睹了埃奇山战役之后，战事剩余的阶段，詹姆斯都待在位于牛津的保王党大本营，大部分时间都与父母分离，并且在 1646 年成了战俘。两年之后，他假扮成一名小女孩，从议会的监禁中逃了出来，去往法国。詹姆斯从未亲近过他母亲，

---

[77] See Halliwell, *Letters*, ii, 330, 336; BL. Harl. MS. 6988, p. 205; *State Papers Collected by Edward, Earl of Clarendon*, ed. R. Scrope and T. Monkhouse (Oxford, 1767–86), ii, pp. 444–49.

[78] See Jack D. Jones, The Royal Prisoner (1965); A. A. Mitchell, "Charles the First in Death", *History Today*, 16 (March 1966), pp. 149–156.

[79] Sir Philip Warwick, *Memoirs of the Reign of King Charles I* (1825), p. 379.

[80] Maurice Ashley, "Is there a Case for James II?", *History Today*, 13 (May 1963), pp. 347–53.

[81] 转引自 C. D. Haswell, James II, *Soldier and Sailor* (New York, 1972), p. 2。

对她也知之甚少,并且对他的父亲抱有复杂矛盾的感情,他敬畏查理一世,因为他是神圣的受膏者国王,但他又指责查理一世“表现得过于仁慈宽厚”从而引发了内战并导致他自己的死亡。[82]

1679年,即詹姆斯成为国王的六年前,劳德戴尔的信中提到了他:“这位好王子拥有父亲的全部弱点却缺少父亲的长处……他是一个如同教皇一样虔诚的天主教徒,这会毁了他……”[83]查理一世和詹姆斯二世都是顽固且心胸狭窄的人,对朋友极为忠诚,对敌人深恶痛绝,两个人都无法从某种观点的另一个角度去理解问题。我们似乎可以将父子之间的相似性,归因于查理一世将他基因里的致命缺陷遗传给他的次子。然而他的长子——查理二世,就没有这些特质。大家公认这俩兄弟都是罗马天主教徒,即便查理二世到了弥留之际都保守着关于他信仰的秘密,因为他明白一个被流放到巴黎的人配不上英国的弥撒,而且不管怎样,他都无法强迫一个新教徒重新信仰天主教。查理二世和詹姆斯二世的区别不在于他们的信仰,而在于对使命的热情。这将再一次地诱使我们将詹姆斯二世的宗教狂热归因于他并非生而为天主教徒,而是在他30岁出头的时候改变了信仰,因此将一种对于新信徒而言因早年信异教而带来的负罪感转化为宗教狂热。但是,查理二世也是一名皈依者。他们俩的另一个特点是他们欲求不满的性欲,要有众多女人才能满足。但与他弟弟不同,查理二世从不沉溺于之前的信仰变节或现在的私通所带来的罪恶感。与之相反,詹姆斯二世将他的风流韵事弄得一本正经。查理二世有次评论道,有人搞不好会以为他弟弟的情妇是“神父派来给他苦修用的”。[84]

查理二世的玩笑话也许一针见血地指出了詹姆斯二世致命狂热的原因,并且这种致命的狂热也使得他对于光荣革命的发生扮演了一个举足轻重的角色。情妇们和忏悔者并不是一个好的组合,并且随着詹姆斯二世摇摆于专制主义和非法性关系之间、苦修和淫乱之间,他的罪

---

[82] 转引自 J. P. Kenyon, *The Stuarts* (1958), p. 148。

[83] 同上注, p. 144。

[84] 转引自 L. B. Smith, *This Realm of England* (Boston, 1966), p. 286。

恶感与日俱增,他从而试图通过极为激进且危险的信仰举动来赦免他的罪行。有一次,当伯内特主教斥责国王沉迷于肉欲与他的宗教愿景相违时,詹姆斯二世激动地回复说:“一个有宗教信仰的人就必须成为圣徒吗?”[85]在流放途中,詹姆斯二世似乎意识到他曾经想通过狂热的宗教热情来掩盖他无法成为圣徒的失败感,并且告诉他儿子,“没有比禁止男人——包括伟大的男人——去爱女人更致命的事了。”[86]

用心理学术语来说,詹姆斯二世的超我尝试以成为一个狂热的信徒来弥补他控制性欲的无力感——而信仰又是超我范畴另一个重要领域。当詹姆斯二世无力实现具有补偿意义的成就——在英格兰恢复天主教信仰,詹姆斯二世无力承受内心的冲突与煎熬,也许也想故意让自己失败,以此惩罚自己。詹姆斯二世在英格兰被入侵,自己遭遇信仰危机时身体垮了。当英格兰遭遇入侵,詹姆斯二世的统治也陷于危机之中时,他病倒了。

11 月 5 日,对于威廉的奥兰治来说是一个好日子。那天他的军队在托贝登陆。他们缓缓向伦敦进军,詹姆斯二世则在 16 日离开伦敦,并于三天后到达了他在索尔兹伯里的大本营。接下来的两天至关重要,尽管詹姆斯二世待在自己的房间,却因流鼻血而疲惫不堪,难以入眠。在 22 日的一个军事会议上,詹姆斯二世下令撤离,并在两日之后陷入巨大的混乱之中。国王像一个精神错乱的下士——命令、撤销指令直至乱成一团——指挥着部队东奔西跑。两天后,他离开了索尔兹伯里返回了伦敦,在此之后拒绝了立宪方案(这个方案与他父亲在 1641 年拒绝的那个方案大体一样),并在 12 月 19 日逃离首都。在划船穿越泰晤士河时,他把英格兰国玺扔进了河里。詹姆斯二世被关在法弗舍姆,之后被送回伦敦,但是威廉允许他再次出逃。这一次,他于 1688 年的圣诞节抵达法国。

11 月中旬,詹姆斯二世在大本营病倒是一个转折点,因为如果他留下来坚持战斗,1688 年的革命永远不会赢得“不流血”的别称。这次

---

[85] F. C. Turner, *James II* (1948), pp. 458, 499.

[86] Haswell, *James II*, p. 24.

病倒并不像最著名的詹姆斯二世传记作者所暗示的那样,是梅毒的后果,尽管梅毒症状会逐渐显现,但其中并不包括流鼻血。[87] 詹姆斯二世身体垮掉也不能归结于战斗疲劳症,因为离他们最近的敌军都还有几天的行军路程。[88] 流鼻血的原因基本可以确定是心理层面的原因。詹姆斯二世流鼻血的影响往往被过分高估,其实它的主要影响,是在心理层面:它加重了詹姆斯二世的焦虑,在此之后詹姆斯二世激动的举止也同时说明他并没有遭受与严重失血紧密相关的昏睡症状。模仿他的父亲殉道,他的父亲为了一个教堂而死,但詹姆斯二世认为这是一个错误的决定,而且被证明是十分痛苦的,但他差点背弃这个想法。

詹姆斯二世的崩溃是一种神经衰弱症。他在之后几年试图通过爱尔兰夺回英格兰,却心有余而力不足,可以视为这个症状的延续。詹姆斯二世并不想赢,并且乐见失败以惩罚自己。不像他的父亲,詹姆斯二世没有挺起腰杆去战斗。他跑了。因为丢弃了国玺,詹姆斯二世被视为退位,并且因为国王——他甚至没有被击败过一次,更不用说九十九次了——不再是国王,没有一个英国人在 1688 年因叛国罪而绞死,他们的子孙也不再被奴役。

没有几个英格兰国王能像乔治三世那样,个性跃然于纸上。他既被描绘为一个宪制君主,也被描绘为邪恶的独裁者;一个务实的统治者,又是卟啉症的受害者;一个躁狂抑郁症患者,又是温文尔雅的人。对他的个性有着诸多猜测——和一些调查研究——大部分都在猜测在乔治在位的 60 年里,他的个性在多大程度上左右了不列颠和不列颠帝国所发生的巨变。

在 1776 年,本文研究的第三次革命的关键一年,英国君主制的性质改变了。与查理一世在英国革命与詹姆斯二世在 1688 年所扮演的角色相比,乔治三世对于引发美国革命所起的作用并不显著。

---

[87] See Turner, *James II*, p. 234.

[88] See For an example of James's bravery see the description of his courageous behavior at the Battle of Sole Bay when he had two ships sunk under him, in John Narborough, *Journal and Narrative of the Third Dutch War* (1917), p. 97.

君主制当中的父亲角色依旧具有极为重要的象征意义,相较于斯图亚特王朝与他的臣民,它少了些畏惧。国王不再需要坐在房间扮演上帝,用自己人类的肩膀为维持他的王国的神圣秩序扛下全部责任。但作为一个易受争议的政治家庭的父亲,他必须用心统治以维持宪政制度的平衡,同样地,还需维系作为母亲的宗主国与作为女儿的殖民地之间的和谐。[89]

另外,汉诺威王朝有父子反目的传统,乔治的祖父乔治二世,与他的父亲威尔士亲王弗雷德里克将这种传统演绎到闻所未闻的程度。乔治三世登基后,他决心做好一名家庭成员。但作为诸多王子的父亲,他父亲角色的失败更甚于他任免大臣的失败。他的儿子们鄙视君主制,这种情况从未出现在詹姆斯一世时期。如同都铎家族和斯图亚特家族一样,汉诺威家族之所以能够进入王位的继承序列,靠的是一名值得被尊敬但缺乏声望的女性继位者。

似乎对于乔治三世最为重要的谣言,是在美国革命期间,他疯了,因此,没有人需要为宗主国和殖民地之间一系列不幸的误解而受到指责。这种说法有诸多好处。它让双方都如释重负。英国人可以将他们的失败归因于一个发疯的君主,然而对于保守的美国人,例如 DAR 而言,可以通过这个解释消除他们的革命当中令人尴尬的,带有革命色彩的部分。尽管如此,这个令人舒心的传闻却并不符合事实。乔治三世的卟啉症(一种可遗传的带有精神症状的器官疾病)一直到 1788 年都未曾发作。在此之前,他所得过的严重疾病只有 1765 年的一次胸膜炎发作。[90]

对于乔治三世在事实上引发美国革命是有争议的:至少他不是一个宪政改革者,也没有试图夺回他的先辈们已经掌握很久的权力;而且至多,他曾尝试给他懦弱的大臣们注入一些强势的力量,尤其是他们在

---

[89] See Edwin G. Burrows and Michael Wallace, "The American Revolution, the Ideology and Psychology of National Liberation", *Perspectives in American History*, 6 (1972).

[90] See Ida MacAlpine and Robert Hunter, *George III and the Mad-Business* (1969); M. G. Guttamacher, *America's Last King* (New York, 1941); B. Knollenberg, *Origins of the American Revolution* (New York, 1960), pp. 275 – 281.

波士顿倾茶事件后是否采取强硬立场一事上含糊其辞的时候。但有一件事是确定的:乔治三世对于革命的爆发所扮演的角色,与独立宣言对于他的控诉完全不一样。杰斐逊的"现任大不列颠国王的历史"完全是殖民地的想象所虚构出来的。

那么这种关于国王的想象是如何形成的呢?

至少在签署独立宣言的前一年,殖民地就持续地——并且正确地——将他们对于英格兰的矛盾等同于与议会的矛盾,国王被视作一个非人格化的执行者。例如,1768 年的波士顿集会通过了一项议案,谴责"大不列颠议会在对他们增税",六年后,康涅狄格州法明顿市的居民宣布,"现在的政府部门被邪恶势力所教唆,被他们邪恶与腐败的心灵牵着鼻子走,妄图剥夺我们的自由和财产并永远地奴役我们"。[91]为了谴责国王邪恶的顾问们,殖民地回到了政治小说中,国王的反对者早在瓦特·泰勒农民起义时就是强迫雇佣的。美国的爱国者相信,有一个来自英格兰的阴谋,试图剥夺他们与英国人同样享有的自由,只有这样,才是他们解决为了英国人的权利而反抗英格兰这样一个明显的悖论的唯一方式。英格兰的阴谋是偏离正轨,一旦乔治三世知晓,他一定会加以改正。如同约翰·肯在他 1764 年攻击《蜜糖法案》的小册子中所解释的,当乔治三世听说"如父亲般慈爱的完美国王"的阴谋时,他会补偿"热爱他的北美人民"所受的委屈。如果让他亲爱的臣民们失望,他们的一丝丝怒火就会直接朝向最好的国王。这些也许都能在本杰明·查理一年后所写的一首骇人听闻的诗歌里体现出来:

乔治万岁!祝我们的国王安宁与和谐,
如果我们享有自由,我们会歌颂他的美名,
但如果剥夺了自由,我们将无处发声,

---

[91] Bernard Bailyn, *Intellectual Origins of the American Revolution* (Cambridge, Mass., 1967), pp. 107 – 123.

他将没有机会遗憾我们为何不再快乐。[92]

这种想象认为，乔治三世是一个慈爱的父亲，会拯救他的美国子民。一旦这种幻想破灭，取而代之的，是一个更有说服力的传闻：他是一个独裁者，决意奴役美国民众。在1775年10月，当乔治三世宣布镇压起义的时候，这条新的传言因基于事实而更具说服力。许多美国民众到这时才意识这个残酷的事实——国王正着力支持议会推行惩罚性的政策。如同杰斐逊在11月写道："国王在这样的时刻做出这样的处置，对于整个帝国而言是巨大的不幸。"[93]

具有讽刺意味的是，并不是美国人，而是英国人托马斯·潘恩告诉大家，国王是一个暴君，打破了美国人心中的幻想。这位在殖民地的英国人在三个月前，即1776年1月出版了他的小册子《常识》。这本书的影响难以估量：三个月卖掉了十二万本，相当于今天的一千万本。《常识》的依据在英格兰，而不是美国。当潘恩穿越大西洋时，他穿越了自己的卢比恩河，而在《常识》里，他告诉美国人，他们的"卢比恩河也被渡过了"。在英格兰，他有着两段失败的婚姻和一场失败的事业；他讲自己对于失败的罪恶感洒向了英格兰，他主张是英格兰辜负了他而不是他辜负了英格兰，潘恩几乎意外地把这个口号给毁了，他说出了很多美国人想说的话，但直到一个英国人帮他们说出来之前，美国人民都因过于害怕而不敢承认。潘恩告诉他们乔治三世是"不列颠王室的混球"，不是1774年大陆会议所请愿的那个"你们全民的慈父"，而是"一个卑鄙的人……假装戴着'他子民的父亲'的头衔"。在一本篇幅较短的小册子里，乔治三世变成了一只"替罪羊"，同时，让美国人记住英国传统最好的部分，例如限权政府和普通法，即使这些要素比拥有一位国王更加威胁美国人的自由。

在英国革命的最后，反叛者在事实上处决了国王；在美国革命中，

---

[92] Bernard Bailyn, *Pamphlets of the American Revolution* (Cambridge, Mass., 1965), pp. 361, 597.

[93] Page Smith, *A New Age Now Begins* (New York, 1976), I, p. 676.

人们用摧毁国王雕像的方式作为反抗的起点。独立宣言在很多方面算得上是乔治三世的死刑执行令,它得到3/4多数代表的支持,虽然这个死刑判决永远不可能得到执行(乔治三世在远离费城三千英里外的地方幸福地生活),然而在象征层面上,国王已经被处决了。很快,在纽约,一个暴徒推倒了国王骑马的雕像,把它砸个粉碎;在巴尔的摩,有人烧毁了国王的雕像,在萨凡纳,另一群暴徒假办了一场国王的葬礼。与此同时,在一场弑君者的狂欢盛宴中,全美的王室徽章都被拆除并砸个粉碎。[94] 通过这种仪式性的弑君行为不仅可以根除罪恶感,而且能增进群体的忠诚(例如街头帮会,甚至约翰·皮姆和他的下属都意识到了),因为一同犯罪会让人团结一致,不顾一切地冒险。这场弑君并未持续很久。新生的共和国意识到曼彻斯特伯爵的洞察慧眼如炬:国王依旧是国王;另一个乔治成为他们的国父,英格兰的叛逆子民也正是美国的建国之父。

---

[94] See Winthrop Jordan, "Familial Politics: Thomas Paine and the Killing of the King", *Journal of American History*, 60 (1973), pp. 294 – 308.

《政治与法律评论》
(第九辑)第67~87页

普通法法治的现代阐释

——以艾伦(T. R. S. Allan)的《法律、自由与正义》为中心

王 婧*

摘要:艾伦的《法律、自由与正义》(1993年)是当代英国普通法宪政主义的重要作品。该书从公法学的视角回应了“二战”之后英国在福利国家政策上从主张到逐渐退却的立场转变,在人权保障成为国际话语的背景之下,汲取古典普通法理论的资源,对于普通法法治进行了现代阐释:将法治“复兴”为英国立宪主义的理论基础,挑战戴雪所确立的“议会主权”原则,否认法律与惯例的区分,以重塑戴雪的学术肖像。在此过程中,艾伦借鉴德沃金的权利理论,将普通法视为蕴含法治价值的“原则的集合”,普通法因此成为法治价值的载体而对立法至上构成宪法限制。

关键词:普通法 法治 权利 议会主权

普通法宪政主义(Common Law Constitutionalism),

* 王婧,华东政法大学科学研究院助理研究员。本文为国家社科基金青年项目“英国上议院司法权研究(1876—2009)”(13CFX017)的中期成果。

又称为法律宪政主义,是1970年代兴起于英国公法学界的思潮,至今依然活跃。在现代社会国家干预扩张与个人权利意识高涨的背景之下,普通法宪政主义汲取了古典普通法理论的资源,对于英国公法学的学科范围与核心价值进行了重新定位。尤为引人注目的是,普通法宪政主义的倡导者在越权无效原则能否成为司法审查基础争论的基础上,进一步对于20世纪英国公法学的基础——议会主权原则——提出了挑战:主张以普通法法院而非议会为中心建构宪法政治,普通法法院作为社会基本价值准则和公民权利的守护者应在宪制中起到核心作用。① 换言之,在普通法宪政主义的架构之下,“议会主权”将受到法治原则的限制。普通法宪政主义者也因此与传统议会主权原则的倡导者形成了所谓“普通法宪政主义与政治宪政主义(Political Constitutionalism)”的论争。

在普通法宪政主义的兴起过程中,来自剑桥大学彭布罗克学院的公法教授艾伦(T. R. S. Allan)成为中坚人物。从1993年《法律、自由与正义:英国宪政的法律基础》②开始,他每隔10年便推出一部专著——《宪法正义:法治的自由主义理论》(2003年)③与《法律主权:自由、宪法和普通法》(2013年)④,构建了相对完整的普通法宪政主义体系。三本著作所跨越的20年,也是英国宪政体制自19世纪自由党首相格雷斯顿(W. Gladstone)改革以来变化最为剧烈的20年:以1997年布莱尔(T. Blair)领导的工党上台执政为标志,英国实施了一系列被认为

---

① See Thomas Poole, “Back to the Future? Unearthing the Theory of Common Law Constitutionalism”, 23 *Oxford Journal of Legal Studies* 439 (2005).

② See T. R. S. Allan, *Law, Liberty and Justice: The Legal Foundations of British Constitutionalism*, Oxford University Press, London, 1993。中译本参见[英]T. R. S. 艾伦:《法律、自由与正义——英国宪政的法律基础》,成协中、江菁译,法律出版社2006年版。下文引用如无特别说明,将在括号内注明引用段落所在的英文页码。

③ See T. R. S. Allan, *Constitutional Justice: A Liberal Theory of the Rule of Law*, Oxford University Press, 2003.

④ See T. R. S. Allan, *The Sovereignty of Law: Freedom, Constitution, and Common Law*, Oxford University Press, 2013.

是在塑造“新英国宪法”[5]的宪政改革。直到今天，这场改革依然在进行过程中。在这个意义上，艾伦等人所代表的普通法宪政主义理论重塑了现代社会中普通法的法治话语，回应了时代对于公法理论的需求。

在艾伦的三本著作中，《法律、自由与正义》是奠基性的。该书虽然没有明确提出普通法宪政主义的概念，但其对普通法法治的阐发却设定了普通法宪政主义的基本理论框架：它的核心主张——“法治”是英国宪制的基本原则——是后两部著作一以贯之的主题，它在普通法的背景下对于分权、司法审查、平等、基本自由等具体问题的分析（第3～9章），以及对于戴雪（A. V. Dicey）、德沃金（R. Dworkin）、哈耶克（F. Hayek）、罗尔斯（J. Rawls）等学说的发掘与利用，都在后续著作中得到了进一步的深化和拓展。某种程度上，《法律、自由与正义》不仅预见了布莱尔宪法改革中人权司法保护的强化，更因为对于普通法法治内涵的现代阐释，直接推动了普通法宪政主义的发展，直到今天成为与政治宪政主义分庭抗礼的公法理论。本文将以《法律、自由与正义》一书为中心，梳理艾伦普通法宪政主义理论产生的背景与基本主张，在此基础上评价其得失。

一、背景：现实挑战与理论渊源

艾伦提出普通法宪政主义离不开二战之后英国公法发展的大背景。这一背景可以从两个方面进行概括：一是福利国家的兴起带来的挑战；二是英国自中世纪以来延绵不断的普通法传统。

1. 英国公法面临的挑战

二战后，英国经历了从全面奉行凯恩斯主义和福利国家政策到逐渐退却的立场转变。1929～1933 年的大萧条宣告了奉行自由放任的古典经济学的没落与凯恩斯经济学的兴盛。后者主张用国家干预的方

⑤ ［英］韦农·波格丹诺：《新英国宪法》，李松锋译，法律出版社 2014 年版，第 6～7 页。

法刺激需求,带动生产和就业,实现经济繁荣,成为现代福利国家的理论基础。二战期间,英国虽然物资贫乏,但国家干预使得物价稳定,没有发生大规模的饥荒,为战后实行国家干预奠定了良好的心理基础。特别是1942年制定的《贝弗里奇报告》,主张战后英国要建立"从摇篮到坟墓"的完善社会保障体系,成为英国建设福利国家的指路标。⑥ 然而,福利国家政策带来了经济滞涨。1979年开始执政的撒切尔夫人(M. Thatcher)放弃了凯恩斯主义,转而奉行货币主义的经济理论,减少国家干预,削减福利开支,对于40%的国营事业实施私有化,以恢复自由竞争与劳动力市场的活力。⑦ 撒切尔夫人的政策并非完全否定国家干预,而是形成国家干预之下的自由竞争格局:国家既要保障对于社会的控制,又要保障个人权利;既要施恩于民(为公民提供基本的社会保障),又要激发个人的创造力。⑧

国家政策的转变对于公法的影响显而易见。国家全面干预的立场加强了19世纪以来议会与政府对于经济和社会生活的规制,促进了英国行政法的发展。要知道,传统的英国普通法是以土地法等私法为基础而形成的。不仅如此,由于公共事务的数量和复杂性增长,议会出于专业能力的限制和效率考虑开始进行"框架性立法",将具体的条文委托专门委员会或者行政机构起草,处理行政机关与公民之间争议的行政裁判所(tribunal)大量出现。戴雪的主张——在议会主权原则之下通过私法调整公共机关活动——越来越无法满足社会的需要。"越权无效""自然正义"等成为公法的基础性原则,并且自1960年代起成为法院加强对行政行为司法审查的重要依据。然而,当国家从全面干预的立场上退却之时,公共领域与私人领域的界限不再清晰,公法与私法不再能够依靠概念和管辖权而进行区分。私有化、规制、强制性竞标(compulsory competitive tendering)、私人主动融资(Private Finance

---

⑥ 钱乘旦、许洁明:《英国通史》,上海社会科学院出版社2012年版,第616页。

⑦ 钱乘旦、许洁明:《英国通史》,上海社会科学院出版社2012年版,第344~345页。

⑧ 李红海:《当代英国宪政思潮中的普通法宪政主义》,载《华东政法大学学报》2015年第1期。

Initiative)等活动,很难明确地排除在公法的管辖范围之外,“公法价值观”也不再局限于公正、无偏私的公共服务等贝弗里奇时代的经典观念。⑨ 如何兼顾国家干预与自由竞争对于包括公法在内的整个英国法律制度提出了新的挑战。

上述挑战在全球化特别是欧洲一体化的背景下更加突出。二战以来,人权保护在世界范围内日益成为强势话语,英国国内同样出现了人权保护的呼声。1951 年,英国批准加入《欧洲人权公约》,成为最早一批加入公约的欧洲国家,担负了保护人权的国际法义务。1972 年,英国制定《欧洲共同体法》确认加入欧共体,议会主权原则开始受到限制,人权的司法保护在英国获得了发展空间。然而,直到 1998 年《人权法》将《欧洲人权公约》引入英国国内法之前,英国的人权保护依然主要受制于议会主权原则。换言之,国家是否保护以及如何保护公民的权利主要取决于议会的意愿;议会内部(两院制)与外部(选举)的制衡是防止制定法侵犯人权的主要手段。“越权无效”正是“议会主权”原则的逻辑推演,二者都基于戴雪的“自我矫正式的民主观”⑩。然而,在国家干预的背景之下,议会和政府的公权力本身逐渐成为个人权利的最大威胁。“越权无效”作为司法审查的合法基础开始受到学界的质疑。⑪ 有论者开始诉诸普通法作为司法审查新的基础。⑫ 艾伦对于普通法法治的阐释正是在这一质疑的过程中逐渐丰富和完善的,而且成为其中的激进派,因为他将质疑扩展至越权无效的基础——议会主权原则。在这个意义上,《法律、自由与正义》一书也可以视为司法审查合法性基础论争的产物。

---

⑨ See Thomas Poole, “*Back to the Future? Unearthing the Theory of Common Law Constitutionalism*”, p. 436.

⑩ 参见[英]保罗·P. 克雷格:《英国与美国的公法与民主》,毕洪海译,中国人民大学出版社 2008 年版,第 10 ~ 44 页。

⑪ See D. Oliver, “Is the Ultra Vires Rule the Basis of Judicial Review?”, *Public Law* 543 (1987)。有关行政法学界相关论争的详细介绍,参见何海波:《“越权无效”是行政法的基本原则吗?——英国学界一场未息的争论》,载《中外法学》2005 年第 4 期。

⑫ See Paul Craig, “Competing Models of Judicial Review”, *Public Law*, pp. 429, 446 – 447 (1999).

2. 理论渊源:古典普通法理论

自古以来,诉诸历史经验是人们解决当下问题的重要方法之一,对于素来保守的英国尤其如此。在20世纪制约公权力与个人权利保护需要的刺激下,自中世纪以来绵延不断的普通法传统再次焕发出了生机。

作为一种法律制度,普通法形成于12世纪;普通法成为一种“高级法”(higher-order law)传统,得益于十六七世纪“古典普通法理论”的建构。古典普通法理论形成于都铎王朝的后期,这是现代英国社会和国家从封建制度中脱胎、成型的时代。当时,政治权力集中,专制思潮盛行,主权理论以及“实证主义”的法律观念开始形成。“某种程度上,正是为了应对由那些只以他们自己对正义、便宜(expediency)和共同的善(common good)的需求评价为依归而提出制定法律的人行使的集中权力(centralized power)的威胁,才产生了普通法理论。”⑬

要制约专制权力,普通法就要成为主权者制定的实在法之上的高级法。为此,古典普通法理论做了两个方面的努力。一是赋予普通法以历史维度。普通法的权威性首先来自普通法作为习惯法具有无法追忆的(immemorial)久远历史。所谓“无法追忆”,是指超出了英国法律史上的“记忆年份”——1189年——查理一世统治开始的时间。如黑尔(M. Hale)所言:“我之所以称这部分法律是‘不成文法’(Leges non Scriptæ),是因为它们权威与原初的制度不是以书面形式确立下来的,也不具有议会法所具有的那种权威性,但是它们逐渐投入适用,并通过长久和无法追忆的时间的使用,通过习惯的力量和在这个王国被接受的事实而获得了法律的拘束力和效力。”⑭布莱克斯通(W. Blackstone)也有类似的表述:“在我们的法律中,判断一项习惯法是否可取,总是视其使用的时间是不是长到已无法追忆;或者判断一条法律格言是否

⑬ [美]杰拉德·波斯特玛:《边沁与普通法传统》,徐同远译,法律出版社2014年版,第4页。

⑭ Sir Matthew Hale, *The History of the Common Law of England*, The University of Chicago Press, 1971, p. 17。中译本参见[英]马修·黑尔著、[美]查尔斯·M. 格雷编:《英格兰普通法史》,史大晓译,北京大学出版社2016年版,第17页。

属于正式的法律,总是取决于自人们有记忆始是否有相反的例证。”⑮正是在历史维度的意义上,波考克(J. G. A. Pocock)将普通法称之为“古代宪法”⑯。

二是赋予普通法以本质主义的诉求。古典普通法理论认为,普通法是合理的,因为它是无数代最优秀的人智慧与经验的积累,其在长久运用的过程中已经去除了不合理的成分。如柯克(E. Coke)有言,“在普通法理论中,三个概念——权威/有效性(authority/validity)、合理性和历史适当性(historaical appropriat)——是紧密相连的”⑰。17 世纪,时任爱尔兰总检察长的戴维斯爵士(J. Davies)的阐释更为精致:

> 因此,习惯是按照这种方式出现、生长并趋向完善的:一个已实施的合理行为被发现是善的,有益于人民的,合乎他们的天性(nature)和倾向(disposition),于是他们就会一次又一次地运用和实施它。这样,借由这种行为之重复和传播,它就成为一种习惯;它自不可追忆的时代被延续下来,无有间断,也就获得了法律效力。⑱

普通法的合理性并不意味着普通法的每一条规则都为民众所接受,而是说普通法体现了一个社会中关于合理性与共同善的普遍价值原则。这一点给艾伦以直接的启发。

光荣革命之后,议会主权的确立使得普通法作为一种“高级法”的观念式微。然而,在布莱克斯通所言的“法律的守护者”和“当世神谕

---

⑮ [英]威廉·布莱克斯通:《英国法释义》(第 1 卷),游云庭、缪苗译,上海人民出版社 2006 年版,第 81 页。

⑯ [英]J. G. A. 波考克:《古代宪法与封建法:英格兰 17 世纪历史思想研究》,翟小波译,译林出版社 2014 年版,第 46 页。

⑰ [美]杰拉德·波斯特玛:《边沁与普通法传统》,徐同远译,法律出版社 2014 年版,第 6 页。

⑱ Sir John Davies, *Irish Reports*, preface, London of 1674. 转引自[英]J. G. A. 波考克:《古代宪法与封建法:英格兰 17 世纪历史思想研究》,翟小波译,译林出版社 2014 年版,第 30 页。

使者"[19]——法官那里,普通法通过先例原则依然得到传承,并且不断地适应着社会变革。"普通法变革最强大的动力是相同案件相同处理这个基本'原则',这可真是奇怪。依此原则行动的法院,不用硬性将不正当权力归于他们自己,就可以改变而实际上是创造法律,因为法院看起来总是以新的方式将过往案例或原则适用于被他们周遭世界改变了的新环境。"[20]普通法的理性传统也犹如涓涓细流,微小却坚韧,当外界条件具备时,就会成为对抗专断权力、保护公民自由的源头活水。20世纪末的英国社会正具备了这样的条件。

二、出发点:戴雪理论的重述

《法律、自由与正义》的主要目标是将法治确立为英国立宪主义的理论基础。在英国公法学的语境之下,这一目标是革命性的,其所颠覆的——至少质疑的——是"议会主权"作为英国宪制首要原则的地位。自戴雪的《英宪精义》问世之后,英国公法学界一直将其对"议会主权"的阐释视为正统。因此,艾伦在开篇便指明,对戴雪议会主权理论的教条化理解是当代英国公法各种奇谈怪论的根源。然而,艾伦对于议会主权原则的批判却是通过重述戴雪界定的英国宪法的另外两个特征[21]迂回展开的:发掘和提升"法治原则"的理论价值,否定法律与惯例区分。在这个意义上,艾伦的研究与其说是批判戴雪,不如说是重述戴雪,展示戴雪学术肖像的另一面——"一位努力挣脱他从奥斯丁那里学来的、为霍布斯威权主义所羁绊的宪法理论家"(p. 2)。这种重述贯穿

[19] [英]威廉·布莱克斯通:《英国法释义》(第1卷),游云庭、缪苗译,上海人民出版社2006年版,第81页。

[20] [美]盖多·卡拉布雷西:《制定法时代的普通法》,周林刚、翟志勇、张世泰译,北京大学出版社2006年版,第24页。

[21] 戴雪认为英国宪法有三个主要特征:议会主权、法治原则和宪法惯例。其中议会主权是首要特征。参见A. V. Dicey, *Introduction to the Study of the Law of the Constitution*, 8th edition, Originally published London, Macmillan, 1915, Indianapolis, Liberty Fund, Inc. p. 35。

了《法律、自由与正义》全书的始终。

1. 复兴“法治”原则

戴雪将法治(又称为法律至上)界定为英国宪制的三个特征之一,而且是与议会主权原则并列的、自诺曼征服延续下来的英国宪制的两大特征之一。戴雪的法治原则包含三个方面的内容:首先,反对专断权力的惯常法律(regular law)的至上性或者优势地位,排除专断、特权甚或政府宽泛的裁量权;其次,法律面前平等,或者所有阶层平等服从于普通法院实施的王国普通法;最后,私法原则的确立途径是法院和议会不断扩大的活动,甚至可以决定国王及其官员的地位。因此,宪法是国内通常法律发展的结果。[22]

戴雪法治原则的一个重要推论是否定了行政法和行政法院在英国存在的现实与必要。行政法是专门调整政府等公共机构和公民个人之间关系的法律,承认它将破坏戴雪主张的法律的平等与普遍性,威胁到国王服从普通法律的历史成就,行政法院的设立也将侵犯司法权与行政权分离的原则。[23] 这一推论在 20 世纪初年遭到了以詹宁斯(W. I. Jennings)为代表的公法功能学派的严厉批判。詹宁斯认为,戴雪的法治观以个人主义和自由放任哲学为基础,无视工业革命与城市化所带来的社会问题,以及为工业革命发展所必需的行政权力;只是用法律消极地防止公共机构侵犯个人权利(即使在这方面,戴雪也未能穷尽救济办法),却否认应该运用法律(行政法)积极地确定公共机构的权力和职责以为社会提供公共服务。[24] 因此,戴雪真正影响 20 世纪英国公法学的主要是其对议会主权而非法治原则的阐释。

然而,艾伦却认为,在 20 世纪末,就英国立宪主义的理论基础而言,“戴雪的法治原则,其重点在于平等和公民自由,看起来是比议会主权原则更好的出发点”(p. 2)。因此,紧接着导论性的第一章(“英国

---

[22] See A. V. Dicey, *Introduction to the Study of the Law of the Constitution*, p. 120.

[23] [英]马丁·洛克林:《公法与政治理论》,郑戈译,商务印书馆 2013 年版,第 202 页。

[24] [英]W. I. 詹宁斯:《法与宪法》,龚祥瑞、侯健译,三联书店 1997 年版,第 160 ~ 164、211 ~ 220 页。

立宪主义”)之后,艾伦便以专章论述“法治”问题,并将其法治观点延伸到此后对于分权、普通法和具体宪法权利的探讨过程中。艾伦并非全盘接受戴雪的法治理论,至少艾伦认为戴雪的法治理论排除了“政府方面的宽泛、恣意或者裁量性权力”[25],在现代行政国的背景之下是重大缺陷。但是“戴雪的著作承认阐释一种宪法哲学的重要性,认为其能成为法律原则体系化解说和持续发展的基础”(p. 20),而且这样的一种阐释与英国既存的普通法相容,从而使得艾伦撰写《法律、自由与正义》的重要目标——在英国既有政体的背景下克服法律实证主义的局限、抵制纯粹形式上的合法观念——具有了现实的可能性。具体而言,艾伦重新诠释了戴雪法治理论中的如下两点:

首先,戴雪坚持法律面前平等——所有人都服从普通法和普通法院的管辖——蕴含着现代法治的平等要求。艾伦认为,戴雪的主张不仅与哈耶克的法治观念——政府应当受制于法律[26]——一致,并且为20世纪以来、特别是二战之后英国普通法法院的司法审查实践所证实。戴雪的法律平等观念尤其得到了德沃金“整体性”理论的支持:“作为整体的法律要求法官尽可能假设法律是由一套前后一致的、与正义和公平相关的原则和诉讼的正当程序构成。它要求法官在面临新的案件时实施这些原则,以便根据同样的标准使人人处于公平和正义的地位。”[27]换言之,“整体性”理论发掘了戴雪法律平等观的实质内涵。而且,艾伦进一步指明,戴雪的“法律面前平等”是更深层次的公民平等观念的结果——平等构成了我们献身于民主本身的基础(p. 290)。这意味着,没有正当理由地侵犯公民参与政治过程权利的议会立法将违背法律本身的正当性基础——民主制度,也就不再具备从民主制度

---

[25] A. V. Dicey, *Introduction to the Study of the Law of the Constitution*, p. 110.

[26] 这里的法律是指先于立法(legislation)的、自发形成的规则。参见[英]弗里德利希·冯·哈耶克:《法律、立法与自由》,邓正来译,中国大百科出版社2000年版,第4章。

[27] [美]德沃金:《法律帝国》,李常青译,中国大百科出版社1996年版,第217页。“整体性”的要求是与公平、正义和诉讼的正当程序并列的政治美德,要求“国家按照前后一致的原则办事”,在宪法原则的层次上兼顾前三种美德,进行全局性的考量,详见《法律帝国》第6章。

或者主权原则中获得权威的资格，法治从民主制度本身中获得了限制立法至上的基础。

其次，戴雪的法治理论蕴含着实体的价值原则。这一点在上述艾伦对于戴雪法律平等观念的阐发中已经得到了体现。除此之外，艾伦认为，法治所蕴含的实体价值判断只有通过法律原则才能充分表达，而原则的分量（weight）只有依据特定的案件事实才能调校准确——正如普通法法官所进行的调校（p. 154）。因此，戴雪的主张，即“宪法并不是个人权利的渊源而是结果，由法院界定和执行”[28]，这一论断事实上蕴含着常常为人所忽略的启示。“因为戴雪的理论不能防范系统性的权力滥用而轻易地拒斥它，可能是错误的。它也许包含着某种政治哲学的萌芽，这种哲学能够产生关于政府被期望符合的正义与公平标准的重要结论。”（p. 45）

2. 否定法律与惯例（convention）的区分

与对戴雪“法治”理论的肯定立场相反，艾伦在第10、11章中否定了戴雪对于宪法性法律与宪法惯例的区分。戴雪之所以区分法律和惯例，是因为他将法律定义为普通法法院承认和通过制裁加以实施的规则，而这一定义并不能涵盖所有调整英国宪制——特别是国王特权（prerogative）——的规范。国王特权是指“在任何特定的时间内、合法操于国王手中的裁量或专断的剩余权力”[29]。虽然特权可以基于历史或者现实原因合法拥有，但性质上属于裁量或专断性的权力，如果没有任何限制，将无法与法治原则相协调。因此，戴雪界定了惯例（宪法道德）——“决定国王（或作为国王仆人的大臣）实施裁量权所应遵循的方式的规则”[30]。惯例来源于政治实践，因为长时间的沿用或者普遍的认可而得到尊崇，以保证特权的实施能与议会（特别是下议院）的意志保持一致。

在艾伦看来，界定惯例等于放弃了对于特权的“法律”限制，然而

---

[28] A. V. Dicey, *Introduction to the Study of the Law of the Constitution*, p. 121.

[29] A. V. Dicey, *Introduction to the Study of the Law of the Constitution*, p. 282.

[30] A. V. Dicey, *Introduction to the Study of the Law of the Constitution*, p. 281.

惯例对于特权的限制事实上是有限的，所以戴雪的理论“并没有为以法律为基础的宪政政府提供一个令人满意的描述”（p. 238）。这一不足在现代英国社会的负面影响日益凸显：随着19世纪以来政党制与责任内阁制的发展，特别随着委托立法的出现，议会（包括国王）对于政府的限制日渐弱化，拥有议会多数席位的政府往往将议会变成推行党派政策的工具；福利国家的背景下，国王特权成为政府权力扩张的绝佳理由，然而扩张的权力却不受“法律”的规制。艾伦认为，法律与惯例的区分的错误之处在于忽视了法律原则的重要性。“法律体系除了规则之外，还包含原则，而且在宪法领域，原则的确认依赖于原则所证成的实践的强度和目的”（p. 240）。这意味着，从确认方式而言，法律原则和惯例非常相似。此外，违反惯例虽然不会导致法律制裁，但会引发法律上的后果，这一点也为戴雪所承认[31]。所以，否认惯例法律地位的学说并没有说服力，而且将阻碍英国发展适应现代社会需要的公法。

艾伦进一步批判了法律与惯例区分的理论基础——奥斯丁的法律实证主义。区分法律与惯例，包括认为“法院对惯例只是承认（recognition）而不是实施（enforcement）”，都是将司法活动局限于实施“法律”，而“无视审判实际活动所固有的道德和政治责任”（p. 244）。因此，“戴雪教条式地区分法律与惯例，就其对公法学者的持续影响而言，只能是产生议会全能的实证主义观点的另一种体现”（p. 2），从而将批判的矛头最终指向了与实证主义相为表里的议会主权学说。

艾伦主张将宪法惯例视为法律，作为规制特权的法律原则的重要渊源。艾伦认为，惯例的本质是政治原则，“就宪法意义而言，法律原则与政治原则必然相互依赖与交织”（p. 253）。承认惯例的宪法地位将不仅有利于英国公法的发展，而且有利于英国履行国际义务——吸收《欧洲人权公约》的标准[32]。因为公约可以视为成员国所承认的政治

---

[31] See A. V. Dicey, *Introduction to the Study of the Law of the Constitution*, p. 297.

[32] 《法律、自由与正义》出版于1993年，此时的英国尚未制定《人权法》（Human Rights Act）将《欧洲人权公约》正式纳入英国国内法。艾伦此时提出的是通过司法方式吸收公约内容的主张。

原则(惯例),所以可以通过法院的承认而获得法律效力。这里同时隐含着艾伦对于司法功能的判断:对于惯例,“法院不可能袖手旁观,承认而不实施”(p. 246)。他列举了包括英国“最高法院”的法官——法律贵族(Law Lords)——在内的普通法法官承认惯例法律效力的例证㉝,并且指出,法院对于惯例的司法评价打破了传统学说最后的避难所:法院对于惯例的承认不等于实施,惯例因此不能称之为法律。

三、基本主张:普通法法治的现代内涵

艾伦对戴雪理论的重述是在普通法的语境之下展开的。这里的普通法不仅是具体规则意义上的,更是宪法或者根本法意义上的指称。艾伦认为,在不成文宪法的背景下,法治在英国发挥着宪法的作用。“法治的理念和价值反映和包含于通常的普通法中,正是在这根本的意义上,英国拥有*普通法宪法*”(p. 4,斜体为原文所加)。因此,艾伦所讲的法治就是普通法法治。上文对于艾伦重述戴雪理论的分析已经折射出了普通法法治的某些观点,下文将进行更为全面的阐释。

1. 普通法是蕴含法治价值的“原则的集合”

普通法是蕴含着法治价值的“原则的集合”,它包含如下两层含义:

首先,普通法蕴含着实质意义上的法治价值,与纯粹形式意义上的合法性观念针锋相对。形式合法性观念将所有法律都视为制定法(statute),其只要形式上“合法(valid),即使是独裁者残暴的命令也符合法治的要求”(p. 20)。艾伦坚持自然法的基本观点,认为法律与道德不可分离。“‘法治’这一术语看起来主要意味着原则和价值的集

㉝ 这里艾伦引述了上议院的 *Council of Civil Service Unions v. Minister of the Civil Service* 案([1985]A. C. 374),认为该案通过承认之前的实践为惯例而限制了特权,以及枢密院司法委员会的 *Adegbenro v. Akintola* 案([1963]A. C. 614.),认为该案运用惯例支持了殖民地总督的裁量权。

合,其共同赋予法律秩序以某种稳定和一致性……它们有助于界定宪法的性质,反映宪法的历史并产生对于现代政府行为和特征的预期。”(p. 21)普通法是基本权利的来源,完美体现了法治的价值,其中最基本的是“个体自治”,即个人对决定如何行为能够进行独立的判断。“普通法规则是根本原则的最好且容易获得的提炼,因此易于根据对于正义的更好认知和变化的理解不断地重述。它们的道德力量更直接地依赖于理性的命令。”(p. 30)因此,艾伦的普通法法治不仅符合形式上的合法性,而且具有实质的价值内涵;不仅反映了(政治与道德的)理想,而且根植于现实(英国的普通法)。

其次,法治的价值体现于普通法的原则之中。艾伦将普通法视为“原则的集合”,借鉴了德沃金区分原则与政策的理论阐释原则的内涵:民事案件特别是疑难案件的判决,应该依据原则而不是政策产生。所谓原则(principle),是指决定尊重或维护了个人或者集体的权利;所谓政策(policy),是指决定促进和保护了社会的集体性目标。[34] 法院依据原则产生的判决本质上是要实施**现存**的法律(政治)权利,依据政策进行决定的裁判所或者行政机关是在调整双方当事人**将来**的关系(p. 56,着重为原文所加)。所谓“现存”,意味着发现包含于有效法律规则整体精神的含义,或者此前法院或者立法者未明确揭示的一般规则。因此,依据原则判决就是体现法治的价值和精神。

2. 普通法法治对立法至上构成限制

普通法优于制定法是古典普通法理论的核心观点之一,艾伦继承了这一立场,进一步主张普通法法治对于立法至上构成限制,并且更加注重诉诸普通法诉讼过程本身来论证其优越性,具体阐释如下:

首先,普通法能弥补立法对于权利保护的不足。德沃金认为,原则(权利)的考量是法院的职责,而政策(集体目标)的考量是立法机关和政府的职责;个体权利是每个人固有的道德权利,如果完全受制于政策,那么其价值将荡然无存,因此个体权利的保护不能留给通常的政治

---

[34] [美]罗纳德·德沃金:《认真对待权利》,信春鹰、吴玉章译,上海三联书店 2008 年版,第 4 章。

程序,而应该由超脱于政治上大多数要求的法官来承担。[35] 结合英国的现实,艾伦进一步指出,在承认民主制的基本逻辑——议会是政府政策的最终法官——的前提下,立法与司法机关的职能应该分立;司法职能的正当性在于,承认责任内阁制本身并不能充分保护权利受到影响的公民个人(p. 55)。所以,在保护人权的意义上,普通法法治接续了古典普通法理论揭示的"防止专断权力,保护公民自由"的传统。

其次,普通法是法律制定与解释的制度框架的组成部分,能弥补制定法规则的不足。普通法优于制定法的一个最朴素的理由在于,制定法要经过法官的解释才能适用。艾伦认为,不仅是法律解释,法律的制定也同样受制于普通法:"作为一套不断演化的规则,普通法提供了稳定性和连续性。它确立的原则(doctrine)和设定,虽然总是受到重新考量和质疑,构成了立法必须符合的制度框架。制定法无论目标如何激进与重要,不能隔绝于普通法构成其组成部分的法律制度进行解释。"(p. 79)更为重要的是,制定法是由离散的规则构成的,通过既定的条款限定其意义并决定其范围(p. 43)。规则以全有或全无的方式得到适用,而且主要通过定义来运行。然而规则不能支配它没有规定的情形,当出现了规则没有规定的新情况时,法官只能诉诸自由裁量权,专断不可避免。与规则相比,原则具有弹性,因为原则具有"分量"的属性,它依赖于对于特定事实的判断,但不要求规则刚性确定的结果。通过适用原则得出判决是普通法判决的特征,在此过程中,法院需要与之前案件判决保持一致,这既是先例原则的题中之义,也是法律整体性的必然要求。普通法因此能够成为弥补制定法不足的法律渊源。

最后,普通法的诉讼过程体现了公共理性,其决策机制优于政治过程。早在1980年代中期,艾伦就认为普通法的诉讼过程具备了民主的内在特质,因为普通法下的诉讼进程奉行当事人主义,当事人可以根据案件的特定情况自由地表达诉求、进行充分辩论,主导诉讼的进程;裁

---

[35] [美]罗纳德·德沃金:《认真对待权利》,信春鹰、吴玉章译,上海三联书店2008年版。

判的形成本质上是合作性的,普通法的道德特质正是从中衍生出来。㊱在《法律、自由与正义》中,艾伦进一步指出:"如果普通法被理解为不断诉诸正义之要求的一组原则,那么它必定鼓励关于政治道德问题的持续争论与深思熟虑。如果我们理解恰当的话,普通法通过将这样的深思熟虑纳入其通常的渐进演变和发展过程中,从而服务于它的法治理想。"(p. 111)"法治允许和鼓励就关于如何理解和解释公民的法律权利和义务进行道德和政治上的讨论。而且法律要求的判断标准越宽,讨论的范围相应的就越广。"(p. 117)普通法法院因此成为罗尔斯所讲的进行道德和政治审议的最佳论坛,它将吸引普通公民的道德良心与正义感,激发公民作为一个自治的个体支持普通法法治。

在现代社会的条件下,公共理性的进路对于确立普通法相较于制定法优势地位尤其重要。因为现代社会日益动态和多元,政治与道德共识难以形成,这在一定程度上消解了古典普通法理论所倡导的本质主义进路(普通法具有以历史为基础的合理性)的解释力量。普通法与公共理性的关联从程序意义上弥补了这一缺憾。而且,基于与公共理性相关的考量,艾伦否认柯克所言的普通法法官拥有"技艺理性"是普通法优于制定法的理由。艾伦甚至明确否认这样的观点,即"法律人必然比外行人更能利用更多关于法律其他部分的知识洞察相关原则的真正价值。"(p. 116)原因在于,艾伦将普通法的裁决过程视为一种道德裁决的过程㊲,而原则对案件判决的影响分量依赖于特定案件的事实,在根据特定事实衡量原则的分量时,法律人和非法律人一样诉诸于通常的道德或政治理由。所以,在对于案件事实的判断方面,法官的判决不能因为专业知识而比其他非法律人更少受到批评。

3. 普通法法治的限度

权利构成了普通法法治的限度。换言之,普通法法治并非要全面

㊱ See T. R. S. Allan, "Legislative Supremacy and The Rule of Law: Democracy and Constitutionalism", 44 *Cambridge Law Journal* 116 (1985).

㊲ See T. R. S. Allan, "Dworkin and Dicey: The Rule of Law as Integrity", 8 *Oxford Journal of Legal Studies* 266 (1988).

彻底地否定议会主权原则,只是法院应该防止议会立法和政府侵犯个人权利。

首先,普通法法治通过涉及公民权利的个案实现。如前所述,法治的精神体现于普通法的原则之中,然而"原则仅在特定案件的具体情势之下才具有分量"(p. 97)。换言之,普通法法治虽然承认权利的根本性,但并不在一般的抽象意义上假定权利原则具有优先性,而是主张法官将个人权利作为重要的公共利益与其他利益进行权衡。正是基于这样的原因,"司法诉讼关注的焦点在于预先存在的法律权利与义务,法院在发展政策方面并不发挥创造性的作用"(p. 57)。

其次,在特定的案件中,法官必须适当解释立法。所谓适当,即贯彻德沃金的"整体性"思想,协调公平原则(忠诚于适当制定的立法)与正义原则(保护公民个人固有的道德权利)。这里包含两个方面的含义:

一方面,如果制定法的含义清楚明白,法院应该尊重立法,不能因为对于适用制定法的案件结果不满而编造虚假的模糊。艾伦承认,在缺乏对基本立法(primary legislation)进行司法审查传统的前提下,最终协调个体权利和公共利益之需要的通常是立法机关。如果允许解释职能对于侵害个人权利的制定法进行全盘的司法修订,将会伤害分权与司法独立(p. 62)。

另一方面,当制定法的含义模糊或者没有规定时,艾伦并不主张探究立法意图,而是"推荐一种对保护个体权利和预期的法定原则敏感的解释方法"(p. 88)。"因为立法主权存在于立法的文字中——依据法治的宪法前提被正确地解释——而不是在于政府的愿望甚或议会多数之中"(p. 68)。换言之,法律制定出来之后,解释法律是法院的职责。这和马歇尔大法官(J. Marshall)在马伯里诉麦迪逊案中的观点[38]是一致的。所有立法(包括排除司法审查和直接针对特定案件的立法),都要经过法院解释,否则就是对于司法独立的侵犯。在满足制定

---

[38] See *Marbury v. Madison*, 5U. S. 137, 177(1803)。"说明法律是什么显然是司法机关的权限范围与职责。那些将规则适用于特定案件的人必须要解释规则。"

法规定的前提之下,如果出现竞争性的道德原则,法官要适用“自己关于何为正义之要求的判断”(p. 100)。这是民主政体的应有之义,也是洛克的观点——“立法或最高权力机关不能揽有权力,以临时的专断命令来进行统治,而是必须以颁布过的经常有效的法律并由有资格的著名法官来执行司法和判断臣民的权利”[39]——的现代阐释。

四、评价:“回到未来”的宪法理论

《法律、自由与正义》是艾伦在法律实证主义(以及形式法治)占据主导的英国公法学界复兴自然法学说的一种努力:在现代社会条件下发掘英国普通法的法治内涵,延续古典普通法理论捍卫个人自由、抵制专制权力的立场。我们需要承认艾伦为英国公法奠定新基础的理论雄心,为改善英国人权宪法保护机制的努力,以及从司法实践特别是法律贵族的判决[40]出发阐释普通法法治理论的进路:作为现代英国普通法司法实践的理论总结,普通法法治以及后续的普通法宪政主义对于议会主权的限制虽然具有理论上的革命性,实践中却并不具有颠覆性,它甚至是已经发生的实践,即使这种实践是以法官异议意见的形式存在。

《法律、自由与正义》预见并在一定程度上证成了布莱尔宪法改革中对于人权司法保护的强化。1998 年《人权法》明确赋予了法院依据《欧洲人权公约》审查议会立法的权力,尽管法院只是有权宣布与《欧洲人权公约》不一致的议会立法“不适用”(disapply),而不是“无效”(void)。[41] 2009 年 10 月 1 日,英国成立了联合王国最高法院行使最高司法权,终结了大法官(Lord Chancellor)的上议院议长职位与司法职能,英国最高司法权褪去了穿着 600 余年的“立法外衣”而取得了形式

---

[39] [英]洛克:《政府论》(下篇),叶启芳、瞿菊农译,商务印书馆 1964 年版,第 84 页。

[40] 这里不仅包括法律贵族作为上议院上诉委员会(Appellate Committee)成员作出的判决,而且包括其作为枢密院司法委员会成员就英联邦成员国家以及海外殖民地上诉案件的判决。

[41] *Human Rights Act*, s. 3, 4.

上的独立。越来越多的法官开始认同普通法法治(宪政主义)的观点。如霍夫曼勋爵(Lord Hoffmann)所言,“英国的法院,虽然承认议会主权原则,但是适用宪法原则的方式几乎与立法权受到宪法性文件明确限制的国家的法院一样”㊷。在2005年的*Jackson*案中,上议院首次宣布议会的基本立法权是有限的,斯泰恩勋爵(Lord Steyn)发表了如下意见:

> 戴雪对于议会至上原则的经典阐述,尽管纯粹而绝对,但在现代英国可以被认为是不适当的,即使议会至上依然是我们宪法的基本原则。它是普通法的产物。法官创造了这一原则。如果这一点是成立的,那么可能出现法院必须限定一个建立在不同宪政前提之上的原则的情况,就并非不可想象的。在试图废除法院的司法审查或者一般作用的特殊情况下,上议院上诉委员会或者新的最高法院必须考虑这是否属于宪法的基本原则,即使享有主权的议会在下议院的殷切恳求下也不能废除。㊸

黑尔勋爵(Lord Hale)认为:“对任何试图禁止对于影响个人权利的政府行为进行司法监督以颠覆法治的做法,法院将会持特别怀疑的态度(甚至可能拒绝)”㊹。霍普勋爵(Lord Hope)更是直接指出,“由法院实施的法治原则是最终的控制因素,这是我们宪法的基础”㊺。

在阐释普通法法治的过程中,艾伦借鉴了哈耶克、罗尔斯等人的学说,特别是德沃金的权利哲学。艾伦认为,坚持法律与道德的相互联系,强调法官的政治道德在法律判决的重要作用,是德沃金对于现代法理学最重要的贡献(p. 100)。虽然艾伦并非全盘接受德沃金的学说,

㊷ *R. v. Secretary of State for the Home Department ex parte Simms*, [2000] 2 A. C. 115 (1999), p. 131.

㊸ *R. (on the application of Jackson) v. Attorney General*, [2006] 1 A. C. 262 (2005), pp. 203 - 302.

㊹ [2006] 1 A. C. 262 (2005), p. 318.

㊺ [2006] 1 A. C. 262 (2005), p. 304.

比如反对法官权衡冲突原则时顺从民众道德,而且英国宪制与美国有明显的不同——奉行议会主权原则且不具备成文宪法,但是艾伦理论的若干关键节点无不显现着德沃金的影响。不论是对于戴雪“法治”理论的重述,对于普通法结构与诉讼过程的阐发,以及对于普通法优于制定法的论证等,都是如此。这固然表明了德沃金理论的巨大影响力,也反映出哈特(H. L. A Hart)之后英国本土法学理论创造的乏力。

艾伦借鉴域外理论解释英国实践的努力总体上是成功的,但这并不等于其构建的普通法宪政主义无懈可击,至少在《法律、自由与正义》所阐释的普通法法治尚未融贯和周全。艾伦的理论阐释是从重述戴雪开始的,但对最为重要的议会主权原则的评述并不充分。在普通法法治的语境之下,议会主权原则是否还是英国宪制的首要特征?如果将议会主权原则视为普通法的产物[46],那么英国宪政史上的诸多节点就要重写,特别是要重新评价光荣革命以及《权利法案》和《王位继承法》等立法在议会主权确立过程中的作用,但是这些问题艾伦并没有给予充分的回答。对于奠定英国公法新基础的理论目标而言,这样的处理方式显然缺乏说服力。

更为重要的是,普通法法治所依赖的司法权威在现代社会并非不证自明。艾伦同样意识到了这一点,因此,虽然他坚持法律与道德不可分,也有遵循本质主义进路的主张,比如基本权利的根本性(第6章)、个体自治作为法治的基本价值(第5章)等,但着力最多的却是在论述普通法程序在权利保护方面的优越性。特别是在依据特定事实的利益权衡过程中,权利不再具有一般抽象意义上的优先性,法官不再依赖“技艺理性”而是在符合制定法明文限制的条件下诉诸个人的政治和道德观念,普通法法院因此可以容纳更多的道德和政治审议职能而成为体现公共理性的最佳平台。然而公共理性概念的引入无异于打开了

---

[46] “立法从议会主权原则中获得约束力,这本身是普通法的一个创举,议会主权的详细内容及其限度因此是司法造法的事项……议会之所以至高无上,是因为法官承认它在法律上和政治上的最高权力;而且默示废止规则——借此后来的制定法总是废除先前与之冲突的制定法——是一项法院发展的以维护当代立法机关至上性的学说。”(p. 10)

潘多拉的魔盒，让普通法法治（普通法宪政主义）及其反对者（政治宪政主义）陷入了概念和语词的混战。在政治宪政主义者笔下，艾伦对于规则刚性和政治过程压制个人权利的质疑仿佛被施了乾坤大挪移之法般反而成为普通法法治的缺陷：权利话语是一种不妥协的话语，它会压缩政治和道德审议过程中的妥协空间，将对立极化；法院只能考虑当事人提出的法律争议点而无法顾及所涉问题的全部道德含义，即使未被提出的争议点包含重要的宪法问题，因此法院所体现的公共理性相比政治过程终究是有限的；更为重要的是，现代社会多元化，实质性的政治与道德共识无法形成，因此界定根本权利并辅之以去政治化的方式——司法——加以保护的法治进路无法避免法官或者其他决策者的专断，会损害公民个体的平等与自治。[47]

上述并非艾伦个人的问题，也不仅仅是艾伦身处其中的普通法宪政主义阵营的问题。事实上，无论是普通法宪政主义者还是以格里菲斯（J. A. G. Griffith）、汤姆金斯（A. Tomkins）、贝拉米（R. Bellamy）等为代表的政治宪政主义者，都认识到了现代社会的分裂与多元对于公民自由的内涵界定与保护方式的挑战，也都在应对二战之后英国政治与社会的巨大变化所带来的公法问题。共同的背景使得争论的双方事实上有诸多共识，比如承认公民应该享有“平等的关怀和尊重”和个体自治，借鉴共和主义等政治哲学等理论资源等。只是，艾伦应对挑战的方式很大程度上遵循了普通法的方法——诉诸历史（遵循先例），从中发掘出解决当下问题的方法，推动着英国公法基础面向未来的革新。借用普尔（T. Poole）的话，这是一种“回到未来”（Back to the Future）理论，从《法律、自由与正义》开始，它的书写依然在继续。

---

[47] See Richard Bellamy: *Political Constitutionalism: A Republican Defence of The Constitutionality of Democracy*, Cambridge University Press, 2007, p. 4.

《政治与法律评论》
（第九辑）第 88 ~105 页

脱欧程序、君主特权与宪法惯例

——米勒诉脱欧事务大臣案的法理分析

王　凯*

摘要：米勒诉脱欧事务大臣案涉及的是程序问题，即是由政府还是议会主导英国脱离欧盟的谈判。英国政府基于君主特权在外交事务的固有权限，排除议会的介入。高等法院则基于君主特权不得修改涉及公民基本权利的议会立法的司法先例否认了政府的主张。适用君主特权的宪法惯例本质上是政治平衡的产物而非正式的法律渊源，在英国日益异质化的今天已经失去了适用的社会基础。英国政府以传统的君主特权应对由于利益多元化而产生的脱欧问题更容易产生宪法危机。

关键词：脱欧案　君主特权　宪法惯例

2016 年 11 月 3 日，英国高等法院（High Court of Justice）在米勒诉脱欧事务大臣案（以下简称“脱欧案”）裁定英国脱欧程序须经议会批准，而不得由政府单方面启动。高等法院的判决再一次刺激舆论与民意的神经，引发了英国脱欧事宜走向何方的

* 王凯，北京大学法学院博士研究生，哥伦比亚大学访问学者。E-Mail：wang-kai@188.com.

担忧。政治家们则更为关注该案是否会改变英国脱欧事宜的“走法”，即假设脱欧是板上钉钉之事，怎样退出欧盟又是另一回事。是“硬脱欧”还是“软脱欧”，是按梅政府的做法“迅雷不及掩耳之势”地谈，还是按“留欧派”所预期的，“好事多磨”地谈，希冀在漫长的谈判过程中民众“回心转意”，把脱欧一事“糊弄过去”。

然而，这些都是政治议题，而非“脱欧案”本身所关注的法律问题。纵观此案的判决书，三位主审法官牢牢抓住政府能否以君主特权(prerogative)径行通知欧盟开始退欧谈判。高等法院的裁决是否定的，“我们坚持脱欧事务大臣在英国退出欧盟一事上，无权基于君主特权向欧盟发出通告(give notice)”[①]。

然而，这段看似简单的判决词背后所涉及的法律问题并不简单。在内容上不仅涉及英国宪法的问题，在学理上，也涉及法律解释的问题。某种层面上，相较于脱欧公投本身的政治性意涵(是否应该脱欧、脱欧利弊的比较)，米勒诉脱欧事务大臣一案的法理学意涵实际上更为丰富，也更具有学术价值。

本文将分为四个部分。第一部分论述脱欧程序为何成为脱欧谈判的重要问题，即脱欧程序将决定脱欧的结果。第二部分论述君主特权的性质，即它是光荣革命前绝对主义君主制的产物，今天虽由政府行使，但并非现代意义上的行政权。第三部分论述外事缔约权为何与议会立法权相冲突，即外交协议会涉及公民基本权利，涉及基本权利的调整归属于议会立法权。第四部分论述宪法惯例的局限性，即它本质上属于政治上的平衡而非正式意义上的法律渊源。在日益民主化的今天，不恰当地诉诸宪法惯例可能会因其缺失民意基础而造成宪法危机。

本文认为，梅政府基于君主特权而试图主导脱欧谈判的举措并不明智。君主特权之所以被议会立法日益限制本身是民主化的必然结果，即涉及公民基本权利的事项需由具备民意基础的议会立法加以规范。脱欧谈判作为重大宪制变革必然涉及公民基本权利的调整，这就

---

① R (Miller) v. Secretary of State for Exiting the European Union, [2016] EWHC 2768 (Admin), para. 111.

决定了在宪法上议会应主导此后的脱欧谈判。

一、脱欧程序何以重要

“脱欧案”所涉及的本质上是一个程序性问题,而非实体性问题。该案的争点,在于是王室政府还是议会能够向欧盟理事会通告英国退欧事宜,而谁有资格发出这一通知,也即决定了在此后的退欧谈判中,谁是适格的主体。这也解释了无论是“脱欧派”还是“留欧派”都极为重视高等法院的判决结果的原因。在法院作出了不利于王室政府的判决之后,政府立即表示上诉,且诸多“脱欧派”核心甚至斥责高等法院的三位法官为“人民的敌人”,斥责他们听不见人民的声音。②

谁是“人民的敌人”这样的大帽本不应该轻易地扣上。从一个理性、客观的角度上看,即便双方站在各自的立场上而得出自己是为了“人民的利益”的结论,然而在涉及欧盟成员国身份这一重大宪制问题上,“人民的利益”并非简简单单地在“联合王国是应该维持其欧盟成员国身份还是退出欧盟?”③这一问题上选是或非就能呈现的。这是因为,与加入欧盟相比,退出欧盟有着更多的可能性。加入欧盟是“一揽子协议”,而退出欧盟则需要英国以主权国家身份对涵盖于“一揽子协议”的事项重新作出政治决断。因此,对公民权利而言,加入欧盟只有一个后果,而退出欧盟则有不同的“退法”,也即所谓“硬脱欧”与“软脱欧”。

英国脱欧公投中的两个焦点是贸易和移民。对于这两个方面的争议,将在脱欧谈判中持续发酵。“硬脱欧”还是“软脱欧”,取决于贸易与移民的自由度之间的相互消长,是把确保控制欧盟移民还是确保继续与欧盟的自由贸易哪个放在首位的选择。某种层面上,“硬脱欧”也

---

② 《高等法院判决英国脱欧必须经过国会 英媒:人民的敌人》,载观察者网:http://www.guancha.cn/europe/2016_11_04_379516_s.shtml,最后访问日期:2017年1月8日。

③ 此为脱欧公投选票上的问题。

即“净脱欧”(clean Brexit),彻底脱离欧盟和欧洲单一市场,依照世界贸易组织的原则与欧盟打交道。这样做的好处是,一方面通过世界贸易组织的规则依旧可以推行自由贸易政策;另一方面则摆脱欧盟对于难民接收分配的“摊派”,也即“守住国门”,控制难民。这也是梅政府秉持的主要观点。“软脱欧”则是以确保英国能继续留在欧洲单一市场为首要目标,以在自由流动上做某些妥协作为代价。欧盟所有的成员国都是欧洲单一市场的成员。欧盟使得成员国在欧盟四大自由原则的基础上相互自由贸易,即货物、服务、资本和人员的流通自由。即英国开一扇“小门”以保证一定的贸易互惠,但不再由欧盟决定这扇门开多大。④

既然是谈判,也就意味着不是英国一方说了算。欧洲理事会主席图斯克就表示,就英国与欧盟关系来说,英国在“硬脱欧”以外的唯一选择是“不脱欧”。他认为欧盟坚持人口自由流动是英国留在单一市场的原则,欧盟不会妥协,并且讽刺英国的脱欧阵营在公投前夸口说“鱼和熊掌兼得”——既保持与欧盟成员国贸易的利益,同时禁止欧盟移民的进入和拒绝承认欧盟法院的权力。图斯克说,“残酷的现实是英国脱欧对我们所有人来说是损失”,他认为英国可能最终不脱欧,“即使这个可能性在今天来说机会很低”。⑤

这里并不打算讨论英国是否真的能如愿退欧,以及如何与欧盟谈判,才最符合英国及其民众的利益。简而言之,这是政治问题,由政治家解决。高等法院的三位法官也不敢“僭越”至此领域,解决的也只是谁是脱欧谈判的适格主体的程序性问题。然而悖论恰恰在于,程序性问题很多时候与实体性问题无法截然区分,或者说采用了何者程序在一定层面上就决定了会有何者后果。当司法机构作为“最小危险部

---

④ 《英国脱欧“硬脱”“软脱”如何脱》,载 BBC 中文网:http://www.bbc.com/zhongwen/simp/indepth/2016/10/161006_ana_brexot_hard_soft,最后访问日期:2017 年 1 月 8 日。

⑤ 《图斯克:英国只能选择“硬脱欧”或“不脱欧”》,载 BBC 中文网:http://www.bbc.com/zhongwen/simp/world/2016/10/161013_donald_tusk_brexit,最后访问日期:2017 年 1 月 8 日。

门”否定了梅政府试图主导脱欧进程的决议时,其实质上也就一个重大的政治议题做出了决断。而当脱欧问题交由议会处理时,在以梅政府为首的“脱欧派”看来,必然使得这一问题“复杂化”,使得“速脱欧”“净脱欧”的意图很可能消解在“长篇累牍”的议会辩论中,甚至在漫长的议会辩论中,民众脱欧的激情可能逐渐消却,最终不了了之。

然而在法官们看来,王室政府通告欧盟的行为是否合法,取决于程序问题。而采用何种程序(是政府通告还是议会通告),则取决于退欧谈判是否涉及国内立法以及公民权利问题。也许在一定程度上,梅因的著名论断“普通法是从程序的缝隙中逐渐渗透出来的”又一次在“脱欧案”上得以体现。相关的司法先例与宪法惯例给予高等法院足够的信心“让政治的归政治,让法律的归法律”,将政治问题司法化,因而“脱欧案”中所涉及的司法先例与宪法惯例就值得我们认真地研究与反思。

二、何为君主特权

对于脱欧案的论述,首先碰到的问题就是如何定义“君主特权”。如同法官在判决书中所说,宪法性法律的原则包含议会主权与君权的特权权力(the prerogative powers of the Crown)⑥。也就是说,议会主权与君主特权构成了英国宪政制度的基石。

实际上,议会主权与君主特权这两个概念因其字面含义而容易产生误解。议会主权并非议会享有主权,“王在议会”(Crown in Parliament)才是英国主权的真正载体。如同戴雪所言,“巴力门一名当在法学家口中流出,实解作君主,贵族院,与众民院的合体。当三者合成一体时,他们常被称为‘议会中之君主’。是为巴力门的本义”。⑦ 对于议会立法而言,君主的御准(royal assent)是议会法案成为议会法律

⑥ See Supra note 1, para. 8.

⑦ [英]戴雪:《英宪精义》,雷宾南译,中国法制出版社2001年版,第116页。

（Act of Parliament）的必要条件。因此，议会主权包含君主特权。虽然自1707年以来，从未发生过拒绝御准的情形；但理论上，君主对法案批准与否有裁量权，如同雷德勋爵所说："君主特权的确是历史的遗迹，但其失效并非因为它不再使用，而是其被成文法规所置换。"⑧

君主特权也是如此。从字面上人们往往会理解成君主的特权，至少是君主的权力。按《元照英美法词典》的解释：

君主特权，指君主因其地位和王室身份所享有的而他人不能拥有的权力和权能，尤指毋需议会立法授权国王或其大臣即可行使的王室权力［royal power］的剩余部分。君主特权原先十分广泛且不受限制，经过许多世纪的演化，在许多方面已为成文法所剥夺，但仍保留很多；其他方面也为宪法惯例所限制。君主的个人特权［personal prerogatives］有：免于刑事、民事追诉，国王不为非［king can do no wrong］，除非明确规定不受成文法约束等；政治特权主要有：召集、休闭和解散议会，任命和解除大臣，新封贵族和授予勋章；准许赦免或减缓刑罚；宣布战争和和平；缔结条约，派驻和接受大使、外交代表等。君主特权的行使方式多种多样，法院可对君主特权的行使是否有效作出裁决。⑨

在戴雪看来，君主特权很大层面上是"隐约不明"且"游移不定"的，若欲探明其内涵必须从英国宪制的整体架构，即贵族院与内阁之间的关系入手：

第一，逐一国家的行为虽以元首的名义做出，然英格兰的实际执行机关只是内阁。第二，虽则元首未尝亲身处理政务……即谓"英吉利王统而不治"。其实，佐治第三在行政上常处于领袖地位；他的两儿在全

---

⑧ Burmah Oil Co.（Burma Trading）Ltd. v. Lord Advocate，［1964］SC（HL）117，para. 101.

⑨ 薛波主编：《元照英美法词典》（缩印版），北京大学出版社2013年版，第1210页。

国政治上,虽则干政的程度各异,所用方法各殊,俱能实行他们的以至偏好及偏恶。因此之故,元首的意志在宪法之下,对于全国大政,实具有无界限的势力感应的范围……元首的私人情面及势力依然存在于今日,并非因为国务尚依他的名义处理,只是因为法律的主治权力(即巴力门)及政治的主治权力(即民族)同齐愿望,他还能运用私人所有威信于全国政治。惟其如是,关及元首在运用私人威信时所有风俗及习惯遂不能作成界限。其理由有二:其一,依政治家的见解,此风俗及习惯殊不易以硬性的规则处理;其二,生人所知有限,因之,当无一人能预料全国人民的愿望,究竟君主的说话在实际政治上应有几许重量。⑩

紧接着,戴雪论述君主特权的“真际的效实”:

在英吉利宪政中,许多政务照例可以不归巴力门直接提督及监理。譬如,国家的重要行为概以君主的名义执行,实际上大抵复为君主所尝经目。又如,审判员的委任,主教的增设,以至外交的处理,皆可以不必咨询两院。此类事实殊足以给予元首以不少机会……特权的存在足以赋予许多权力于内阁总理及他的同僚,使不受两院钳制。外交是其中最重要者之一。譬如,巴力门尽可因外交政策而谴责阁臣;然而所有条约,一经元首订定(实则由内阁订定),可不待巴力门许可即生效力。甚至执政的缔约权力有时或可因跨越国法……即谓,主持国交的机关不是巴力门;却是内阁。⑪

也就是说,君主特权所涵盖的权力,虽然在法律上属于君主,然而依据宪法惯例,其行使属于王室政府。如同波格丹诺所说:“在君主立宪制中,君主(sovereign)基于自身能力而做出的行为与依照他或她的大臣们的建议而做出的行为有着根本的不同。因此,虽然君主也是行政首长,但是大量的君权特权权力——大约超过这类权力的百分之九

---

⑩ 戴雪,见前注⑦,第453页。

⑪ 戴雪,见前注⑦,第454~455页。

十五——并非由君主个人行使,而是依照大臣们的建议或者由大臣们自己来行使。"[12]剩下的这百分之五的权力,如同白芝浩所说,"在我们这样一种君主立宪政体下,君主有三项权利:商量权、奖励权和警告权。而一个拥有健全理智和睿智的国王是不需要其他东西的"。[13] 一个明智的君主为何只需要这三种权力,简而言之就是避免君主直接统治而受到政治上的非难,在法律意义上实现"国王不为非"。然而这并非本文的重点。真正核心的问题是君主特权与现代意义上的行政权的区别。行政权是一个现代概念。行政权缘起于绝对主义君主制下的执行权,其被视为主权国家赖以维系的重要条件。但是现代意义上的行政权是一种被立法权所驯化的权力。对于孟德斯鸠与洛克分权学说的继受,美国《联邦宪法》第一次将行政权列为一种独立的权力,并受到立法权与司法权的制约。[14]

英国脱欧大臣在"脱欧案"中认为,外交缔约权属于君主特权的一部分,而君主特权是不需要议会的批准即可径行实施的。这实际上反映了两种不同的宪制意涵。光荣革命解决的是谁是统治者的问题,即主权是"君权神授"还是"议会主权";而孟德斯鸠与洛克的分权学说解决的是如何统治的问题,即分权更可能达至善政。弄清这个政治哲学问题对于理解"脱欧案"有着重要的意义。在漫长的君主立宪实践中,君主特权转化(由君主自身行使转变为接受大臣们的建议行使)为王室政府(实际上源于议会选举)的权力,这些权力类似于今天的行政权,但并非行政权。行政权受制于立法权,在有司法审查的国家还受制于司法权。然而王室政府的事实上所享有的君主特权是前光荣革命的产物,与三权分立无关。以今天的视角来看,甚至凌驾于立法权,因为它本身就是主权权力的一部分。至于梅政府所主张的这项权力为何会受到挑战并实质上被司法审查,原因并不在于君主特权可以被挑战,而

---

⑫ Vernon Bogdanor, *The Monarchy and the Constitution*, Clarendon Press, 2011, p. 66.

⑬ [英]沃尔特·白芝浩:《英国宪法》,夏彦才译,商务印书馆2010年版,第116页。

⑭ 执行权向行政权演化的学说史脉络,详见[美]哈维·C. 曼斯菲尔德:《驯化君主》,冯克利译,译林出版社2005年版,第209~319页。

在于它必须被限制,即王室政府对于君主特权的行使不得“侵入”议会立法权的“领地”。

三、外事缔约权与议会立法权的冲突

如前所述,君主特权原本是个范围广泛且模糊的权利束。君主特权在被议会立法所置换(或者如《元照英美法词典》的说法,被“剥夺”)之前,它将一直存在,并不因长期未被行使而自动失效。经过漫长的君主立宪实践,惯常被使用的君主特权(由王室政府行使)已被议会立法所约束,转化成了现代行政权的一部分。但是这里就出现了所谓“剩余权力”的问题。如同戴雪所说:“元首所有裁决威权的残余物称为特权。”⑮那些未被议会立法限制,但由于长期“沉睡”而暂时被遗忘的古老君主特权,在它“重现天日”之时归属于谁?是议会还是王室政府?如果归属于王室政府,那它是否能参照传统的、未被议会立法所置换的君主特权一般,凌驾于议会立法之上?

这个问题,在 The Zamora 一案中得到了终局性的解释,即王室或政府不得运用君主特权修改议会立法。

> 有种观念认为,枢密院,或者其他行政分支有权规定或修改在我们国家被法院所适用的法律观念。这种观念将破坏我们的宪政原则。在适用大量现代的成文法规的基础上,不同的行政机构分支有权制定政府规章,而政府之所以能创设规章源于成文法规的授权。因此,政府规章的有效性源于成文法规,而不是来源于创制它们的政府部门。没有任何机构可以主张君主特权有权规定或修改那些被普通法院与衡平法院所适用的法律。⑯

---

⑮ 戴雪,见前注⑦,第 454 页。

⑯ The Zamora [1916] 2 AC 77, para. 90.

由此,这些有可能无穷无尽,不知道哪一天又突然冒出来的君主特权被“压缩”到一个极小的范畴之内。因为现代国家——无论是所谓的福利国家还是所谓的行政法国家——其社会生活的方方面面,几乎都被法律所覆盖。基于现代性政治分权制衡的基本理念、民主政治的奠基以及人权、公民权理念的兴起,几乎公权力的任何一次扩张都必须以根源上具备民意基础的(议会的)成文法规为基础。在这种情况下,君主特权几乎不可能再找到基于传统的效力渊源,去对抗日益巩固的民主政治。

那么,梅政府以君主特权的名义试图“垄断”退欧进程的做法就显得不合时宜。或者说,这种做法至多有着“政治正确”,而无法律上的依据。按照英国退欧大臣戴维斯的说法,1740 万名主张脱欧的选民已经给了政府实施脱欧“有史以来最大的授权”⑰,但这种“授权”究竟可以依附于何种宪法制度之上?

以政府主导退欧进程的权利基础,在于君主特权在外交领域的缔约权。简而言之,外事缔约在英国宪法惯例之中,无需议会审核,由王室政府说了算。这种做法的理由,一方面是给“政治”留下空间。国家利益、主权行为,这类事项是否事事都应由议会审议、司法审查,这确实无法一概而论。然而涉及主权的事务与对于基本权利的保障之间需要划分出一条界线,这也是应有之义。在英国法上,这条界线就是在 J. H. Rayner (Mincing Lane) Ltd. v. Department of Trade and Industry 一案中确立下来的。

与英国宪法性法律密切相关的是,当君主特权主导条约的制订,并且这些条约涉及国内立法时,它不得在没有议会参与的情况下试图修改法律,或者赋予或者剥夺涉及个人的相关权利。⑱

---

⑰ 《英国法院裁定启动脱欧程序须经议会批准》,载 BBC 中文网:http://www.bbc.com/zhongwen/simp/uk/2016/11/161103_brexit_court_ruling,最后访问日期:2017 年 1 月 8 日。

⑱ J. H. Rayner (Mincing Lane) Ltd. v. Department of Trade and Industry, [1990] 2 AC 418, 499E – 500D.

那么,外事缔约权就转化为这样一个问题,脱欧谈判涉及国内立法吗?脱欧是否是纯粹的外交事务,会涉及公民的基本权利吗?采用何种方式脱欧会极大地影响公民基本权利吗?

对于上述问题而言,实际上并没有什么可争议的。脱欧不仅改变诸多国内立法,也改变了英国的宪政体制。无论是加入欧盟,还是脱离欧盟,都涉及英国宪政制度的根本性改变。按戴雪对于议会主权的经典定义:“巴力门有权可以造法,亦可以毁法;加之,在四境以内,无一人受承认于英格兰的法律,使有权利以践踏或抛弃巴力门的立法。”⑲波格丹诺认为:“我们政治制度中的根本原则,可能也是唯一原则,是议会主权。议会可以制定任何法律,不存在高于议会的权力。如果议会是主权者,那么,制定一部成文宪法就没有意义。宪法的目的之一恰恰是为了限制立法机关的权力。”⑳但是英国宪法恰恰没有这种区分。“巴力门主权有三个特征:第一,这个立法机关得随意变易任何法律,基本法或寻常法俱依通常手续;第二,宪法与普通法无分别;第三,除巴力门本身外,国内无第二机关,司法或其他,能宣告所定法案,谓为非宪或无效。”㉑

然而在1972年加入欧共体,无疑是英国在宪制层面的重大变革。因为这一行为直接影响到议会主权的基本原则。这是因为,加入欧共体意味着此前由威斯敏斯特做的许多决定未来将由另一个部门——欧共体部长理事会——作出,而这个部门从不向议会负责。欧共体的规章和指令可以约束议会,即使违反议会的意愿。欧共体的法律秩序高于成员国法律。因此,如果成员国的任何立法与欧共体法律相冲突,欧共体法律“优于”成员国法律。㉒ 如同科斯塔诉电力公司案明确了这一问题:

---

⑲ 戴雪,见前注⑦,第3页。

⑳ [英]韦农·波格丹诺:《新英国宪法》,李松锋译,李树忠校,法律出版社2014年版,第17页。

㉑ 戴雪,见前注⑦,第159页。

㉒ 韦农·波格丹诺,见前注⑳,第33页。

依据条约规定，权利义务从国内法律体系转向共同体法律体系意味着对主权权力的永久限制，随后与共同体概念不一致的单方行为无效。㉓

因此退出欧盟，的确使议会主权原则少了一重来自欧盟委员会的干预与限制，虽然这样也不意味着这项原则会回归传统那种不受任何制约的范畴之中。㉔ 伴随着这一宪制变化，一系列附加于英国议会之上的欧盟立法也面临着无效的可能。这是因为，从国内立法来看，通常称之为"授权立法"的行政法规有很大一部分属于对欧盟立法的转化。从实际效力上看，对政府最为广泛和笼统的授权是 1972 年《欧洲共同体法》，该法授权枢密令及部长们和有关政府部门制定的法规可以将没有直接适用效力的欧洲共同体公约和协定转化为国内法。该法还进一步规定，政府根据这一授权所作的决定有着同议会立法相同的效力，并且可以针对公约和协定中的任何条款，但不得产生以下效力：征税或者增税、溯及既往的效力、再次授权、创设有期徒刑 2 年以上或者 400 英镑以上的犯罪种类。㉕ 此类转化立法的命运，恰恰取决于脱欧谈判必然面临的法律衔接问题。正如判决所提及的，脱欧事宜涉及诸如欧盟公民身份问题，英国公民在欧盟成员国的自由迁徙、定居与参与公共事务的权利，也包括在英移民的子女与医保问题。㉖ 这些议题无疑都

㉓ Case 6/64 [1964] ECR 585, at 593.

㉔ 在波格丹诺看来，1998 年的《人权法案》具备三个要素。第一，内阁在向议会提交法案时需要根据自己的判断审查法案是否与《欧洲人权公约》一致。第二，加给法院的义务。要求法院对所有立法进行解释，不管是《人权法案》通过前制定的，还是《人权法案》通过后制定的，尽可能按照与《欧洲人权公约》相一致的内容进行解释。第三，如果无法作出与公约人权规定相一致的解释，法院可以发布一个不一致宣告。但法官没有美国法官那种判决立法与《人权法案》不一致的权力。韦农·波格丹诺，见前注⑳，第 75 ~ 76 页。在迈克尔·赞德认为："除非仅有的一个例外，议会立法不受司法审查。例外是，当当事人提出议会立法与欧盟法律不符。在其他所有情况下，法院应当接受议会制定的法令为法律。即使某一法令与欧洲人权公约相冲突，法院也只能作出"不符声明"。但是，授权立法可以直接或者间接地被法院审查。"[英]迈克尔·赞德：《英国法：议会立法、法条解释、先例原则及法律改革》（第 6 版），江辉译，中国法制出版社 2014 年版，第 198 页。

㉕ 同上注，第 179 ~ 180 页。

㉖ See Supra note 1, para. 7.

符合上文所谈及的,缔约行为影响国内立法与公民权利的情形。

即便是从政治层面上看,脱欧事宜还涉及苏格兰问题。在法律上,这不仅包含如何看待 1707 年《联合法案》的问题,也涉及苏格兰权力下放时所作出的法律保留等技术性问题[27]。具体而言,在于如何适用“休厄尔惯例”(Sewel Convention)。1998 年 7 月 21 日,休厄尔勋爵在上议院为政府发言时说:“我们可以预计,我们将建立起一个惯例,即一般情况下,在未取得苏格兰议会同意的情况下,威斯敏斯特议会将不会针对已授权事项制定适用于苏格兰的法令。”[28]这里所指的“已授权事项”是指 1998 年苏格兰权力下发时所颁布的《苏格兰法》赋予新成立的苏格兰议会的一般立法权。该法第 29 条规定,苏格兰议会制定的法令如果有以下情形之一,则不具有法律效力:涉及苏格兰以外的地区,涉及威斯敏斯特议会保留事项,修改有关统一的法令、1972 年《欧盟法》、1998 年《人权法》或《苏格兰法》本身的条文等。[29] 一旦英国退出欧盟,也意味着解除了欧盟法对苏格兰议会立法权的限制,从文义解释上讲,即是对 1998 年《苏格兰法》当中“已放权之事项”的立法。因此,若遵循“休厄尔惯例”,则需要苏格兰议会的同意才能开展关于脱欧进程的相关立法。即便该惯例的“魔鬼细节”在于“一般”,即它可以被违背,也不妨碍脱欧决议本质上涉及苏格兰权力下发与苏格兰议会权限的问题,更加说明这是一个需要威斯敏斯特议会参与而非政府可以自行其是的事项。

因此,面对如此复杂的政治权力、公民权利再分配,向欧盟通知退出欧盟一事,无论如何也不可能是一个单纯的外交事务,也许甚至可以类比为修宪[30]。若以君主特权当中的外事缔约权排除议会参与脱欧谈

---

[27] 关于权力下发问题,参见韦农·波格丹诺,见前注⑳,第 115 ~ 158 页。

[28] House of Lords, Hansard, Vol. 592, Col. 791.

[29] 参见迈克尔·赞德,见前注㉔,第 173 ~ 174 页。

[30] 通常来说,在大多数现代宪法,修正程序似乎旨在维护下述四个目的中的一个或多个。第一,宪法的变化,只能审慎为之,不可轻率或反复无常;第二,在宪法变化完成之前,应给人民表达意见的机会;第三,在联邦制中,各成员州和中央政府的权力,不可由任何一方单独变更;第四,个人或共同体的法权——例如少数民族在语言、宗教或文化上的法权——应受到保障。[英]K. C. 惠尔:《现代宪法》,翟小波译,法律出版社 2006 年版,第 78 ~ 79 页。

判，无论在宪法惯例上还是在法理上都无从自洽。即便是所谓"1740万主张脱欧的选民已经给了政府实施脱欧'有史以来最大的授权'"，但那究竟是所谓的"硬脱欧"还是"软脱欧"，这个实体性问题并没有反映在脱欧公投之上。也就是说，如何脱欧构成了一个新问题，而非附随于全民公投的问题之上。也正是基于这个实体性问题的认识，法院才最终认定应由议会而非政府通告欧盟英国退出欧盟的决定。

四、宪法惯例的局限性

虽然"脱欧案"本身并不复杂，但值得深思的并不仅局限于上述所言及的问题。如同上文所述，"脱欧案"的核心围绕着君主特权范畴下的外事缔约权。而如何运用君主特权，并非由成文法所规制，而是由相关的宪法惯例和案例进行调整。从法理学的视角来看，最为重要的是如何从整体的视角看待宪法惯例，或者说惯例在法律适用上的地位。

波格丹诺认为，由于缺失成文宪法对于现代政党政府的制衡[31]，英国宪法本质上是一部"不设防的宪法"，"议会主权原则成了选任独裁的庇护所"。[32] 然而有着惯例作为非正式的制衡，政府并未成为专制者或独裁者。如同他所说：

> 惯例不是法律规则，只是补充法律规则，施加的是非法律义务，而非法律义务。所有现代政制都包含惯例……但在诸如英国这种没有成文宪法的国家，惯例发挥的作用可能要比在有成文宪法的国家发挥的

---

[31] 自19世纪中叶，议会在政治上不再居于最高地位，意思是不再能够组阁、控制政府。随着组织化、纪律化政党的成长，议会和政府的位置已经转换，以致今天大体而言是政府控制议会，而非议会控制政府。因此，在平民院拥有绝对多数席位的政府实质上享有无限的权力，这条政治原则已被议会主权的法律原则赋予合法性。所以，执政党制定的法律事实上成了宪法。韦农·波格丹诺，见前注⑳，第20页。

[32] 韦农·波格丹诺，见前注⑳，第20页。

作用更重要。[33]

问题在于惯例的不确定性。有的惯例很明确,譬如人们熟知的君主应及时御准议会提交的法案;而有的惯例却很不明确,譬如“索尔兹伯里惯例”[34]。除此之外,作为君主特权最为重要的首相任免权,其包含任免谁为首相(在政党兴起前)、是否准许首相辞职的请求还是解散议会重新大选等。如何运用这项权力,被诸多的惯例所涵盖。[35] 惯例与法律不同,无法通过诸如最高法院这种中立裁判者来解决问题,因为争论的规则不是法律规则。[36]

惠尔与波格丹诺的观点稍有出入,但也一脉相承。他进一步区分了习惯和惯例。惯例是指一项有约束力的规则,那些处于宪法运作之中的人接受它为一项强制(obligatory)的行为规则。习惯指的只是通常的做法(usual practice)。[37] 惯例有两个方面的渊源,“一种行为过程可能会被坚持很长时间,它首先获得说服力,然后获得强制力。这种惯例通常也被称作成俗(customs)”,另一种则是合意(agreement)形成即刻拥有强制力的惯例,“惯例并非必然就是非成文的规则,尽管那些产生于成俗的惯例往往如此”[38]。

究其本质,惯例取决于舆论制造者之间达成的广泛共识。如果不存在这种共识,关于何谓合宪,何谓违宪,广泛的社会也不会有共识。[39]“惯例若要发挥正当作用……其含义必须有共识。一项有争议的惯例

---

[33] 韦农·波格丹诺,见前注[20],第 21 页。抛开英格兰的情况不说,我们确实应该意识到,在所有国家,习惯和惯例都是很重要的;在许多有宪法的国家,习惯和惯例和在英格兰意义,发挥着重要作用。K. C. 惠尔,见前注[30],第 116 页。

[34] 该惯例要求,政府竞选纲领中宣布的立法项目,贵族院不应当否决或删减。

[35] 关于首相任免权如何运用的相关内容,See Supra note 12,pp. 84 – 112。

[36] 韦农·波格丹诺,见前注[20],第 23 页。

[37] K. C. 惠尔,见前注[30],第 116 页。

[38] K. C. 惠尔,见前注[30],第 117 页。

[39] 韦农·波格丹诺,见前注[20],第 24 页。

本就不是惯例。”[40]在某种层面上，英国宪法的确是政治宪法。正如波格丹诺对于旧英国宪法[41]的批评：

依据不成文宪法，对政府的宪法限制几乎等同于政治限制，实际上是诸如民意、政党态度、议会和内阁的感情等因素施加的限制……判断什么是惯例的标准好像主要是政治标准，并且，政治上可行的基本就是合宪的。[42]

惠尔则进一步指出惯例两个方面的效力。第一，习惯和惯例可以在没有修正和废止法律的情况下，废止宪法的某个条文，或者说使法律的臂膀瘫痪；[43]第二，习惯和惯例可以补充法律。“法律授予某人或某机构的权力事实上被这个机构行使——它们并未被惯例废止或转移——但是，它们只是一部分的方式实施这些事物。”[44]总而言之，惯例虽然能使法定权力的行使变成无效之举，或能转移它们，或能补充它们，但是决不能废止或修改宪法法律。宪法的肢体虽可因惯例而瘫痪，但除依法律的过程本身外，这肢体不能被切除。[45] 因此，充斥着宪法惯例的英国宪法最重要的独特性可能只是用描述性术语，总结过去的经验，而不能用真正的宪法术语来表示公认的某些规范性原则，“而英国的议会主权原则是对多年来议会和法院行为的归纳总结，而宪法惯例只是反映特定时间政治或社会权力的平衡。”[46]

---

[40] Memorandum by HM Government, to the Joint Committee on Conventions, HC 1212 – II, HL 265 – II, para. 19, 13 June 2006. 转引自韦农·波格丹诺，见前注[20]，第 24 ~ 25 页。

[41] 波格丹诺将 1998 年《人权法案》的制定视为新英国宪法的标志，在此之前属于旧英国宪法。虽然新英国宪法最为显著的特征是具备了一定程度的司法审查机制，但诸如权力下放、上议院改革、全民公投机制普遍使用都属于新英国宪法的范畴。

[42] 波格丹诺对于旧英国宪法最大的批评在于它无法保障少数人的权力。“因为少数人并不构成主流舆论的一部分。只要议会主权原则仍然占主导地位，对多数人权力就不会有真正稳定的限制。”韦农·波格丹诺，见前注[20]，第 25 页。

[43] K. C. 惠尔，见前注[30]，第 118 页。

[44] K. C. 惠尔，见前注[30]，第 124 页。

[45] K. C. 惠尔，见前注[30]，第 128 页。

[46] 韦农·波格丹诺，见前注[20]，第 25 ~ 26 页。

因此,宪法惯例的微妙之处恰恰是其危险之处。惯例本身并非正式的法律渊源,然而它又具备一定的强制力,可以"修正"、"废止"或"补充"法律。然而它的强制力是基于一种政治上的平衡,而非法律上的规范。也可以这么说,惯例是"动态的静止",它需要特定时期与局势的平衡,而非提供一种终局性的解决方案。法律则是"静止的动态",基于既定文本的法律解释,也会受制于不同时期与局势采取不同的解读方式(司法能动主义与宪法原旨主义就不可能采取相同的解释方法)。相较于因解释方法的不同而对既定文本产生的偏离,依赖于政治、社会均势的惯例更缺乏被反复适用的正当性。真正的悖论在于,一项曾经行之有效的宪法惯例在其"重现天日"之时,是根本无法预料新的历史时期是否还具备过往的政治、社会基础的。当缺失了此类基础的情况下,尝试诉诸惯例与习惯的举动,恰恰会进一步撕裂本不牢固的宪政根基。

梅政府在"脱欧案"的主张恰恰印证了这点。如果按波格丹诺观点,"新英国宪法"所要应对的,正是社会结构与利益诉求日益多元的社会。因此需要《人权法案》以保障少数人的利益,也需要全民公决来决断那些在议会中无法达成共识却又迫切需要解决的问题。"旧英国宪法"作为一种"政治宪法"之所以长期行之有效,恰恰取决于20世纪中叶工党兴起之前英国社会的高度同质化。在一个诉求日益多元化的今天,议会作为民意聚集与协商之地,就具备了超越以往的重要性。而梅政府诉诸作为君主特权的外事缔约权,恰恰是以"旧英国"的宪法惯例,去解决一个"新英国"的问题。这种举措所掀起的"宪政危机",不是法院"忤逆"民意,恰恰是政府对抗民意。在某种层面上,司法机关以程序问题入手,基于司法先例将脱欧谈判重新拉回到议会主导的轨道,恰恰防止了英国宪政制度可能面临的根本性撕裂。

五、结语

由于梅政府在高等法院的判决作出之后即可表示上诉,因而"脱欧案”的最终结果仍未可知。英国最高法院会作出何种裁决再次成为舆论关注的焦点。然而,对于高等法院判决之分析的价值,并不仅仅是霍姆斯意义上有助于法院判决的预测,更重要的是厘清学理上所涉及的重要问题。抛开“脱欧案”的政治议题不谈,此案再次将君主特权、宪法惯例等学术问题重新置于大众的聚光灯下,也许会激发相关问题的进一步讨论。

不过对于“脱欧案”的最终裁决,我们仍需有所保留,或者说无法过于乐观。学理上的清晰无法掩盖该案背后深刻的政治议题。最高法院作为政治性的法院,其最终的判决必然是法律推理与政治思维相结合的产物,而后者本质上是难以预测的。2016 年各式各样的“黑天鹅”几乎动摇了冷战后世界的整体秩序,并且似乎还将持续。如果梅政府强硬的脱欧政策真的会导致作为“想象共同体”的联合王国分崩离析,那么英国女王是否会以属于君主特权之一的“护宪者”(Guardian of the Constitution)权力,解除其内阁成员的职务?[47] 这种可能性并非只是故纸堆上的笑谈。

因此,“脱欧案”并非好事者的“无病呻吟”。其背后不仅涉及程序正义与基本权利的关切,也将“旧英国宪法”与“新英国宪法”的内在张力在全新的境遇面前加以呈现。帝国、主权与民意的交织考验的不仅是政治家的直觉与法官的审慎,也考验一个国家应对历史潮流变迁的根本智慧。

---

[47] 从宪法惯例上说,作为国家元首的君主承担着护宪者的职责。1914 年,英王乔治五世正是基于此权力尝试否决《爱尔兰自治法案》,因为该法案会危及联合王国的存续。在当时的情况下,解除内阁成员的职务、迫使议会解散以抵制该法案的通过也在乔治五世的考虑之中。See Supra note 12, pp. 74 – 75, 122 – 135.

《政治与法律评论》
(第九辑)第106~134页

在同性婚姻案中的反对意见

约翰·罗伯茨 袁幼林[*] 田 雷[**] 译

你好,欢迎加入司法节制学派
导读文

田 雷

2015年6月25日那天,结束了《华东政法大学学报》百期庆典的学术会议,我从上海返回重庆,飞机落地后打开手机,微信里的消息就如潮涌来:美国最高法院已经作出判决,同性可以结婚!涉足美国宪法研究这些年,我从来没有见过像同性婚姻案这样的判决,一石竟然会在中国社会激起千层浪。

又是一个近年来为我们常见的分裂判决:由肯尼迪大法官主笔的多数意见代表五位大法官,余下四位保守派的大法官一字排开,共拿出四篇反对意见——我们在此全文翻译的就是约翰·罗伯茨首席大法官的长篇反对意见。在同性婚姻这个议题上,最高法院九人的内部分歧所折射出的正是整个社会的分裂甚至可以说是"文化内战"。在此意义

* 袁幼林,耶鲁大学法学院法律博士。
** 田雷,华东师范大学法学院教授。

上，这个判决虽然在它宣布的当下就注定要进入历史，但围绕着它的历史将如何书写，却是悬而未决的。五位大法官看似一锤定音，叫停了美国各州政治过程对同性婚姻问题的民主审议，但这个判例本身的命运，却并不仅仅取决于宪法教义的“自由市场”，更要看美国政治发展在更长时段内的结构重组。说得简单些，如果特朗普总统在接下来四年运气不差，只要他能向最高法院再输送一两位保守派的斗士，那么同性婚姻在2015年的判决也许就会被翻案。

还要经过若干年，我们才可能在美国宪法的坐标系上确定同性婚姻案的位置。它，到底会成为同性恋人士的“布朗诉教育委员会”，又一次确证了大法官可以担当社会变革的引擎，昭示着法律自由主义的理想不灭——如肯尼迪大法官在他所写的多数意见中所言，“他们要求法律面前的平等尊严。我国宪法授予他们这一权利”；还是说，它将变成21世纪的“洛克纳诉纽约州”，标示着司法能动主义的又一次滑铁卢——一夜之间推翻了异性婚姻制这一人类诸文明的社会根基，罗伯茨首席大法官对他的五位同袍并没有笔下留情，“我们以为我们自己是谁啊？”抑或说，它更像是1973年将堕胎权宪法化的“罗伊诉韦德”，半个世纪后，其在法理和伦理上的是非对错仍纠葛不清，“我们人民”始终围绕着该问题而分裂为呼吁生命权（保守派）和坚持选择权（自由派）的两个阵营。在此意义上，同性婚姻案的历史如何书写，取决于美国政治的未来会如何发展。

我们在此翻译罗伯茨首席大法官的反对意见，并不意味着我们对同性婚姻必定持实体上的异议，如首席大法官一开始就廓定自己反对之所指，“请理解我的反对意见到底是关于什么的：它无关乎我个人的判断”。更何况，对我们来说，美国法是什么以及应当是什么，都是他者的法律规范和生活秩序而已——同我们并无干系。在罗伯茨看来，他之所以要即席发表如此言辞激越的意见书，实在是兹事体大，“我如下意见所围绕的是：在我们的民主共和国内，这个决定是应该交给人民……还是说应属于五位法律人”。换言之，若是婚姻应如何定义这样事关社会根基的伦常问题，听凭非民选并且任职终身的最高法院说了算,那么美国还是不是一个民主的共和国?仅凭一种关于"不公正之本质"的"新洞见",多数大法官就可以"以一纸判决废除美国过半数州的婚姻法,强令改变了一个数千年来构成人类社会之基础的社会制度",在罗伯茨看来,他的五位同事是在罔顾传统和曲解原则,是"自负"和"愚蠢"的。这是一篇出手不凡的意见书,首席大法官不仅晓之以理,而且动之以情。"就在变革的清风轻抚过他们的发髻的时候,他们失去了这一切。"罗伯茨用这样的诗性文句,劝诫那些支持同性婚姻的公民同胞:一纸判决无法带来真正的社会革命,最大的政治在于人心,一种政治诉求如要得到真正的承认,需要漫长的民主辩论和说服过程——要从群众中来,再回到群众中去。

下笔之时,罗伯茨一定想到了他的前辈,也许是最高法院史上最伟大的异议者——奥利弗·温德尔·霍姆斯大法官。当罗伯茨写下"我们的宪法并没有写入任何一种婚姻理论"时,他是在向这位终身奉行司法节制的伟大前辈表示致敬——只要读过霍姆斯 1905 年的经典反对意见,谁能忘记霍姆斯留在宪法史上那力透纸背的名句:"第十四修正案并没有将赫伯特·斯宾塞先生的《社会静力学》写入宪法。"故此,我们在罗伯茨的反对意见后,又全文翻译了霍姆斯大法官在洛克纳案中的反对意见。从 1905 年到 2015 年,这两篇意见书前后相距 110 年整,贯穿其间的是一个也许我们可以称之为漫长二十世纪的"司法节制"传统。在这个传统的谱系内,这两篇意见书则交相辉映——你可以不同意其中包含的立场,但任何想要理解美国宪法的读者,都必须要认真对待如下的文本。

约翰·罗伯茨首席大法官在同性婚姻案中的反对意见

(斯卡利亚大法官、托马斯大法官加入)

袁幼林　田　雷　译

上诉方,基于社会政策以及公平正义之考量,做出了多项强有力的论证。他们主张，同性伴侣也应有权通过婚姻确证他们的爱和承诺——如同异性伴侣一样。这一立场有着无可否认的吸引力；过去六年来，11个州以及哥伦比亚特区的选民和立法机关都修改了本州的法律，允许两位同性之间的婚姻。

但最高法院不是一个立法机关。同性婚姻究竟是否一个好主意，同我们法官并无干系。根据我国宪法，法官有权解释法律是什么（what the law is），而不是法律应当怎么样（what it should be）。根据宪法批准者的授权，法院所行使的“既不是强力，也不是意志，而只能是判断（judgment）”。[①]

上诉方主张将婚姻权扩展至同性伴侣，这一立场的政策理据或许很强大，但其法律理据却很薄弱。结婚的基本权利并不意味着上诉方有权要求一个州去改变它对婚姻的定义。而且，一个州决定维持婚姻在本州内的定义，一种在人类历史上每种文化内都经久不变的婚姻定义，这种权力很难被认为是非理性的。简言之，我们的宪法并没有写入任何一种婚姻理论。一个州的人民，既有权扩展婚姻的定义，以纳入同性伴侣，当然也有自由选择维持历史上的婚姻定义。

但今天，本院做出了惊人之举，强行命令每个州允许并且承认同性婚姻。听闻这项判决，许多人将感到欢欣鼓舞，对此，我心坦然。但是，对于那些信仰法治而非人治的人士来说，多数大法官的决定却令人发自内心的沮丧。同性婚姻的支持者们已经取得了显著的成功——通过民主的过程，他们说服自己的公民同胞接受他们的观念。今天，这一切结束了。五位法律人终结了民主的辩论，将他们自己的婚姻观写入了我国的宪法法律。本院将这个议题从人民手中偷走，对于许多人来说，反而是在同性婚姻议题上笼罩了一层阴云，让这一场原本剧烈的社会变革更加难以被接受。

多数意见在今天的决定仅宣告了他们的意愿，而不是法律的判断。他们所宣告的那项权利，在我国宪法和本院先例中均无迹可循。大法

---

① A. Hamilton, *The Federalist*, C. Rossiter ed., 1961, No. 78, p. 465.

官的多数公开抛弃了司法“审慎”(caution),甚至连一丝谦逊的姿态都没有做出,他们所基于的就是他们的欲望,也就是根据有关“不公正之本质”(nature of injustice)的“新见解”(new insight)来重塑社会。由此导致,最高法院以一纸判决废除美国过半数州的婚姻法,强令改变了一个数千年来构成人类社会之根基的社会制度,一个非洲南部布须曼人、中国汉族人、迦太基人、阿兹特克人共通的社会制度。问一句,我们以为我们自己是谁啊?

我们法官很容易将自我的偏好和法律的要求混为一谈。但纵观我国历史,最高法院时刻受到劝喻,我国宪法“是为具有根本不同之观念的人们而制定的”。② 也正因此,“法院并不关注立法的智慧或立法政策”。③ 今天,多数大法官无视这种有限的司法角色观。本院,在人民还在生动活泼地讨论同性婚姻议题时,把这个宪法留给人民决定的问题从人民手中夺走,握在自己手中。而他们对这个问题的回答,并不是基于宪法的中立原则,而是基于其自身“所理解的自由是什么,自由又应当成为什么”。我别无选择,只有表达对他们的反对。

请理解我的反对意见到底是关于什么的:它无关乎我个人的判断,也即在我看来,婚姻制度是否应当做出变革,从而把同性伴侣包括进来。我如下意见所围绕的是:在我们的民主共和国内,这个决定是应该交给人民,由他们所选出的代表来做出,还是说应属于五位法律人,他们被授予的职权只是根据法律去解决法律争议。我国宪法对这个问题有毋庸置疑的回答。

一

上诉方以及站在他们这一方的法院之友(amici)以“婚姻权”以及“婚姻平等”之命令作为他们的立足点。根据本院的先例,宪法保护婚

② 霍姆斯大法官的反对意见,Lochner v. New York,198 U.S. 45,75 (1905)。

③ 哈兰大法官的反对意见,Lochner v. New York,198 U.S. 45,69 (1905)。

姻的权利，并且要求各州平等地适用婚姻法，对此不存在严肃的异议。在同性婚姻案中，真正的问题是——什么构成了“婚姻”，或更准确地说，由谁决定(decides)什么构成了“婚姻”？

多数大法官几乎完全无视这些问题，用一两段话就打发了人类世世代代的婚姻经验。虽说历史和先例并不构成同性婚姻案的“结论(the end)”④，但我也不允许“将长期以来被奉为天经地义的东西一扫而光”，却不表现出对我们传统的虔诚敬畏。⑤

1

正如多数意见所承认，婚姻“已经跨越文化存在了数千年”。⑥ 自有婚姻那天起，无论何种人类文化，“婚姻”所指代的仅仅是一种关系：一个男性与一个女性之间的结合。⑦ 也正如本院在两年前的判决中所讲，“直至相当晚近，在绝大多数人看来，男性与女性之间的结合是定义婚姻这个词的关键，同时也是婚姻在文明史中之角色和功能之根本”。⑧

这种普遍的婚姻定义，将婚姻界定为一名男性和一名女性之间的结合，绝非历史之偶然。婚姻在人类社会之发生，并非肇源于政治运动、自然发现、疾病、战争、宗教教义，或者世界历史的任何动力——当然也不是因为人类在远古时代就做出了要将同性恋者隔离起来的决定。婚姻起源于社会关系的本质，意在满足一个关键的需求：那些生下孩子的男女，作为父母，承诺在终身关系的稳定环境内养育他们的孩子。⑨

这种婚姻概念的前提是如此根深蒂固，以至于无需多加阐释。如

---

④ 法庭意见，第 4 页。

⑤ See Town of Greece v. Galloway, 572 U.S. ___ (2014).

⑥ 法庭意见，第 3 页。

⑦ 上诉方亦承认，据他们所知，没有人类社会曾在 2001 年前允许同性婚姻。法庭意见，第 4 页。

⑧ United States v. Windsor, 570 U.S. ___ (2013).

⑨ 既然生育之本能是所有生物天赋之共同秉性，那么第一道结合纽带就存在于夫与妻之间；接下来就是父母与子女之间；于是家庭得以组建。万物皆然。参见 G. Quale, *A History of Marriage Systems* 2 (1988)。

要生存,人类先要繁衍。繁衍之道,在于男性和女性之间的性行为。当两性的沟通孕育了孩子后,对于孩子的成长来说,父母同在一屋檐下通常要远远好过父母分居离异。就此而言,为了孩子以及社会的福祉,性行为既然会有繁衍之果,就仅应发生在追求长久关系的男女之间。

人类社会就将这种关系承认为婚姻。不仅如此,社会还赋予婚姻以受保护的地位,授予已婚伴侣多种物质福利,由此鼓励男女在婚姻以内,而非婚姻之外,发生性关系。诚如一位杰出学者所言,"婚姻是一种社会性的制度安排,男女之间想要发生性行为,愿意要孩子,而婚姻制度解决了让父母生活在一起,共同照顾孩子的难题"。⑩

这一婚姻观贯穿了我们美国的整部历史。本院的多数意见亦承认"在我们美国建国之时,婚姻被认为是一男一女之间的自愿契约。"⑪建国初的美国人时常援引布莱克斯通这样的法律学者,根据布莱克斯通,"丈夫与妻子"之间的婚姻乃是"私人生活中主要关系"之一,也时常援引约翰·洛克这样的哲学家,在洛克笔下,婚姻就是"男女之间自愿进入的契约",其围绕着一个"核心目标",这就是"生育、抚养和支持孩子"。⑫ 而对于我国宪法的起草者和批准者来说,这种婚姻和家庭的观念是"题中应有之义:它的结构、稳定、角色和价值为所有人所接受"。⑬

我国宪法的文本就婚姻未置一词,制宪者由此托付各州去全权调整"丈夫和妻子之间家庭关系的整个领域"。⑭ 毫无疑问,建国时代的所有州都是以传统的、植根于人之身体的方式去定义婚姻的——这一进程贯穿我们历史之始终,直至最近十多年。本案所涉及的四个州都是其中的典型。在它们建州之前和之后,它们的法律都将婚姻定义为一男一女的结合。⑮ 即便有时州法并没有明文界定婚姻,也无人因此

⑩ J. Q. Wilson, *The Marriage Problem*, 41 (2002).

⑪ 法庭意见,第6页。

⑫ W. Blackstone, *Commentaries*, 410; J. Locke, *Second Treatise of Civil Government*, 78 – 79.

⑬ Forte, The Framers' Idea of Marriage and Family, in *The Meaning of Marriage* 100, 102 (R. George & J. Elshtain eds. 2006).

⑭ Windsor, 570 U. S.

⑮ 参见 DeBoer v. Snyder, 772 F. 3d 388, 396 – 399 (CA6 2014)。

质疑州法的意图。[16]“婚姻”的含义,无需多言。

当然,很多人确实也在给婚姻下定义。在第一部美国字典中,韦伯斯特就将婚姻定义为“男女之间终身的法律结合”,其目的旨在“防止两性之间的滥交……促进家庭生活的和谐……保证孩子的成长和教育”。[17]根据一部在19世纪影响力深远的婚姻法著作,婚姻被定义为“一种民事地位,存在于一男一女之间,他们在法律上形成了终身的结合,追求那些基于男女有别的民事和社会目标”。[18]首版《布莱克法律词典》就将婚姻界定为“一男一女之间终身法律结合的民事状态”。[19]在接下来的一个世纪,该词典都维持了相同的婚姻定义。

本院的先例曾多次谈到婚姻,而我们对婚姻的描述也符合其传统定义。早期的相关案例将婚姻称为“一男一女之间的终生结合”[20],这种结合构成了“家庭和社会的基础,没有婚姻,就谈不上文明和进步”。[21]后来,本院也曾指出,婚姻是“我们生存和延续的基础”,其中就暗含着繁衍的意义。[22]更晚近的案例更是直接将婚姻权同“生育权”联系在一起。[23]

正如多数意见所指出,婚姻的某些面向在历史进程中已经有所变化。父母之命的包办婚姻已基本退出人类舞台,取而代之的是基于两情相悦的自由择偶。美国各州也已经废除了夫妻法律人格合并的规范(coverture),根据这一学说,已婚的男女就变为一个法律主体,取而代之的是尊重婚内配偶各自独立地位的法律。对于婚姻的种族限制措施,也被认为是“根源于奴隶制”,意在推动“白人至上”,先在许多州被

---

⑯ 参见 Jones v. Hallahan,501 S. W. 2d 588,589。

⑰ 1 *An American Dictionary of the English Language* (1828)。

⑱ J. Bishop,*Commentaries on the Law of Marriage and Divorce* 25 (1852).

⑲ *Black's Law Dictionary* 756 (1891).

⑳ Murphy v. Ramsey,114 U. S. 15,45 (1885).

㉑ Maynard v. Hill,125 U. S. 190,211 (1888).

㉒ See Loving v. Virginia,388 U. S. 1,12 (1967);参见 Skinner v. Oklahoma ex rel。Williamson,316 U. S. 535,541 (1942).

㉓ See Zablocki v. Redhall,434 U. S. 374,386 (1978).

废除,最终为本院所推翻。㉔

在今天的多数大法官看来,这些发展"并不仅仅是婚姻制度的表层变化",而是"深入婚姻结构的深层变革"。㉕ 但是,再怎么变,它们也没有改变婚姻的核心结构:一男一女之间的结合。如果你到大街上,问行人如何理解婚姻的定义,想必没有人会这么说:"婚姻是女性被取消独立法律人格的男女结合。"当多数大法官写道,"婚姻的历史既有传承,也有变革",他们也许是正确的,但是,婚姻的核心定义却从未变过。㉖

2

1967 年,本院推翻了婚姻的种族限制,此后不久,明尼苏达州就有一对同性伴侣申领结婚证。他们主张,既然我国宪法要求各州允许跨种族的婚姻,同理,宪法也要求各州允许同性之间的婚姻。明尼苏达州的最高法院在判决中否定了这一类推,而本院也驳回了他们的上诉。㉗

巴克案后的数十年中,越来越多的同性恋者选择了出轨,其中很多人也表达了他们的渴望,希望他们的关系也能被承认为婚姻。随着时间的推移,更多的人将婚姻视为一种可以扩展至同性伴侣的关系身份。当然,直至近期,这种新的婚姻观仍是一种少数派的立场。2003 年,马萨诸塞州最高法院认定本州宪法要求政府承认同性婚姻,在此之后,许多州——包括本案涉及的四个州——都通过了新的州宪修正案,在本州宪法内写入了历史传承下来的婚姻定义。

过去短短数年,我国民众对婚姻的意见也在迅速变化。2009 年,佛蒙特州、新罕布什尔州和哥伦比亚特区在全国范围内率先立法,修改了婚姻的定义,允许同性伴侣结婚。2011 年,纽约州的立法机关也快步跟上。2012 年,缅因州的选民通过全民复决允许同性婚姻,仅仅三年前,该州选民曾在复决中维持了传统的婚姻定义。

总共加起来,我国已经有 11 个州和哥伦比亚特区,其选民和民选

㉔ See Loving, 388 U. S. at 6 – 7.

㉕ 法庭意见,第 6 ~ 7 页。

㉖ 法庭意见,第 6 页。

㉗ See Baker v. Nelson, 409 U. S. 810 (1972).

代表已经改变了本州的婚姻定义，纳入了同性伴侣。另有 5 个州的最高法院根据本州宪法宣布同性伴侣有权结婚。其他州则保留着婚姻的传统定义。

上诉方提起诉讼，主张宪法第十四修正案的正当程序条款和平等保护条款要求本州许可并且承认同性伴侣之间的婚姻。上诉法院做出了一个推理严密的判决，他们承认民主的“动量”正站在“扩展婚姻定义以纳入同性伴侣”这一方，但他们还是认定，上诉方还是未能“从宪法上做出论证，为何婚姻权是一项宪法权利，因此要将这一议题从各州选民手里剥夺——自建国以来，州选民都是婚姻议题的决策者”。[28] 我认为，上诉法院正确地解释了我国宪法，他们的判决应予以维持。

二

上诉方首先主张，他们所在州的婚姻法违反了宪法的正当程序条款。联邦政府的首席法律顾问（Solicitor General）出席了本案的庭审，他虽然支持上诉方的诉求，但也在本院面前否认了基于正当程序条款的论证。[29] 但即使如此，多数大法官仍几乎完全根据此条款做出了支持上诉方的判决。

从本院关于正当程序条款的先例中，多数大法官找到了四条“原则和传统”，它们共同支撑着同性伴侣结婚的基本权利。[30] 但事实上，无论是在原则上，还是传统中，多数大法官的意见都无根据可言，要是说有什么“传统”，那也只是无原则可言的司法专断（judicial policymaking）传统，那早已声名扫地的判决如洛克纳诉纽约州均在此之列。[31] 多数大法官的论证，剥去那光鲜的修辞外衣，其实就是讲正当

---

[28] 772 F. 3d, at 396, 403.

[29] See Tr of Oral Arg. On Question 1, at 38 – 39.

[30] 法庭意见，第 12 页。

[31] See Lochner v. New York, 198 U. S. 45.

程序条款赋予同性伴侣以结婚的基本权利，因为这对同性伴侣有好处，也对社会有益。如果我是一位立法者，我当然会根据社会政策来审视此观点。但作为一名法官，我认为多数大法官的立场从宪法上看是站不住脚的。

1

上诉方所主张的“基本权利”诉求，历来都落入宪法裁决最敏感的领域。按上诉方的诉求，其所在州的婚姻法并没有违反宪法文本所列举（*enumerated*）的权利，比如第一修正案保护的言论自由权。说到底，我国宪法并没有写入“伴侣和理解”或者“尊贵和尊严”条款。㉜ 他们的论点，说得准确些，就是第十四修正案要求“自由”不能未经“法律的正当程序”即被剥夺，而州婚姻法就侵犯了由这一规范要求所隐含（*implied*）的一项权利。

本院对正当程序条款的解释也有“实体”的成分，根据这种实体解释，某些自由利益必须得到免于州剥夺的保护，“无论[这种剥夺]是通过何种程序做出的”。㉝ 其中的理论就是，有一些自由是“深深扎根于我们民族的诸传统和良知（traditions and conscience）中，已经被列为最基本的”，也正因此，除非有极迫切的正当理由，这些基本权利不得被剥夺。㉞

联邦法官并非选举产生，允许他们来选择哪些未列举权利应当被归类为“最基本的”——然后再据此决定来推翻州法律——由此造成了司法角色的纷扰。根据我们的先例，在认定隐含的基本权利时，法官应坚持“尽可能的审慎”，这么做乃是“要避免由正当程序条款保护的自由被静悄悄地转化为最高法院大法官的政策偏好”。㉟

㉜ 参见法庭意见，第3、14页。

㉝ Reno v. Flores, 507 U. S. 292, 302 (1993).

㉞ See Snyder v. Massachusetts, 291 U. S. 97, 105 (1934).

㉟ Washington v. Glucksberg, 521 U. S. 702, 720 (1997). 我们可以认定，某些必要或基本的权利在任何公平社会内都应存在。但这并不意味着，我们法官有权根据成文宪法去执行所有这些基本权利。正当程序条款不能成为完美法制所必需之全部权利的保障。参见 Kennedy, *Unenumerated Rights and the Dictates of Judicial Restraint* 13 (1986)。

实体正当程序的学说是一剂猛药,本院在历史的进程中也痛苦地学到了一个经验,服用这剂猛药时,务必要节制。本院第一次适用实体正当程序条款去推翻一部立法,可追溯至 1857 年的斯考特诉桑福德案[36]。在该案中,最高法院废除了《密苏里妥协》,其根据是这部立法限制了奴隶制,因此侵犯了奴隶制的隐含权利。在作出这一判决时,最高法院依据的只是自身的自由和财产观。最高法院在判词中写道,“如果国会制定一部法律,仅仅因为一位公民涉足或者将其财产带入到合众国内的某一辖区,就剥夺该公民的自由或财产……那么这部法律难以配上法律正当程序之尊名”。[37] 柯蒂斯大法官所传达的反对意见,其生命力远超此案的多数意见,在柯蒂斯看来,每当“法律解释的固定规则被抛弃,任由法官个体的学理意见去控制”宪法之含义时,“宪法就离我们而去;我们处于人治政府的治下,法官此时此刻拥有宣布宪法是什么的权力,但他们却根据个人的宪法观对宪法加以解释”。[38]

斯考特案的判决为美国内战的斗争以及南方军事失利后的宪法修正案所否决,但该案对正当程序条款的解释路径却阴魂不散。在 20 世纪初的一系列案件中,其中最著名当属洛克纳诉纽约州,本院废除了许多部州立法,判定这些立法“是对个人权利的干预,纯属多管闲事”,“不当干预了个人自由和契约自由”。[39] 在洛克纳案中,最高法院推翻了纽约州为烘焙店雇工规定最高工时的立法,因为“在我们的判断中,判定这部立法是一部必要或适当的卫生法律,毫无合理基础可言”。[40]

洛克纳案有反对意见,在持异议的大法官看来,纽约州议会有权对烘焙店雇工的健康投以立法关切,而纽约州的最高工时法也可以被视为是一种合理的立法回应,在这一议题上至少“存在辩论的空间以及坦诚的观念差异”。[41] 接受多数意见的结论,也就意味着要将“一种我

㊱ See Dred Scott v. Sanford, 19 How. 393.

㊲ Dred Scott v. Sanford, 19 How. 450.

㊳ Dred Scott v. Sanford, 19 How. 621.

㊴ Lochner v. New York, 198 U. S. 60, 61.

㊵ Lochner v. New York, 198 U. S. 58.

㊶ Lochner v. New York, 198 U. S. 72.

国大部分民众并不待见的经济理论”写入宪法。[42] 霍姆斯大法官在反对意见中的名句为后人所铭记，“第十四修正案并没有将赫伯特·斯宾塞先生的《社会静力学》写入宪法。”宪法“并非旨在弘扬某种特定的经济理论……宪法，是为具有根本不同之观念的人们而制定的，且我们发现某些观念是自然的、常规的，还是新奇的、甚至令人震惊的，我们的宪法判断——也即，包含这些观念的立法是否会同合众国的宪法相冲突——并不能因这样的偶然论断而盖棺论定”。[43]

洛克纳案后数十年，联邦最高法院判定近200多部法律因侵犯个人自由而违宪无效，这些违宪判决经常要面对着言辞激烈的反对意见，少数大法官坚持认为“一部法律是否合宪，其标准并不在于我们的想法，我们认为这部法律是否为了公共利益”。[44] 洛克纳案所代表的路线，让法官有权将自己的政策判断上升到宪法基本自由的地位，这一路径的宪法判决让我们别无选择，“唯有将法院视为……一个立法院”。[45]

最终，最高法院认识到它的错误，并且发誓永不再犯。我们大法官后来解释道：“正当程序允许法院在认定立法决定不智时而宣布法律违宪，这一学说早已为我们所摒弃。我们已经重返原初的宪法设定，即法院不应越俎代庖，用他们的社会和经济信念来代替立法主体的判断，别忘记，人民选出立法机关就是为了通过法律。”[46]因此，最高法院不能仅仅因为法官认为法律“不明智、不恰当或者不符合某个具体的思想流派”，就据此判定法律违宪，这已经成为一项我们都接受的规则。

否定了洛克纳案，并非意味着要完全抛弃隐含基本权利的学说，本院也从未这么做过。但是，为了避免重现洛克纳式的错误，不再让法官将个人偏好转化为宪法命令，我们现代的实体正当程序案件尤其强调

---

[42] See Lochner v. New York, 198 U. S. 75.

[43] Lochner v. New York, 198 U. S. 75, 76.

[44] Adkins v. Children's Hospital of D. C., 261 U. S. 525, 570 (1923).

[45] L. Hand, *The Bill of Rights* 42 (1958).

[46] Ferguson v. Skrupa, 372 U. S. 726, 730 (1963). 我们并不是一个超级立法机关，坐在这里考量立法的智慧，参见 Day-Brite Lighting, Inc. v. Missouri, 342 U. S. 421, 423 (1952)。

“司法自我节制”的必要。[47] 按照我们的先例要求，隐含的基本权利，必须是“实在并且深深地扎根于我们民族的历史和传统中的”，并且“是有序自由（ordered liberty）概念的应有之义，正因此，若是这些权利被牺牲，那么无论自由还是正义都将荡然无存”。[48]

正是在格拉克斯伯格案中，联邦最高法院最准确表达出了在历史和传统在探询何为基本权利时的意义，但不要忘记，在该案前后还有许多案件也采用相同的路径。[49]

要认真对待历史和传统，当然要求我们把目光投射到在个案中受挑战的法律以外，就此而言，每一种对自由的限制都无法自我提供合宪性的证成。关于这一点，本院今天所讲是正确的。[50] 但是，考虑到“在这种未开拓领域内，负责任决策的指引”可谓少之又少[51]，“植根于历史的解释路径能够对司法机关施加更有效的限制，远胜过那些基于任何一种抽象公式的路径”，[52]突如其来地剧烈扩展一项权利，有可能斩断这项权利的社会根基，让其成为无本之木。即便法官真心诚意地讲述在认定基本权利时的“规矩（discipline）”[53]，这也并不意味着他受到了实实在在的制约，这么说原因很简单，“无论他是否充分意识到，他事实上有可能去‘发现’的，都是他自己的价值”，[54]探询基本权利，是一种棘手的司法任务，在这一过程中，唯一可以确保司法节制的方法就是

---

[47] See Collins v. Harker Heights, 503 U. S. 115, 125 (1992).

[48] Glucksberg, 521 U. S., at 720 - 721.

[49] 例如，参见 District Attorney's Office for Third Judicial Dist. V. Osborne, 557 U. S. 52, 72 (2009); Flores, 507 U. S., at 303; United States v. Salerno, 481 U. S. 739, 751 (1987); Moore v. East Cleveland, 431 U. S. 494, 503 (1977)（多元意见）；还可参见怀特大法官的反对意见：“司法机关，包括本院在内，每当处理在宪法文本或体系内无根基可言的法官造法时，就是最脆弱的时候，也最有可能失去其正当性”；肯尼迪大法官的反对意见：“讨论了‘我们民族的历史、法律传统和惯例’，认为‘我们必须要认真对待我国的家庭关系法律结构……必须要谨慎而行’”，Troxel v. Granville, 530 U. S. 57 - 101 (2000)。

[50] 法庭意见，第 18 页。

[51] Collins, 503 U. S., at 125.

[52] Moore, 431 U. S., at 504, n. 12.

[53] 法庭意见第 10 ~ 11 页。

[54] J. Ely, Democracy and Distrust 44 (1980).

“持续坚持对历史教导的尊重,充分认可作为我们社会之根基的基本价值,认真对待联邦制和三权分立学说的重要意义”。[55]

2

多数大法官压根没有提及上述的学说背景,我们不难发现原因之所在:多数意见对实体正当程序的适用过于凌厉,脱离了数十年来的先例,让最高法院重新回到洛克纳判决所代表的无原则路径。

A

多数大法官的论证主线是,婚姻是令人向往的,而上诉方向往婚姻。多数意见陈述了婚姻的“至高无上的意义”,并且反复强调,上诉方并不是要“降格”、“贬低”、“玷污”或“蔑视”婚姻制度。[56] 事实上,无人质疑这些观点。讲真的,上诉方以及与他们同处境的人们各有其动人的人生故事,很可能正是因为他们广为人知的遭遇,才导致许多美国人转变了他们的观念,转而支持同性伴侣的婚姻。但是,上诉方愿望真诚与否,同宪法毫无关联。

当多数大法官开始援引法律时,他们主要依据那些讨论“婚姻”基本权利的先例。[57] 当然,这些案件从未宣告任何想要结婚的人都有宪法授予的结婚权。如果说这些案件作出了什么样的判决,那就是一州应当解释本州基于婚姻观而对婚姻制度设置的资格要件。在洛文案中,最高法院判定基于种族身份对婚姻权的限制并不具有充分的正当理据。在扎布洛斯基案中,判定基于子女抚养费债务的限制违宪。而在特纳案中,对囚犯婚姻权的限制也被判定是不可允许的。

但在这些案例中,没有一部法律试图改变婚姻的核心定义:婚姻即一男一女之间的结合。我们看在扎布洛斯基和特纳案中受到挑战的法律,它们并没有把婚姻定义为“一男一女的结合,其中任何一方都没有因子女抚养而欠下债务,或因犯罪而入狱”。而在洛文案中,被挑战的

---

[55] Griswold v. Connecticut, 381 U. S. 479, 501 (1965).

[56] 法庭意见第3、4、6、28页。

[57] See Turner v. Safley, 482 U. S. 78, 95 (1987); Zablocki, 434 U. S. at 383; 参见 Loving, 388 U. S., at 12。

法律虽然禁止黑白种族之间的婚姻,但却并没有将婚姻定义为"同一种族内的一男一女的结合"。[58] 因此,废除了婚姻的种族限制并没有改变婚姻的定义,这也正如追求学校的种族融合并没有改变学校的意义一样。多数大法官也承认,在上述案件中,"婚姻"作为一种制度都"预设着一种存在于异性伴侣之间的关系"。[59]

简言之,上述"婚姻权"案件支持着一个结论,虽然重要,但适用范围有限:某些对婚姻的限制,按照传统对婚姻的界定,违反了正当程序条款。在这些先例中,本院压根没有提到一种可用于强制各州修改其婚姻定义的权利,而这种权利,正是本案上诉方所寻求的。[60] 无论是上诉方,还是多数大法官,都没有引用任何一个判例或其他法律渊源,为这样一种宪法权利提供支持理据。这样的理据一点儿都没有,至此足以驳回上诉方的主张。

B

多数大法官提到,"还有其他更多有指导性的先例"涉及结婚权。[61] 虽然并不完全清楚,但多数大法官似乎指的是讨论隐含的"私隐"基本权利的一系列案例。[62] 在有关隐私权的第一个案例中,联邦最高法院废除了一部禁止使用避孕工具的刑法。[63] 最高法院特别强调这项禁令的侵犯性,使得警察可以"搜查夫妻卧室的神圣领地"。[64] 在最高法院看来,诸如此类的法律侵犯了最基本的隐私权,也即"不受打扰的权利(right to be let alone)"。[65]

---

[58] "在普通法中不存在对跨种族婚姻的禁令",参见 Tragen, Comment, Statutory Prohibitions Against Interracial Marriage, 32 *Cal. L. Rev.* 269 (1944);托马斯大法官的反对意见,参见后文,第 11 ~ 22 页。

[59] 法庭意见,第 11 页。

[60] 阿利托大法官的反对意见认为:"温莎以及联邦政府所寻求的……并不是保护一项根深蒂固的权利,而是要承认一项全新的权利",参见 Windsor, 570 U. S. at___。

[61] 法庭意见,第 12 页。

[62] See Griswold, 381 U. S. at 486.

[63] See Griswold, 381 U. S. at 485 – 86.

[64] Griswold, 381 U. S. at 485.

[65] Eisenstadt v. Baird, 405 U. S. 438 – 454, n. 10 (1972);布兰代斯大法官的反对意见,参见 Olmstead v. United States, 277 U. S. 438, 478 (1928)。

本院还在2003年的劳伦斯诉得克萨斯州援引了隐私权[66],该判决推翻了得克萨斯的一部将同性恋鸡奸入罪的刑事立法。在该案中,多数大法官基于一个立场,将鸡奸入罪的刑事法,如同禁止避孕用具的法律,都是对私隐的践踏,因为这种立法将导致“未经授权的政府侵扰”涉足到“最隐秘的人类行为——在最隐蔽的地点,居所内的性行为”。[67]

在关于隐私权的系列案例中,无论是劳伦斯诉得克萨斯州,还是其他任何一个判例,都并不支持上诉方在本案中所主张的作为基本权利的婚姻权。不同于禁止避孕和鸡奸的刑事法律,本案争议的婚姻法律并不涉及政府对私隐空间的侵入。婚姻法并没有创造任何罪名,也没有施加任何惩罚。同性伴侣仍可以自由地生活在一起,自在地进行亲密行为,视意愿组织起他们的家庭。没有人因为本案涉及的法律而“注定要孤老终生”——没有一个人。[68] 与此同时,这些婚姻法律也没有以任何方式干预“不受打扰的权利”。

多数大法官还依据了哈兰大法官在波诉厄尔曼中影响力深远的反对意见。[69] 正如多数大法官所述,哈兰的意见指出,“正当程序并没有被化约为任何一道公式。”[70]但是,哈兰大法官的意见,绝不是要授予多数大法官从中辨析出的宽泛的解释裁量权,反而意在明确,当法院在推演基本权利时,他们并不是“自由漫步,任由思维天马行空”。[71] 事实上,法院务必要“关注历史的教训”,法官所行使的不仅是“判断”,还有“节制”。[72] 谈到特别相关之处,不要忘记哈兰大法官在意见中这样写道,“婚姻法律既规定了性权力何时可以运用,又构筑着孩子出生和抚养的法律和社会环境……它们形成了一种模式,深深嵌入在我们社会生活的本质,在这一领域内的任何宪法学说都必须以此为基础才能得

---

[66] See Lawrence v. Texas,539 U. S. 558 (2003).

[67] Lawrence v. Texas,539 U. S. ,at 562,567.

[68] 法庭意见,第28页。

[69] See Poe v. Ullman,367 U. S. 497 (1961).

[70] Poe v. Ullman,367 U. S. ,at 542.

[71] Ibid.

[72] Ibid.

以展开”。[73]

因此，隐私权的判例并不支持多数大法官的立场，因为上诉方所追求的并不是私隐。恰恰相反，上诉方追求的是对他们关系的公共承认，以及同婚姻相配套的政府福利。根据本院的宪法判例，我们向来不允许诉讼化“盾”为“矛”，不允许将由宪法自由所提供的盾牌转变为要求州政府提供积极福利的长矛。[74] 因此，虽然本院的先例确实承认了隐私权，而隐私权当然一定程度上保护同性伴侣之间的亲密行为，但隐私权并不是一种积极的权利，可以基于此重新定义婚姻，也并没有提供任何理据，可以据此推翻本案中受挑战的婚姻法。

C

很可能正是意识到先例无力支持本方立场，多数大法官最终放弃了在面对隐含之基本权利时“审慎”路径，否定了本院在格拉斯伯格案所取的司法态度。[75] 我们必须看到，多数大法官今天的立场事实上要求本院推翻格拉斯伯格案的判决，在本院的实体正当程序学说中，格拉斯伯格案可以说是圈定其范围的主要判例。至少，当我读到多数意见的这部分时，能看到多数大法官确有敢做敢当的美德。多数大法官放弃了审慎的司法路径，他们对此未加遮掩。

说到底，只有一个先例为多数大法官今天的方法提供了支持：洛克纳诉纽约州[76]，多数大法官起笔他们的意见，就宣告上诉方“定义和表达他们身份”的权利。[77] 他们后来又解释道，“个人对婚姻的选择权，乃是个人自治概念的题中应有之义”。[78] 这种对个人自治的放任理解，让我们不由的想起了洛克纳案中的自由观，“每一个人都有自由的普遍

---

[73] Ibid.，第 546 页。

[74] 参见 Deshaney v. Winnebago County Dept. of Social Servs.，489 U. S. 189，196 (1989)；San Antonio Independent School Dist. v. Rodriguez，411 U. S. 1 – 37 (1973)；托马斯大法官的反对意见，参见后文，第 9 ~ 13 页。

[75] 法庭意见，第 18 页（引用 521 U. S.，at 721）。

[76] See Lochner v. New York，198 U. S. 45.

[77] 法庭意见，第 1 ~ 2 页。

[78] 法庭意见，第 12 页。

权利,可以自由地处分自己的身体,自由地就自己的劳动力订立契约”。⑲

公允地说,多数大法官并没有说个体自治的权利是完全无限制的,要看多数意见所设定的制约,是否恰好同他们的“理性判断”若合符节。要再追溯这种判断的基础,又必须考虑到多数大法官对“不公正之本质”的“新洞见”,这种“新洞见”据说是前人所不可见的,但“随着我们加深领会到自由的意义”就清晰可见。⑳ 真相就是,本院今天的决定完全基于多数大法官自己的信念,他们认为,同性伴侣只要想结婚,就应有权结婚,“要是否认他们这项权利,就是无视他们的选择,贬损他们的人格”。㉑ 无论这种信念作为一种道德哲学多么有力,它在我国宪法内毫无基础可言,不过只是在洛克纳案中占据上风的赤裸裸的政策偏好而已。㉒

多数大法官也认识到,今天的案件并不是“本院第一次被要求在承认和保护基本权利时采取审慎的路径”。㉓ 就此而言,我们同意。在洛克纳时代溃败之后,最高法院就“被要求”在推演未列举的基本权利时“采取审慎的路径”,而本院也同意了这一要求。但今天,多数大法官将审慎抛在脑后,重现了洛克纳时代的严重错误。

按照多数大法官的立场,一个问题立即浮出水面,我国各州是否可以继续保持婚姻作为两人结合体的定义。㉔ 虽然多数意见在诸多地方都不经意地加入了“两个”这个形容词,但既然婚姻作为男性和女性之结合的元素可以被废弃,那么两个人的结合——作为婚姻定义之核心元素——为什么可以继续保留,多数大法官完全没有回答这个问题。事实上,从历史和传统的立场看,从异性婚到同性婚的跨越,其幅度要

⑲ Lochner,198 U. S. ,at 58.

⑳ 法庭意见,第10、11页。

㉑ 法庭意见,第19页。

㉒ “我们并不相信支持这部法律之政策的合理性”,“每个人都有权订立他认为最好的雇佣合同,而最高工时法是对这种权利的……非法干预”,参见198 U. S. ,at 61。

㉓ 法庭意见,第25页。

㉔ 比较 Brown v. Buhman,947 F. Supp. 2d 1170 (Utah 2013).

远远大于从对偶婚(两人婚)到群婚(多人婚姻)的跨越,毕竟,群婚在世界有些文化内有着深远的历史可循。既然多数大法官在今天愿意迈出这更大的一步跃进,凭什么相信他们会拒绝这更小的跨越呢。

惊人的是,多数意见用以证成同性婚姻的推理,基本上可以原封不动地适用于群婚作为一种基本权利的诉求。如果"两个男人或两个女人之间的婚姻结合以及他们做出人生选择的自治有其尊严"[85],那么假设有三个人,同样行使他们的自治,做出了结婚的人生决定,为什么三个人的结合就没有这同等的尊严呢?如果说一对同性伴侣之所以有结婚的宪法权利,是因为如果无法结婚,则他们的孩子就将"意识到自己家庭是残缺的,因此承受折磨"[86],为什么同样的推理就不适用于抚养孩子的三人或多人家庭?若是说没有结婚的机会就是对同性恋伴侣的"不敬和压制",那么对于那些要在群婚关系中寻找人生意义的人们来说,这种"能力剥夺"岂不也是不敬和压制?[87]

我这么说,并不是要在各个方面把同性婚姻和群婚等同起来。两者之间可能有很多不同,也因为这些不同,就必须进行不同的法律分析。但如果存在不同的话,上诉方完全没有谈到这问题。在本院的口头辩论中,当被问到群婚时,上诉方只是回答道,美国各州"并没有这样的制度"。[88] 但这正是我想说的:要知道,本案涉及的各州同样也没有同性婚姻的制度。

D

就在多数意见即将结尾之时,多数大法官道出了也许是其判决中最清晰的见解。他们坚持认为,扩展婚姻的定义以纳入同性伴侣,"对他们自己和任何第三方都没有伤害风险"。[89] 这种论证又一次让我们

---

[85] 法庭意见,第 13 页。

[86] 法庭意见,第 15 页。

[87] 估算美国目前有 50 万群婚家庭,参见 Bennett, Polyamory: The Next Sexual Revolution? *Newsweek*, July 28, 2009; Li, Married Lesbian "Throuple" Expecting First Child, *N. Y. Post*, Apr. 23, 2014; Otter, Three May Not Be a Crowd: The Case for a Constitutional Right to Plural Marriage, 64 *Emory L. J.* 1977 (2015)。

[88] Tr. Of Oral Arg. On Question 2, p. 6.

[89] 法庭意见,第 27 页。

回想到洛克纳案,多数大法官在该案中的定案依据就是根据他们的评估,“我们认为,摆在我们面前的这一部法律,既不涉及安全、道德,也不涉及公众福祉,而公共利益也不会因这样一部法案受到哪怕是一丁点的影响。”[90]

无论是洛克纳时代,还是我们当下,这种对“伤害原则”的主张更常见于哲学,而不是法律。以个体的充分自我实现为本,去压制社会通过法律所表达的种种制约,这在道德哲学的意义上是否可欲,见仁见智。但身为大法官,不能打着“正当程序”的幌子,却实则将某些特定的道德、哲学和社会见解强行施加给我们的公民同胞。事实上,在本案所涉议题上,的确存在一种要由人民参与的程序——民主的过程。最高法院如尊重这种理解,那么就必须跟随法律,而不是追随某个特定的社会思想流派。借用霍姆斯大法官在洛克纳反对意见中的修辞,亨利·弗兰德利法官曾这样写道,正如第十四修正案并没有写入赫伯特·斯宾塞的《社会静力学》,它也没有写入约翰·密尔的《论自由》。[91] 我们也可以说,第十四修正案当然没有将任何一种婚姻观写入宪法。

多数大法官在今天对正当程序的解释,可谓是为本院成员描绘出一幅“撩人”的未来愿景:作为一种经历人类有记录历史之变迁却经久未变的社会制度,既然异性婚姻都无力抑制司法专断,那么还有什么阻挡最高法院?但对于法治而言,这种路径是危险的。之所以要坚持隐含的基本权利必须植根于我们民族的历史和传统,其目的就是要保证,当不经民选的法官推翻由民主过程所制定的法律时,他们所依据的不能仅仅是他们自己的信念。今天,最高法院不止无视我国的整部历史和传统,甚至积极动手将之摧毁,在这样做时,多数大法官所选择的是宁肯活在当下——此地此时的狂热中。我完全同意多数意见所讲,“只是活在自己的时代,我们可能永远看不清不公正之所在。”[92]如上诉方

---

[90] 198 U. S. ,at 57.

[91] 参见 Randolph, Before Roe v. Wade: Judge Friendly's Draft Abortion Opinion, 29 *Harv. J. L. &Pub. Pol'y* 1035, 1036 – 1037, 1058 (2006)。

[92] 法庭意见,第 11 页。

所言,“时代可以蒙蔽真相”。[93] 但是,蒙住自己的双眼,完全无视历史,既是自负的,也是愚蠢的。“过去永远不会死去。过去甚至不曾过去。”[94]

3

上诉方首先提出了基于正当程序的论证,除此之外,他们还主张,平等保护条款要求他们所在州许可并且承认同性婚姻。多数大法官并没有认真对待此论点。实话实说,多数意见对此的讨论很难看懂。其核心论点似乎指向,在平等保护条款和正当程序条款之间存在一种“协同关联”,有些先例不仅依据正当程序条款,也同样依据平等保护条款。[95] 但抛却这寥寥数语,多数意见压根没有遵循我们在决策平等保护案件时的常用分析框架。关于平等保护的教义,法学院的案例教科书是这样写的:“现代最高法院在处理平等保护的诉求时,总是采取一种‘手段—目的’分析法,其关键在于法官必须判断,政府所运用的归类是否同政府所追求的目标具有充分关联。”[96]但多数大法官今天的方法则完全不同,他们是这样写的:

“有些权利是内在于自由的,有些权利则是由平等保护所保障,它们可能基于不同的基础理念,并不总是交叠的,然而在有些情况下,理解其中一类权利,就有助于我们理解另一类权利的意义和范围。在具体个案中,即便两个条款在某种权利的认定和界定上是交叠的,我们还是可以认为,某一条款以更准确也更全面的方式把握住了该权利的本质。”[97]

多数大法官接下来匆匆作出结论,认为平等保护条款为他们的判决提供了另一种基础。[98] 但是,多数大法官甚至没能写下哪怕一句话,

---

[93] Tr. of Oral Arg. On Question 1, at 9, 10.

[94] W. Faulkner, *Requiem for a Nun* 92 (1951).

[95] 法庭意见,第 20 页。

[96] G. Stone, L. Seidman, C. Sunstein, M. Tushnet, & P. Karlan, *Constitutional Law* 453 (7th ed. 2013).

[97] 法庭意见,第 19 页。

[98] 法庭意见,第 22 页。

用以解释平等保护条款为其立场提供了独立的理由;与此同时,对于他们无缘无故地违反了非必要不解决宪法问题的司法准则,多数意见也没有提供任何说明。[99] 无论如何,本案所涉的婚姻法律都没有违反平等保护条款,因为这些法律固然在异性和同性伴侣之间做出区分,但这种区分同各州"正当的公共利益"是合理相关的,也就是要"保持传统的婚姻制度"。[100]

同时,我们还要准确界定上诉方所挑战的到底是哪些法律条款。虽然他们谈到了一些同婚姻相关的附带法律权益,比如医院探视权或者在官方文件上对配偶身份的承认,但上诉方诉讼所瞄准的是定义何为婚姻的一般法,而不是具体分配权益的法律条款。在我看来,若是我们面对的是一种对焦更准的法律诉讼,只是挑战对某些物质利益的否定,那么平等保护的分析可能有所不同。当然,既然最高法院今天已经迈出了这么激进的一步,要求各州许可并且承认同性伴侣之间的婚姻,那么这些更有限的法律诉求也就不会出现了。

4

本院的正当性,最终要仰赖人民"对其判决的尊重"。[101] 但这种尊重从何来而,其来自一种感知——也是现实:我们大法官在根据我国宪法和法律来判决案件时,始终保持着谦逊和节制。但今天,多数大法官所设想的最高法院之角色,既失去了谦逊,也同节制不沾边。不厌其烦地,多数大法官赞美司法机关作为社会变革之火车头的功能。在多数大法官的心目中,谁有责任"根据新一代人的所见所识……创造新维度的自由",有责任提供有关社会议题的"话语体系",有责任保证"中立的商谈,而不是充斥着傲慢抑或偏见的评论",是法院,而不是人民。[102]

---

[99] 参见 Northwest Austin Municipal Util. Dist. No. One v. Holder,557 U. S. 193,197 (2009)。

[100] 奥康娜大法官的同意意见,参见 Lawrence,539 U. S. ,at 585。

[101] 肯尼迪大法官的同意意见,参见 Republican Party of Minn. v. White,536 U. S. 765,793 (2002)。

[102] 法庭意见,第 7 ~ 9 页。

若要看多数大法官放肆的司法至上观,最鲜明之处莫过于他们是如何描述公众对同性婚姻的辩论的——又是如何对公众辩论不屑一顾的。的确,多数大法官承认,天平之一边是在我们所知的每一个人类社会数千年来的历史进程。但在另一边则是"各式各样的诉讼"、"许多地区法院下达的思虑周全的判决"、"数不清的研究、报告、书籍、其他学术和通俗的写作",以及即便在本案中就有"超过100份"法院之友的陈述。[103] 既然如此,再让民主的过程继续下去,又有什么意义呢?现在是时候让最高法院出手了,对于"这一在我们所处时代依然紧要之自由",多数大法官有着"更高明的理解",既然如此,那就不如根据五位法律人的理解,决定婚姻的含义。[104] 可以想见,在某一份法院之友的陈情或研究中,一定存在答案。

那些创立我们国家的先辈们一定不承认多数大法官的司法观。不要忘记,他们抛头颅洒热血,就是为了追求他们所珍视的自治权。在这么一个社会政策问题上,将决策权拱手交给未经民选因此也不对人民负责的法官,是我们的建国者想都不曾想过的。只要经过"某种相当广泛的讨论",法官就有权推翻政治分支的政策判断,这种体制想必也无法让建国者感到满意。[105] 生活在民主中,关于法律内容的辩论,并不是一场旷日持久的马拉松,只有全程结束后,法院才能介入其中。"当然,我国宪法也没有将立法或执法分支放到电视节目抢答秀的位置上,如果时间到了,他们还是没有回答问题,司法机关就可以按下抢答键,拿下解决问题的权力。"[106]就在去年,本院多数大法官就这样写道,"假定选民没有能力优雅理性地解决这样的敏感议题,这本身就是对民主过程的践踏"。[107]

最高法院对其权力的累积并不是在真空中进行。法院进一分,人民就要退一分。而且大法官们都知道这一点。无论在我们美国,还是

---

[103] 法庭意见,第9、10、23页。

[104] 法庭意见,第19页。

[105] 法庭意见,第18页。

[106] Rehnquist, The Notion of a Living Constitution, 54 *Texas L. Rev.* 693, 700 (1976).

[107] Schuette v. BAMN, 572 U. S. ____(2014).

在其他国家,人民都在围绕着同性婚姻的议题进行着严肃和深入的公共讨论。他们可以看到,选民们慎重地思考同性婚姻问题,投下他们的赞成或反对票,有时候还会改变自己的主意。他们可以看到,政治家们同样在不断检视他们的立场,有些改变政见,还有些则不忘初心。他们可以看到,政府和企业都在修改对待同性伴侣的政策和惯例,也在积极参与公共讨论。他们还能看到,有些国家通过民主过程接受了如此彻底的社会变革,还有些则坚守传统不动摇。这样的民主审议过程让人民严肃思考问题,有些甚至是他们之前不认为是问题的问题。

当决定是由民主手段做出时,有些人势必也会对结果感到失望。但即便是那些失败的人,至少也知道他们已经发出自己的声音,也正因此,在我们政治文化的传统中,他们会甘愿接受一场公正和诚实辩论的结果。甚至,他们还可以卷土重来,在时机成熟时再次提出该议题,希望说服胜利阵营的人士可以重新思考。“而这正是我们政府体制运转的方式。”[108]

但今天,最高法院停止了这一切。当多数大法官通过宪法解决这个问题时,最高法院也就将这问题从民主决策的领域中移除出去。在如此重要的公共议题上,关闭政治过程会导致严重的后果。终结辩论只能导致闭塞的心灵。在这么一个通常不是由法院决策的问题上,民众如果被剥夺了发声的机会,就更不太可能接受法院的判决。有一位思考者曾就另一议题做出如下观察,“政治进程总在运转……对于那些急剧全盘变化的鼓吹者来说,也许还不够流畅,但是多数主义的机构正在倾听,也正在行动。笨拙的司法干预就是不正当,而且看起来并不会解决只能激化冲突”。[109] 事实上,无论同性婚姻的支持者们在今天多么欢欣鼓舞,他们也要意识到他们所失去的,永远失去的:一个赢得真正承认的机会,这种承认只能来自说服他们的公民同胞,他们的事业是正义的。因此,就在变革的清风轻抚过他们的发髻的时候,他们失去了这

---

[108] 斯卡利亚大法官的反对意见,参见后文第2~3页。

[109] Ginsburg, Some Thoughts on Autonomy and Equality in Relation to Roe v. Wade, 63 *N. C. L. Rev.* 375, 385-386 (1985).

一切。

在创造权利这件事上,联邦法院向来都是一把钝器。我国宪法授予联邦法院的权力仅限于解决具体的案件或纠纷;法院并没有立法机关那样的灵活,可以关切非案件当事人的问题,或者预判出因新权利行使而造成的问题。比方说,今天的判决就提出了关于宗教自由的难题。许多正派的善良人士也反对同性婚姻,这是他们的宗教信条,而且他们的宗教自由权利——不同于多数大法官拍脑袋想出的婚姻权——是受到我国宪法明文保护的。[110]

正是因为对真诚宗教信仰的尊重,我们可以看到,在每一个通过民主过程承认同性婚姻的州内,选民和立法者都在立法中包括了对宗教活动的特殊照顾。但是,多数大法官今天通过一纸判决强推同性婚姻,当然就不可能创设任何对宗教活动的照顾。多数意见看似大度地指出,宗教信徒还可以继续"倡导"和"传输"他们的婚姻观。[111] 但不要忘记,第一修正案保护的是宗教"活动"(exercise)的自由。不幸的是,多数大法官在意见内并没有用"活动"这个字。

信徒的宗教活动会以种种方式和同性婚姻这种新权利发生冲突,比方说,教会大学只向已婚的异性伴侣提供学生住宿,或者教会的收养机构拒绝已婚的同性伴侣收养小孩,每当这时就出现了法律难题。事实上,司法部的首席法律顾问也坦诚相告,如果有宗教机构反对同性婚姻,它们就有可能失去税收的豁免资格。[112] 毋庸置疑,这形形色色的问题很快就会出现在本院面前。不幸的是,从多数意见今天所提供的应对中,宗教信徒大概找不到任何安慰。

今天判决最令人心灰意冷之处,也许就在于多数大法官不惜代价去攻击这场辩论中的另一方。当然,多数意见内有一两句潦草之言,保证今天的判决并没有贬低那些在良知上无法接受同性婚姻的人士。[113]

---

[110] 参见第一修正案。

[111] 法庭意见,第 27 页。

[112] 参见 Tr. of Oral Arg. on Question 1, at 36 – 38。

[113] 法庭意见,第 19 页。

但这一声明很难自圆其说,因为就是在接下来的一句内,多数大法官就认为,凡是写入传统婚姻定义的法律,其“必然的结果”就是“贬低或污辱”同性伴侣。[114] 在今天的判词中,多数大法官一次又一次重复着这种定性。如果按照多数大法官的叙述,我们有些公民同胞,他们所做的不过是遵循贯穿我国全部历史的婚姻观,说得具体点,就是数以千万计的美国人,他们在每次选举中投票确认本州的传统婚姻定义,但现在,他们却成为积极的作恶者,“排斥”“侮辱和剥夺”他们的同性恋邻居,给他们带来了“尊严的伤害”。[115] 多数大法官公然攻击这些善意人士的人格,在法庭和社会上都会造成恶果。[116] 而且,这些攻击是全然无缘由的。即便多数大法官可以断定,我国宪法保护同性婚姻的权利,但也不意味着他们可以将每一位并不持有多数大法官之“高明理解”的同胞归结为顽固派。

有鉴于上述种种,我们可以设想一种完全不同的对最高法院角色之认知。这种司法观,更谦逊,也更强调节制。它时刻怀疑,法官的法律能力就意味着他们对道德和哲学议题的深入洞察。它时刻不忘一个事实,法官是非民选的,因此不对选民负责,而法官权力的正当性依托于法官的自我节制,法官只能依据法律作出判决。这种司法观更重视历史的经验,尤其关注历史上大法官越界给这个国家和法官造成的恶果。最终,这种司法观不会让大法官自命不凡,不会让他们认为:虽然全世界人民数千年来都以某种方式实践一种制度,但我们活着的这一代以及当下坐在司法殿堂内的大法官就是受命于天,就是要瓦解这种历史和传统的纽带。

* * *

如果你是支持同性婚姻的美国人,不管你是什么性取向,尽情庆祝最高法院今天的判决吧。庆祝你们终于达成了一个渴望已久的目标。庆祝你们获得一种新的表达伴侣间忠诚的方式。庆祝那些伴随婚姻而

---

[114] 法庭意见,第 19 页。

[115] 法庭意见,第 17、19、22、25 页。

[116] 阿利托大法官的反对意见,参见后文,第 6 ~ 7 页。

来的新福利。但请不要庆祝我国宪法的成功。同性婚姻,无关宪法。

怀着敬意,我持异议。

附件:

霍姆斯大法官在洛克纳诉纽约州案中的反对意见

我不能同意本案的判决,且认为我有义务去表达自己的反对意见,对此,我深表遗憾。

本案的判决,乃是基于一种我国大部分民众并不待见的经济理论。如若问我是否赞同该理论,那我务必要对之做进一步的研究,深思熟虑后,才能拿定主意。但是,我并不认为这是我的责任,因为我坚信,多数人有权将他们的意见(opinions)写进法律,对于这样的意见,无论我赞同也好,反对也罢,我的意见同多数人的立法权没有一丁点关系。在本院先前的一系列判决中,我们已经做出决议,州宪法和州法可以通过多种方式去规管民众的生活,假如我们是立法者的话,我们可能会认为这些管制方式,如本案中的立法一样,是愚蠢的,甚至可能是暴政,或者是对合同自由的干预。礼拜日禁业法以及反高利贷立法,都是古已有之的例证。一个更现代的立法例是禁止博彩。公民有为所欲为的自由,只要他不干预其他公民同样的自由,在有些流行作家的笔端,这是自由的信条,但在现实中,这样的自由受到学校立法和邮政局的干预,每个州或市政机构都可以基于它们认为适当的目的,征缴一位公民的钱财,无论被征缴的这位先生是否乐意,这也是对自由的干预。第十四修正案并没有将赫伯特·斯宾塞先生的《社会静力学》写入宪法。前不久,我们维持了马萨诸塞州的疫苗接种立法。[117] 对于本院来说,联邦和各州的立法以及司法判决以种种方式去限制合同自由,也是为我们所司空见惯的。[118] 就在两年前,我们还基于加利福尼亚州的宪法维持了该

---

[117] See Jacobson v. Massachusetts,197 U. S. 11.

[118] See Northern Securities Co. v. United States,193 U. S. 197.

州的一部立法,该法禁止用保证金购买股票和远期交割。[119] 我们也曾在判决中维持了一部矿工八小时工时的立法,也是并不久远的历史。[120] 在上述案件所涉立法中,有些法律包含了我们法官有可能分享的信念(convictions),或者也可以说是偏见(prejudices)。但,一部宪法并非旨在弘扬某种特定的经济理论,无论是家长主义以及公民和国家之间的有机论,还是放任自由的学说。宪法,是为具有根本不同之观念的人们而制定的,且我们发现某些观念(opinions)是自然的、常规的,还是新奇的、甚至令人震惊的,我们的宪法判断——也即,包含这些观念的立法是否会同合众国的宪法相冲突——并不能因这样的偶然论断而盖棺论定。

一般命题无法决定具体案件。判决的作出,靠的是判断或直觉,较之于任何能够清晰表达出的大前提,它们更微妙。但我认为,前文所表达的命题,如果能得到接受,就可以带领我们大步迈向本案的结论。每一种意见都趋向将自己变成一部法律。在我看来,第十四修正案中"自由"(liberty)这个字眼,如果在我们的裁判中被用以严防一种主导意见的自然结果,"自由"就遭到了曲解,除非可以这么说,所有理性且公道的人士都必定会承认,这部业已写就的立法侵犯了基本原则(fundamental principles)——为我们民族和我们的法律传统所映照的基本原则。不需要研究,我们也可以证明,这样全盘否定的谴责怎么也轮不到摆在我们面前的这部立法。在有些通情达理的人士来看,这部立法是作用于工人或公众健康的适当举措。还有些人士也会支持这部立法,认为它是迈向对工人工时之立法管制的第一步。当然,就后一问题而言,这部立法是否会有不平等之嫌,我认为本院在本案中不必讨论。

---

[119] See Otis v. Parker, 187 U. S. 606.

[120] See Holden v. Hardy, 169 U. S. 366.

《政治与法律评论》
(第九辑)第135~164页

美国“弱”国家的迷思*

威廉·诺瓦克** 徐 扬*** 译
田 雷**** 校

一

美国的现实与美国历史的呈现是两相背离的。美国的当下见证着执行权、行政权、紧急权、刑罚权、军事及战争权的不断扩张。正是因此,当代评论家迈克尔·哈特(Michael Hardt)、安东尼奥·内格里(Antonio Negri)和乔治·阿甘本(Giorgio

---

* 作者在此向 Alain Chatriot, Jane Dailey, Colleen Dunlavy, Gary Gerstle, Richard John, Jim Kloppenberg, Ajay Mehrotra, Margaret Novak, Steve Pincus, Gautham Rao, Pierre Rosanvallon, Steve Sawyer, Stephen Smith, Jim Sparrow, Michael Willrich 以及《美国历史评论》的匿名审稿人致谢,感谢他们的阅读和建议。本文曾呈送给一批有重要贡献的读者,他们来自巴黎社会科学高等研究院,密歇根大学,纽约州立大学法学院,宾夕法尼亚大学法学院,芝加哥大学法学院,耶鲁美国政治研讨会以及美国政治学会的年会。

** 威廉·诺瓦克(William J. Novak):美国密歇根大学法学院讲席教授,主要研究领域为美国法律史与国家建构。原文发表于《美国历史评论》(*The American Historical Review*)2008 年第 3 期。

*** 徐扬,重庆大学人文社科高等研究院博士研究生,密歇根大学法学院“格老秀斯”访问学者(2015~2016)。

**** 田雷,华东师范大学法学院教授。

Agamben)构想着新的帝国纪元内的美国霸权以及超级大国的轮廓①。只要放眼观望时事,我们不难看到:一方面,美国当下的政治、经济和国际政策所具有的全球影响力是显而易见的;但另一方面,美国历史却似乎依旧铺陈着来自他处的叙事。美国最常自我讲述的历史,非但不是权力的扩张,相反却是一种相对消极无力的故事,一个法律和政治上自我节制的温和童话。这个童话强调诸如联邦制、分权制衡、有限政府、法治、自由放任等宪法约束。即使美国人从积极的一面讲述他们的故事时,美国历史通常也被刻画为一部追求自由的历史:美国人生命不息、斗争不止,追求着政治自由、束缚解放以及公民权利、经济权利和社会权利。财产,契约以及言论、出版和结社自由成为自由市场、公民社会和民主政体的宪法支柱,同时也是一个自由民族的标志。奇怪的是,无论在旧式以自由为传统的美国政治历史中,还是在新的彰显特定文化社群的权利与力量的历史中都能找到这种童话的核心要素。因此,如何对待深刻地影响世界的这一法律、政治、经济、企业以及科技力量的兴起历史,问题会比想象中更为复杂和困难。历史学者始终未能拿出一部真实的美国哲学和政治史。②

这种历史感知与政治现实的分裂在美国并不是一个全新现象。早

---

① 参见 Michael Hardt and Antonio Negri, *Empire* (Cambridge, Mass., 2000); Giorgio Agamben, *State of Exception* (Chicago, 2005)。

② 关于以自由叙事来铺陈美国历史的不同版本,参见 Eric Foner, *The Story of American Freedom* (New York, 1999); Sara M. Evans, *Born for Liberty: A History of Women in America* (New York, 1997); Melvin I. Urofsky and Paul Finkelman, *A March of Liberty: A Constitutional History of the United States* (New York, 2001); David Hackett Fischer, *Liberty and Freedom: A Visual History of America's Founding Ideas* (New York, 2004); James M. McPherson, *Battle Cry of Freedom: The Civil War Era* (New York, 2003); David M. Kennedy, *Freedom from Fear: The American People in Depression and War*, 1929 – 1945 (New York, 2001)。倡导进行分析历史路径的历史学家包括 James Harvey Robinson, *The New History: Essays Illustrating the Modern Historical Outlook* (New York, 1912); Richard Hofstadter, "History and the Social Sciences", in Fritz Stern, ed., *The Varieties of History: From Voltaire to the Present* (New York, 1956), 359 – 370; Thomas Bender, "In Retrospect: The New History—Then and Now", *Reviews in American History* 12 (1984): 612 – 622; and Bender, "Wholes and Parts: The Need for Synthesis in American History", *Journal of American History* 73 (1986): 120 – 136. Such a perspective also animates the work of James T. Kloppenberg, *The Virtues of Liberalism* (New York, 1998); David Garland, *The Culture of Control: Crime and Social Order in Contemporary Society* (Chicago, 2001); and Pierre Rosanvallon, *Democracy Past and Future*, ed. Samuel Moyn (New York, 2007)。

在1887年《美国国家和美国人》的文章中,艾伯特·肖就曾极富洞察力地刺破了美国人的自由放任幻想:“普通美国人凭借着一种无以伦比的能力沉浸在法律的虚构和幻想之中。他们所生活的理论世界和实践世界是截然二分的。合众国人民一刻都没有放弃自由放任理论,但同时又孜孜不倦地贯彻和捍卫着一个与理论完全相悖的现实政策,却没有感受到两者之间的差距。”纵览19世纪末立法机构通过的数以千计的管制法律,艾伯特·肖总结道,“这些为数众多的新制定法都有一个显著的共同特点,就是它们完全无视自由放任原则……它们通过任何可能的人际关系介入公民的生活,仿佛要让未来的立法机关无事可管”。一百年之后,在里根执政期间,南卡罗来纳州民主党参议员欧内斯特·“弗里茨”·霍林斯(Ernest “Fritz” Hollings, D - SC)也同样观察到政府在现代生活建构中的积极角色,以及美国历史的自我讲述对这种角色的屏蔽。在1984年争取民主党总统候选人提名的演讲中,霍林斯讲述了一段有着多个不同版本的故事:“有个伙计,他从朝鲜战争回家,通过军人安置法案上大学,凭借小额商业管理贷款开办公司,通过乡村电气化为自己父母的农场通电,在陆军工程兵团的帮助下灌溉土地。他的孩子在学校得到午餐补助,其所在学校也得到国家科学基金会的实验设备赞助。他从联邦住宅管理局得到抵押借款,从联邦应急管理局得到飓风灾难补助,有一天却乘坐美国国家铁路客运公司去华盛顿向所在选区的议员抱怨,要求大政府从人民生活中走开。”这个伙计同很多美国人一样,从未认识到集体力量在他个体“独立宣言”的书写中的作用。③

③ 参见 Albert Shaw, “The American State and the American Man,” *Contemporary Review* 51 (1887): 696; E. J. Dionne, Jr., *Why Americans Hate Politics*, reprint ed. (New York, 2004)。非常感谢我的同事吉姆·斯帕罗(Jim Sparrow),正是他让我留意到霍林斯的故事,后者与西德尼·韦布(Sidney Webb)的修辞观点形成了共鸣:“一个信奉自由放任的市议员走在人行道上。市政燃气灯为这条道路提供照明,市政卫生公司用城市用水为其保持清洁。他抬头看了看市政广场中的市政钟表,意识到时间太早还无法接到在市政学校上学的孩子,该市政学校紧邻县精神病院和市政医院。他通过国家电话系统告诉他的孩子不要走人行道,而应该搭乘市政电车与他在市政阅读室见面。他打算在市政画廊、博物馆和图书馆向一些国家出版商咨询,以便准备在市政大厅的演讲,借此支持运河的国家化和加强政府对铁路系统的控制。他会说,‘先生,社会主义并不用异想天开的荒谬故事去浪费一位实践者的时间。自力更生,先生,正是个人主义的自力更生使我们的城市变成现在这样’。”详见 Sidney Webb in “Socialism in England,” *Publications of the American Economic Association* 4 (April 1889): 7 - 73, 65。

肖和霍陵斯揭示了美国历史经验中的一个核心断裂:一方面,美国人乐于向自己讲述个人主义、自我信赖、自愿主义、结社主义、自由劳动和自由市场的故事;另一方面,真实的历史却表明“具体的国家机构”完全有能力在国内外施加广泛的干涉、强制与管制力量,这两者之间存在一种紧张关系。亨廷顿曾将这这种事实与规范之间的鸿沟称为“认知失调”(cognitive dissonance):这是一种近乎病理的倾向,它将一种虚构的美国理想与历史政治现实混为一谈。从杰斐逊在《独立宣言》中对奴隶制的隐晦,到里根对约翰·温思罗普(John Winthrop)“山巅之城”的时代错误的引用,这样的例子显而易见且不胜枚举。它并非仅仅是修辞性的。在20世纪之交,罗斯科·庞德(Roscoe Pound)考察了美国最高法院由于奉行“回到过去”而在现代工业社会劳工关系中强加契约自由的幻想而对美国造成的危害。根据这种幻想,劳工关系的主体似乎仍然是就马匹交易而讨价还价或锱铢必较的农民个体一样。庞德的例子表明,核心问题在于政治经济学而非心理学。肖和霍陵斯都呈现出了一个位于社会和政治思想中心的美国式紧张——自由与强力、自由与权威、契约与强制、法律与暴力之间的张力。④

在美国这种令人困惑的自我呈现中,核心问题在于国家的性质、权力和限度。虽然现代历史很大程度都在讨论强大的民族国家的作用以及民族国家的出现、扩张和时而衰退的结果,但对美国国家的讨论(在晚近以来很可能已经更具影响力)却仍围绕着一种截然不同的历史语境和特殊的本土传统展开。在一个宣称“反国家”(anti-statism)和“无国家”(statelessness)的国度中,“美国国家”这个词仍被看作一种自相矛盾的表述。即使得到承认,美国版的国家仍被认为是未完全成形的——同现代欧洲历史上主导的成熟政府体制相比,美国国家有些不及、有些迟缓,有些发展不充分。根据这种持久的例外主义论,美国国

---

④ 参见 Samuel P. Huntington, *American Politics: The Promise of Disharmony* (Cambridge, Mass., 1981), 3, 62; Roscoe Pound, “Liberty of Contract,” *Yale Law Journal* 18 (May 1909): 454-487, 454。

家在历史上由始至终都是“弱”的，这种观念在今天仍继续阻碍着21世纪对美国国家权力的评估。这种有关美国弱国家迷思的历史错误认识的形成与破除，需要进一步的解释。

二

这种陈旧的弱国家迷思对美国政治历史而言，就如同洛克纳案之于美国宪法，自由放任之于美国经济。与洛克纳和自由放任的迷思一样，美国弱国家的论点也是美国历史例外论这一更大趋势的产物——它将美国的历史使命定义为在“旧”欧洲的历史潮流和堕落以外建构一个全新的世界。这是美国作为重生地神话的一部分——美国的亚当从一个真正的自然状态中全新出现。洛克以近乎《圣经》的基调咏叹道，“因此，在最开始时美国代表全世界”⑤。这种迷思过分强调所谓个人主义、私人权利、公民社会、自由劳动和自由经济在美国历史中的“自然”发展。同时，它也低估了集体决策、公共法律、政府和管制在美国政治经济发展中的历史及“人为”作用。在这一虚构的叙事中，国家本身被视为一种颇具威胁的欧洲创造物，这导致它在自由、无规制和无国家的美国里无法找到一席之地。

美国弱国家的观念产生于一些经典的论述和分析中。托克维尔对个人主义、结社主义、地方主义和行政去集权化的相对强调使他低估了美国国家的力量。尽管托克维尔关于民主和专制的预言在今天得到了

---

⑤ John Locke, *Two Treatises of Government*, ed. Peter Laslett (Cambridge, 1988), 301. 法国人J. 赫克托·圣约翰·克雷夫科尔在《一个美国农民的信》的第三封中剖析了他所描述的美国形象，“那么美国这个新人又是如何？……美国人抛弃了所有古老的偏见和习俗，从他所接受的新的生活方式中，从他所遵守的新的政府里，从他所担任的职务上接受了全新的习俗”。参见Crevecoeur, *Letters from an American Farmer and Sketches of Eighteenth-Century America* (1782; repr., New York, 1982), 38。这一主题的更多当代评论，参见R. W. B. Lewis, *The American Adam: Innocence, Tragedy, and Tradition in the Nineteenth Century* (Chicago, 1955); and Arthur M. Schlesinger, “What Then Is the American, This New Man?” in Schlesinger, *Paths to the Present* (Boston, 1964), 3 – 23。

验证,但他对美国国家发展的预判基本上是不准确的。“除非我犯下不可思议的错误”,托克维尔在1835年闪烁其词,“美国联邦政府将日趋变弱,逐步从公共事务中退出,不断缩小自身的活动空间。由于联邦政府生来就弱,它甚至丧失了力量的表象”。黑格尔延续了这种欧美比较传统,将美国国家视为未充分实现的政府体制。基于他所观察到的“对公共责任的彻底免疫”,黑格尔质疑美国是否是一个真正的国家:“国家存在的普遍目标并未被固定和确立,一种坚强联合的必要性也不存在。只有当阶级区分出现之后,真正的国家才会产生。”但即使在19世纪末社会经济转型之后——当时的阶级分化与公共责任明显加快,大多数评论家在回答桑巴特“为什么美国没有社会主义”的经典问题时,仍然在例外主义的美国政治文化中寻找答案。⑥

颇具讽刺意味的是,美国弱国家观念在20世纪中期达到全盛,这恰恰也是亨利·卢斯(Henry Luce)所说的“美国的世纪”。在与极权主义国家进行激烈斗争时,美国学者不愿在美国和欧洲国家主义政体之间进行直接比较。相反,“美国研究”的繁荣将新的重点置于例外主义的国家历史轨迹之上(一个不寻常的美国特殊道路),它根植于消极自由、自愿主义、自利自由主义和自我调控市场,所有这些都限制国家在美国社会经济发展中的作用。在那个政治挂帅的年代,阿瑟·施莱辛格(Arthur M. Schlesinger),丹尼尔·布尔斯廷(Daniel J. Boorstin)——在某种程度上也包括路易斯·哈兹(Louis

---

⑥ 参见 Alexis de Tocqueville, *Democracy in America*, trans. George Lawrence, ed. J. P. Mayer (New York, 1988), 394 - 395。和其他有抱负的预言家一样,托克维尔试图兼顾两者。在作出弱国家的判断之后,他又预言了向相反方向发展的可能性。“当人们注意到联邦政府的软弱会危及联盟的存在时,我可以确定人们将看到一个突然产生的支持强权的反动……任何一个观点的改变、一次国内危机或者战争都会立刻使联邦恢复它所应有的力量。”究竟哪一个判断最终成真?托克维尔巧妙地总结道:“未来是不可知的,我不可能装作无所不知。” Georg Wilhelm Friedrich Hegel, *The Philosophy of History*, trans. J. Sibree (New York, 1956), 85 - 86; Werner Sombart, *Why Is There No Socialism in the United States?* trans. Patricia M. Hocking and C. T. Husbands (White Plains, N. Y., 1976). 这些反复出现的主题有一个最流行的表述,可参考 Seymour Martin Lipset and Gary Marks, *It Didn't Happen Here: Why Socialism Failed in the United States* (New York, 2001); and Lipset, *American Exceptionalism: A Double-Edged Sword* (New York, 1997)。

Hartz)——等历史学家形成了一种令人信服和融贯的民族叙事。他们用一种持续的偏好来解释美国的特殊道路,倡导社会高于政治,个人主动高于集体行动,私人竞争和自治高于国家管制和指导。在这种意识形态浓厚的解释模式中,美国国家(以及它的公共政策和目的)的历史几乎完全消失在这种虚构的民族文化迷雾中,即便是激进的政府和管制干预也都无可寻觅。施莱辛格为进步改革所作的辩护极具典型性:“在美国时尚的背后是一种非教条的信念,它根源于为了保持传统的自我信赖和自由竞争精神而必须对新时代条件做出调整。”⑦

但是,美国迷思所具有的韧性的最显著证明在于,这种冷战时期的虚构却在冷战过后重新被新自由主义、去管制和私有化所激活。尽管在1980年代和1990年代,在一批有开创精神的历史社会学家(如西达·斯考克波)和政治学家(如史蒂芬·斯克罗尼克)的领导下,社会科学界出现了引人注目的成果,要将“国家带回到”美国历史的研究中。但“弱”国家迷思依旧持续。虽然美国政治发展中的国家中心研究已经剧增,主流的观点却仍将美国国家视为黑格尔所言的“真正国家”的虚假仿冒品,而且丝毫未变。正如斯克罗尼克极具代表性地总结道:“一个反常地引起另一个。美国的例外主义并未被20世纪的国家建构所超越,它只是采取了一种新的形式。”由于学者在测量和评估美国国家权力时所用的工具和模型来源于另一个地缘和历史环境,这种新形式的研究催生了遍布在学术著作中的各种奇怪修辞。受19世纪后半叶欧洲社会学家最先发明的历史分类学和目的论的影响,现代美国国家依旧习惯性地被描述为“例外主义的”“落后的”“不完全的”

⑦ 参见 Schlesinger, *Paths to the Present*, 22; Daniel J. Boorstin, *The Genius of American Politics* (Chicago, 1958); Louis Hartz, *The Liberal Tradition in America: An Interpretation of American Political Thought since the Revolution* (New York, 1955); John Higham, "Changing Paradigms: The Collapse of Consensus History," *Journal of American History* 76 (September 1989): 460-466。

“不稳定的”“勉强的”“分化的”⑧。运用明确的“强—弱”对立术语来讨论美国国家的趋势达到顶峰。对于大多数评论家而言,对立中强调弱的一面仍然占据优势。在许多有影响力的历史和理论记述中,美国国家仍然是一个“拼凑物”(patchwork)、“不幸的巨人”(hapless giant)、“虚弱的源泉”(weakened spring)、“未完成的征服”(incomplete conquest)以及“都铎式政体”(Tudor polity)。一言蔽之,一种时代错位。⑨

但事实上,现代美国国家绝非时代错位。在 21 世纪,它的特殊影

---

⑧ Peter B. Evans, Dietrich Rueschemeyer, and Theda Skocpol, eds., *Bringing the State Back In* (New York, 1985); Theda Skocpol, *Protecting Soldiers and Mothers: The Political Origins of Social Policy in the United States* (Cambridge, Mass., 1992); Skocpol, *Social Policy in the United States* (Princeton, N. J., 1995); Stephen Skowronek, *Building a New American State: The Expansion of National Administrative Capacities*, 1877 – 1920 (New York, 1982). 这些修辞转引自斯克罗尼克,详见 Skowronek, *Building a New American State*, 5, 288; Skocpol, *Social Policy*, 12; 也包括 Barry D. Karl, *The Uneasy State: The United States from* 1915 *to* 1945 (Chicago, 1983); Bruce S. Jansson, *The Reluctant Welfare State: A History of American Social Welfare Policies* (Belmont, Calif., 1988); Jacob S. Hacker, *The Divided Welfare State: The Battle over Public and Private Social Benefits in the United States* (Cambridge, 2002); and Seth Koven and Sonya Michel, *Mothers of a New World: Maternalist Politics and the Origins of the Welfare State* (New York, 1993)。

⑨ 参见 Frank Dobbin and John R. Sutton, “The Strength of the Weak State: The Employment Rights Revolution and the Rise of Human Resource Management Divisions,” *American Journal of Sociology* 104 (1998): 441 – 476; Gary G. Hamilton and John R. Sutton, “The Problem of Control in the Weak State: Domination in the United States, 1880 – 1920,” *Theory and Society* 18 (1989): 1 – 46; Robert C. Lieberman, “Weak State, Strong Policy: Paradoxes of Race Policy in the United States, Great Britain, and France,” *Studies in American Political Development* 16 (2002): 138 – 161。正如 J. P. Nettl 对美国社会思想中的无国家传统所作的总结,“长久以来被托克维尔预言为平等主义和多元主义的社会一直在整个广袤大陆上被制度化,美国社会科学中的相对‘无国家’与美国社会的相对‘无国家’相呼应。只需要阅读西摩·马丁·李普塞特(Seymour Martin Lipset)或者威廉·C. 米切尔(William C. Mitchell)的著作,人们就会发现,美国社会政治的自我审视并未为国家的任何正当概念留下空间”。详见 J. P. Nettl, “The State as a Conceptual Variable,” *World Politics* 20 (July 1968): 559 – 592, 561; Skowronek, *Building a New American State*, 37, 290; Wallace D. Farnham, “‘The Weakened Spring of Government’: A Study in Nineteenth-Century American History,” *American Historical Review* 68, no. 3 (April 1963): 662 – 680; Bertrand Badie and Pierre Birnbaum, *The Sociology of the State* (Chicago, 1983), 130; Theodore J. Lowi, *American Government: Incomplete Conquest* (Hinsdale, Ill., 1976); Samuel P. Huntington, “Political Modernization: America vs. Europe,” *World Politics* 18 (1966): 378 – 414, 382。

响已经激起一波历史修正主义的浪潮。这种修正直接建立在一批资深学者的贡献之上——如莫顿·凯勒、哈里·斯切伯、塞缪尔·黑斯、埃利斯·霍利、巴里·卡尔、路易斯·加兰博斯、西奥多·洛伊等人——他们逆流而动,详细地考察了现实中美国国家的权力和政策[10]。此外,如果没有西达·斯考克波、史蒂芬·斯克罗尼克、卡伦·奥伦和他们的学术团队给国家研究带来的新活力和新见解,以及像《美国政治发展研究》《历史政治刊物》这样一批有影响的刊物的早期供稿人,重新思考将是难以想象的。但是,在相对年轻的学者群体中,这些修正史学的研究已经有了自己的生命力和研究议程——这些历史和政治学者成长时,正值美国的法律和经济制度在全球急剧扩张,而欧洲国家却处在相对自制和少有威胁性的时刻。而到了21世纪初,这种美国国家权力显而易见的现实,迫使学者们重新思考这段全球利维坦兴起的历史。[11]

---

⑩ 若想进一步浏览这些成果丰硕的学者,可参见 Morton Keller, *Affairs of State: Public Life in Late Nineteenth Century America* (Cambridge, Mass., 1977); Harry N. Scheiber, *Ohio Canal Era: A Case Study of Government and the Economy*, 1820 – 1861 (Athens, Ohio, 1969); Samuel P. Hays, *American Political History as Social Analysis* (Knoxville, Tenn., 1980); Ellis Hawley, *The New Deal and the Problem of Monopoly* (Princeton, N. J., 1966); Barry Karl, *The Uneasy State: The United States from* 1915 *to* 1945 (Chicago, 1983); Louis Galambos, ed., *The New American State: Bureaucracies and Policies since World War II* (Baltimore, Md., 1987); Theodore J. Lowi, *The End of Liberalism: Ideology, Policy, and the Crisis of Public Authority* (New York, 1969); David R. Mayhew, *Divided We Govern: Party Control, Lawmaking, and Investigations*, 1946 – 1990 (New Haven, Conn., 1991); Otis L. Graham, *Toward a Planned Society: From Roosevelt to Nixon* (New York, 1976); Thomas K. McCraw, *Prophets of Regulation: Charles Francis Adams, Louis D. Brandeis, James M. Landis, Alfred E. Kahn* (Cambridge, Mass., 1984); Martha Derthick, ed., *Dilemmas of Scale in America's Federal Democracy* (New York, 1999); William R. Brock, *Investigation and Responsibility: Public Responsibility in the United States*, 1865 – 1900 (New York, 1984); W. Elliot Brownlee, ed., *Funding the Modern American State*, 1941 – 1995: *The Rise and Fall of the Era of Easy Finance* (New York, 1993)。

⑪ 关于卡伦·奥伦(Karen Orren)和史蒂芬·斯克罗尼克(Stephen Skowronek)的文献目录,参见 *The Search for American Political Development* (New York, 2004),它是理解第一波政治科学研究浪潮的杰出指南,与这篇文章方向类似的最新评论有 Desmond King and Robert C. Lieberman, "Ironies of State Building: A Comparative Perspective on the American State" (forthcoming, 2008); Peter Baldwin, "Beyond Weak and Strong: Rethinking the State in Comparative Policy History", *Journal of Policy History* 17 (November 2005): 12 – 33; and Richard R. John, ed., *Ruling Passions: Political Economy in Nineteenth Century America* (University Park, Pa., 2006)。

这种修正最具意义和持久的信条在于,较之于先前美国历史叙事的讲述,美国国家其实更强力,更广阔,更坚决,也更具再分配能力。新的美国国家历史研究致力于抓住现代美国历史的一个基本事实——法律经济和地缘政治霸权的发展。这也是当代美国历史学者所致力于去解释的。在强调美国国家局限、软弱和滞后的"例外主义"分析洪流中,美国历史学者对"房间里的大象"(the elephant in the room)——世界历史上最强大的民族国家权威的稳步增长——视若无睹。

为了解释这种强有力的现实,美国历史学有了新的导向,由此揭示出共和国早期以来美国国家权力建构的充分证据。例如,马克斯·埃德灵(Max Edling)最近围绕着强大的"财政—军事"国家的建构重新讲述了建国历史,这也进一步证实了汉娜·阿伦特的观察,即"美国宪法的真正目的是创建而非限制权力,实际上是适当地建立一个新的权力中心"。如果美国历史上确实有过"弱"国家,那也应该是在《邦联条款》时期——一个在明显的国家建设行动中被迅速取缔的政府。而根据杰瑞·马肖(Jerry Mashaw)的研究,集权且强有力的国家行政法可追溯至共和国建国初年,由此挑战了国家官僚机构和行政管制权威在州际贸易委员会成立时才出现的历史虚构。理查德·约翰(Richard John)详尽地重新讲述了国家在提升和管理通讯基础设施(从邮局到电报和电话)时无所不在的角色,单凭一己之力修正了19世纪缺乏中央政府管控的观点。在理查德·怀特(Richard White)重新讲述的美国西部历史中,联邦政府的权力对印第安移民、军事和商业的发展以及西部扩张都起到了关键作用。正如这一代社会和文化历史学者的研究所表明,印第安迁移、奴隶制、移民限制以及种族、宗教、性别的隔离与歧视并非源于自由放任。事实上,国家的踪迹无所不在。⑫

⑫ 参见 Max M. Edling, *A Revolution in Favor of Government: Origins of the U. S. Constitution and the Making of the American State* (New York, 2003); Hannah Arendt, *On Revolution* (New York, 1963), 152; Jerry L. Mashaw, "Recovering American Administrative Law: Federalist Foundations, 1787 - 1801", *Yale Law Journal* 115 (2006): 1256 - 1344; Richard R. John, *Spreading the News: The American Postal System from Franklin to Morse* (Cambridge, Mass., 1995); John, "Governmental Institutions as Agents of Change: Rethinking American Political Development in the Early Republic, 1787 - 1835", *Studies in American Political Development* 11 (Fall 1997): 347 - 380; John Lauritz Larson, *Internal Improvement: National Public Works and the Promise of Popular Government in the Early United States*

在以“国家和工会”为主题的学术研究中,美国国家在管制劳工方面强有力的角色已成为占主导地位的主题。其中,理查德·本塞尔(Richard Bensel)将注意力重新聚焦于经济政策制定在全国(之后扩展到全球)商业市场建立中的作用。从禁酒令的短暂试验,到刑事审判的持续发展,治安管制在社会领域内(较之于经济领域)也同样常见。在这里不要忘记,密尔《论自由》中的政府扩张案例是源于美国而非欧洲,其中最为著名的包括星期天法案、对酒的管制以及对摩门教的迫害。⑬

美国财政、税收、价格和货币政策的建构力量也正在吸引新的关注。戴维·莫斯(David Moss)记述了美国国家进行积极风险管制的悠久历史。而根据米歇尔·兰迪斯·多伯(Michele Landis Dauber)的描

(*Chapel Hill*, *N. C.*, 2000); Mark R. Wilson, The Business of Civil War: Military Mobilization and the State, 1861 - 1865 (*Baltimore*, *Md.*, 2006); Richard White, "It's Your Misfortune and None of My Own": A New History of the American West (*Norman*, *Okla.*, 1991); Don E. Fehrenbacher, The Slaveholding Republic: An Account of the United States Government's Relations to Slavery (*New York*, 2001); Mae M. Ngai, Impossible Subjects: Illegal Aliens and the Making of Modern America (*Princeton*, *N. J.*, 2005); Gary Gerstle, American Crucible: Race and Nation in the Twentieth Century (*Princeton*, *N. J.*, 2002); Nayan Shah, Contagious Divides: Epidemics and Race in San Francisco's Chinatown (*Berkeley*, *Calif.*, 2001); Sarah Barringer Gordon, The Mormon Question: Polygamy and Constitutional Conflict in Nineteenth-Century America (*Chapel Hill*, *N. C.*, 2002); Barbara Young Welke, Recasting American Liberty: Gender, Race, Law, and the Railroad Revolution (*New York*, 2001)。

⑬ 参见 Christopher L. Tomlins, *The State and the Unions*: *Law and the Organized Labor Movement in America*, 1880 - 1960 (New York, 1985); Nelson Lichtenstein and Howell John Harris, eds., *Industrial Democracy in America*: *The Ambiguous Promise* (New York, 1993); William E. Forbath, *Law and the Shaping of the American Labor Movement* (Cambridge, Mass., 1991); Daniel R. Ernst, *Lawyers against Labor*: *From Individual Rights to Corporate Liberalism* (Urbana, Ill., 1995); Ernst, "Law and American Political Development, 1877 - 1938," *Reviews in American History* 26 (March 1998): 205 - 219; Richard Franklin Bensel, *The Political Economy of American Industrialization*, 1877 - 1900 (New York, 2000); Colleen A. Dunlavy, *Politics and Industrialization*: *Early Railroads in the United States and Prussia* (Princeton, N. J., 1994); Richard Sylla, "The Progressive Era and the Political Economy of Big Government," *Critical Review* 5 (1992): 531 - 557; Richard F. Hamm, *Shaping the Eighteenth Amendment*: *Temperance Reform*, *Legal Culture*, *and the Polity*, 1880 - 1920 (Chapel Hill, N. C., 1995); Michael Willrich, *City of Courts*: *Socializing Justice in Progressive Era Chicago* (New York, 2003); David S. Tanenhaus, *Juvenile Justice in the Making* (New York, 2005); Rebecca McLennan, *The Crisis of Imprisonment*: *Protest*, *Politics*, *and the Making of the American Penal State* (New York, 2008); Markus Dirk Dubber and Mariana Valverde, eds., *The New Police Science*: *The Police Power in Domestic and International Governance* (Palo Alto, Calif., 2006); John Stuart Mill, "*On Liberty*" *and Other Writings* (Cambridge, 1989), 89 - 91。

述,美国的国家应急和灾难救济也有类似的历史。以克里斯托弗·霍华德、雅各布·哈克、珍妮弗·克莱因、约翰·威特、詹姆斯·伍顿为代表的历史学家也开始重新评估美国"隐藏的"社会福利和社会保险国家所具有的强大再分配作用。在西德尼·缪奇斯、丹尼尔·卡彭特和布赖恩·巴洛等历史学者的笔下,20世纪联邦行政和官僚机构的急剧增长已经呈现出新的意义。如果继续固守弱国家的传统,人们很难合理解释美国军事力量和国内外贸易的发展,更不用说监狱、死刑、种族隔离、行政紧急权和战争权在美国公共生活中的作用。美国"弱"国家、无国家和反国家观点正在被迅速摒弃。这样的表述不再能解释过去,自然也无法面对现实。⑭

⑭ 参见 Julian E. Zelizer, *Taxing America: Wilbur D. Mills, Congress, and the State, 1945 - 1975* (New York, 2000); Ajay K. Mehrotra, "Envisioning the Modern American Fiscal State: Progressive-Era Economists and the Intellectual Foundations of the U. S. Income Tax", *UCLA Law Review* 52 (August 2005): 1793 - 1866; Meg Jacobs, *Pocketbook Politics: Economic Citizenship in Twentieth-Century America* (Princeton, N. J., 2005); David A. Moss, *When All Else Fails: Government as the Ultimate Risk Manager* (Cambridge, Mass., 2002); Michele Landis Dauber, "Fate, Responsibility, and 'Natural' Disaster Relief: Narrating the American Welfare State", *Law and Society Review* 33 (1999): 257 - 318; Christopher Howard, *The Hidden Welfare State: Tax Expenditures and Social Policy in the United States* (Princeton, N. J., 1997); Hacker, *The Divided Welfare State*; Jennifer Klein, *For All These Rights: Business, Labor, and the Shaping of America's Public-Private Welfare State* (Princeton, N. J., 2003); John Fabian Witt, *The Accidental Republic: Crippled Workingmen, Destitute Widows, and the Remaking of American Law* (Cambridge, Mass., 2004); James A. Wooten, *The Employee Retirement Income Security Act of 1974: A Political History* (Berkeley, Calif., 2004); Michael B. Katz, *The Price of Citizenship: Redefining the American Welfare State* (New York, 2001); Edward D. Berkowitz, *America's Welfare State: From Roosevelt to Reagan* (Baltimore, Md., 1991); Sidney M. Milkis, *The President and the Parties: The Transformation of the American Party System since the New Deal* (New York, 1993); Daniel P. Carpenter, *The Forging of Bureaucratic Autonomy: Reputations, Networks, and Policy Innovation in Executive Agencies, 1862 - 1928* (Princeton, N. J., 2001); Brian Balogh, *Chain Reaction: Expert Debate and Public Participation in American Commercial Nuclear Power, 1945 - 1975* (New York, 1991); Joanna Lynn Grisinger, "Reforming the State: Reorganization and the Federal Government, 1937 - 1964" (Ph. D. diss., University of Chicago, 2005); David Garland, "Capital Punishment and American Culture," *Punishment & Society* 7 (2005): 347 - 376; Bartholomew H. Sparrow, *From the Outside In: World War II and the American State* (Princeton, N. J., 1996); Michael J. Hogan, *A Cross of Iron: Harry S. Truman and the Origins of the National Security State, 1945 - 1954* (New York, 2000); James T. Sparrow, "Americanism and Entitlement: Authorizing Big Government in an Age of Total War" (unpublished ms.); Ira Katznelson and Martin Shefter, eds., *Shaped by War and Trade: International Influences on American Political Development* (Princeton, N. J., 2002)。

尤其在我们当下所处的新自由主义时刻,我们更不应该自欺欺人,认为美国国家在经历新政和二战、伟大社会运动和越南战争之后正在以某种方式退回到一个更为常见的私有化、去管制和自由放任的模式中。尽管新自由主义的修辞再起,美国政府管制、审查、命令、规训和处罚公民(同样也包括外国公民)的权力却从来没有像今天如此强大。当面对当代新自由主义时,我们更应该理解谢尔登·沃林(Sheldon Wolin)所说的现代性晚期的“权力悖论”——“权力在集中的同时也在离散”。⑮

与美国弱国家的迷思相反,上述已经开启的历史修正研究正致力于记录始终贯穿美国历史的自觉且持续的国家权力建构历程。这种国家发展的叙事并不能归入既有的范畴,无论是经典自由主义与现代社会民主,还是镀金时代的保守主义与进步时代的改革。它与美国自由放任、自愿主义和反国家主义也毫无相似之处。相反,它是美国政府异常强大的现代机制的建构故事。自由主义与法治都是这种新国家体制的关键部分。正如法兰克福学派社会学理论家弗朗茨·诺伊曼(Franz Neumann)所告诫的,我们不应该因为将自由与法律的元素等同于软弱而成为“历史谬论的受害者”。“自由国家总是能强大到回应政治、社会形势以及社会利益的要求。它发动战争,镇压罢工;在强海军的支持下保护投资,在强陆军的支持下防卫和扩张疆域,在警察的保护下恢复‘和平和秩序’。它既基于暴力,也依赖法律,既立足主权,也关怀自由。”美国自由国家这种复杂的特点——同时拥抱权力和法律、主权和自由、契约和强制——需要新的历史评价方法。⑯

---

⑮ 参见 Sheldon S. Wolin, *Politics and Vision*: *Continuity and Innovation in Western Political Thought*, expanded ed. (Princeton, N. J. , 2004), xxi; David Harvey, *A Brief History of Neoliberalism* (New York, 2005); John L. Comaroff and Jean Comaroff, eds. , *Millennial Capitalism and the Culture of Neoliberalism* (Durham, N. C. , 2001)。

⑯ 参见 Franz L. Neumann, “The Change in the Function of Law in Modern Society”, in William E. Scheuerman, ed. , *The Rule of Law under Siege*: *Selected Essays of Franz L. Neumann and Otto Kirchheimer* (Berkeley, Calif. , 1996), 101 – 141, 101。也可参见 Paul Starr, *Freedom's Power*: *The True Force of Liberalism* (New York, 2007)。

三

针对历史社会学和政治发展的最新研究,社会学家安德鲁·阿伯特(Andrew Abbott)提出了一个颇具挑战的评论。他将关注点集中在经典社会理论(黑格尔、马克思、韦伯、涂尔干及其继承者)的"欧洲主线传统"所带来的支配性的文献影响,后者主导着有关现代性的社会政治条件思考,但同时也几乎完全无视美国的社会理论(如詹姆斯、皮尔斯、沃德、杜威、库利、密德、托马斯等)。当我们思考现代国家发展的范式时,阿伯特的观察更为贴切。困扰美国国家历史研究产生的关键问题,在于生搬硬套一个世纪前的理论框架来解释美国经验,但这一理论框架却是为现代欧洲民族国家的出现而设计的。尤为突出的是,马克斯·韦伯的理想分类学完全支配了现有的评价。政府组织与政策制定通常以韦伯的理论加以衡量。在韦伯看来,现代国家的主要特点包括:(1)向立法负责,具有理性化和普遍化特点的法律与行政程序;(2)根据非人格化的行政管制命令执行公务的官僚机器;(3)在国家管辖范围内通过法律约束(统治和管理)所有国家公民及其行为的权力;(4)在给定的领土范围内由适当方式构成的政府使用武力、暴力和强制力的合法权威。统一化、集权化、理性化、组织化、行政化和官僚化成为一种理论标志,借此来衡量一个国家是否在本质上是得到充分发展的现代国家。任何与这种欧洲模型不同或背离的国家都被视为发展不充分的或落后的,后者通常归咎于英国或美国的特殊和古怪。在发源于欧洲大陆的社会理论目的论中,美国国家几乎注定不足——注定处于永久的“弱”国家状态。[17]

但是否存在不同的国家发展模式？是否存在审视美国国家的新方法——从内部而非外部？是否存在其他评价美国政府所特有的技术、功能和过程的方法，而不简单地将这些差异视作缺陷和短处？是否还有其他的解释工具，可以更好地诠释美国统治机器所特有的权力？我们是否可以为美国国家争取更多的解读空间？

这种已经启航的历史修正在正视和祛魅美国国家的方向上取得进展。事实上，透过这些新的历史叙述的缝隙，我们可以开始发现美国国家发展模型的轮廓。其中有五个特别显著的主题：第一，对理论上被贴上“弱”标签的国家历史力量的不断增长的认识；第二，权力的实用主义路径；第三，对美国国家建设中分配作用的认可；第四，对美国法治力量的现实主义解释；第五，公私二分的批判性质疑。

作为强国家的弱国家。无疑曾有过一个时期，依照韦伯定义的特征（中央集权化、理性化和科层化）来衡量国家力量和政治现代性不无道理。在20世纪早期，这种国家主宰着世界舞台。而且在当时看来，未来似乎也会如经典社会理论所预期的方向发展。但若从21世纪早期的观点出发，问题则截然不同。现在看来，高度集权化和科层化的国家机构与其说是现代的，不如说是过时的。它反映出一个因全球化、弹

---

[17] 参见 Andrew Abbott, “A Brief Note on Pasturization”, *International Journal of Comparative Sociology* 47 (2006): 343 – 348。艾伯特将这种美国社会理论界的欧洲垄断现象归结为塔尔科特·帕森斯的长期阴影，见 Talcott Parsons, *The Structure of Social Action: A Study in Social Theory with Special Reference to a Group of Recent European Writers*, 2 vols. (New York, 1937); Charles Camic, “Reputation and Predecessor Selection: Parsons and the Institutionalists”, *American Sociological Review* 57 (August 1992): 421 – 445; Max Weber, *The Theory of Social and Economic Organization*, trans. A. M. Henderson and Talcott Parsons (New York, 1947), 154 – 156; Weber, *Economy and Society: An Outline of Interpretive Sociology*, ed. Guenther Roth and Claus Wittich, 2 vols. (Berkeley, Calif., 1978), 1: 217 – 220; Anthony Giddens, *Capitalism and Modern Social Theory: An Analysis of the Writings of Marx, Durkheim and Max Weber* (Cambridge, 1971); Bob Jessop, *State Theory: Putting the Capitalist State in Its Place* (Cambridge, 1990)。

性专业化、业务外包、网络化、组织和政府的开源模式而日益过时的政治实体概念。考虑到21世纪变化了的评价尺度和社会地理学的发展,经典社会理论的理想类型国家更像是历史的回声,而非未来的预言。此外,与英国和美国国家相比,一些高度集权化和科层化的威权主义国家在很大程度上被证实是短命和脆弱的,这也反映出强弱概念也许并不能很好地匹配经典分类。事实上,近年来一大批学者已经开始探索历史上被视为"弱"的国家(尤其是美国)所蕴含的不寻常力量。[18]

但最终,将弱国家视为强国家,或将强国家视为弱国家只是更加证明了现有理论框架的局限和解释话语的偏差。毕竟,当我们谈论一个国家的强弱时,所指的又是什么呢?是说政府的组织还是公共权威的限度,结构还是功能,程序还是实体,输入还是输出,规模还是范围,法律的制定还是执行,人民抑或政策?当针对致力多面向性的非常有趣的实体讨论恰好开始之时,强国家和弱国家之辩通常发展成一个非常无趣(且无休止)的讨论,这一讨论仅仅局限于适当的评估测量单位。

社会学家迈克尔·曼(Michael Mann)提出了一种走出困境的方法,他根据国家权力的两种不同意义将其分为专制权力(despotic power)和基础权力(infrastructural power)。所谓专制权力,是指国家精英在不受其他权力中心与民间社会制约的条件下进行统治的组织能力。相比之下,基础权力指国家在给定管辖区域内"渗入公民社会"并执行政策的积极能力。通过对概念的区分,迈克尔·曼非常恰当地解释了围绕美国国家权力产生的混乱。美国国家是基于防止专制权力的

---

⑱ 关于测量尺度、社会地理学与治国之策之间的相互关系,参见 Benjamin Constant, *Political Writings* (Cambridge, 1988); Craig Calhoun, "The Infrastructure of Modernity: Indirect Social Relationships, Information Technology, and Social Integration", in Hans Haferkamp and Neil J. Smelser, eds., *Social Change and Modernity* (Berkeley, Calif., 1992), 205 - 236; and Manuel Castells, *The Rise of the Network Society* (Oxford, 2000)。Dobbin and Sutton, "The Strength of the Weak State"; Lieberman, "Weak State, Strong Policy."

目的而组织起来的（如同产生它的美国革命）。它非常沉醉于权力的分割和分配，以及在正式的宪法框架内实现制约和平衡：联邦、州和地方，行政、立法和司法，民选官员与任命官员，任期制与终身制，大州与小州，政府第四分支（行政机关）和独立的第四权力（媒体）的制衡。毫无疑问，当人们宽泛地讨论反国家和无国家时，人们内心所指其实是政府组织的分离和分散。法史学家詹姆斯·赫斯特（James W. Hurst）根据反垄断倾向准确地定义了美国宪政。根据他的定义，反垄断旨在平衡权力和控制国家精英的自治权威：“任何组织化的权力都应该以目的和手段的标准加以衡量，这些标准不能被当前的权力拥有者自己规定或执行。它可以简洁地表述如下：不要让任何权力拥有者成为衡量自己权力执行目的和方式的法官。”⑲

但当美国的专制权力受到限制的同时，基础权力的规模和范围却是广泛的。从第一代治理机构的建立，到西部领土的扩张；从为促进商业贸易而修建的大量公共基础设施，到强大的防卫和军事机构的建立；从治安、管制、行政和再分配权力的扩张，到民族文化形成过程中新的管制方法（包括对公民和外国人，种族、道德与性别关系的管制）的创立，美国国家的基础权力有时毫无止境，甚至没有边界，就如同美国法律、公司、经济、文化的规范风靡全球一样。正是这种基础权力解释了美国“弱”国家或无国家所难以理解的问题。它也提出了一个有趣的解读路径——美国国家的反专制组织事实上完全可以提升它的基础能力。

欧洲社会理论或许是我们可以想到的衡量和比较国家专制权力的最好模型。毕竟，专制统治是欧洲政治思想多数时期的主要问题。但对

---

⑲ 参见 Michael Mann, “The Autonomous Power of the State: Its Origins, Mechanisms, and Results”, in John A. Hall, ed., *States in History* (Oxford, 1986), 109 – 136; James Willard Hurst, “Problems of Legitimacy in the Contemporary Legal Order”, *Oklahoma Law Review* 24 (1971): 224 – 238, 225; Hurst, *Justice Holmes on Legal History* (New York, 1964), 29, 31。有关这一论题的更多讨论，参见 William J. Novak, “Law, Capitalism, and the Liberal State: The Historical Sociology of James Willard Hurst”, *Law and History Review* 18 (2000): 97 – 145。

于理解基础权力——对人民有实际影响的国家政策的真实权力——美国社会理论更具优势。在人民主权、民主社会和现代经济环境中产生的一种全新的强制权问题——这种权力更为分散、隐蔽和模糊,既有公共一面,也有私有一面,它很难简单地等同于个人(国王)和机构(教会)的关系,且与现代社会经济组织的日常结构融为一体——这也是早期美国社会科学的问题。威廉·詹姆斯和约翰·杜威的实用主义学说,理查德·伊利和约翰·康芒斯的制度经济学,莱斯特·弗兰克·沃德和查尔斯·霍顿·库利的社会学以及罗斯科·庞德和罗伯特·李·黑尔的功能法学,为我们提供了一个审视现代国家发展的替代模式。⑳

实用主义。威廉·詹姆斯、约翰· 杜威及其追随者的实用主义学说的一个重要的成果,是锻造出一种普通的怀疑态度,它质疑各种抽象理论、形式定义、理想分类和形而上学能否准确反映现实世界(法律现实主义者费利克斯·科恩所言的"先验的无意义")。与用理想的理论模型来评估现实世界不同,实用主义倡导一种更为自下而上的路径——检验观念和制度是如何在现实世界中发挥实际作用。实用主义提倡一种面向知识和调查的反形式主义、现实主义、多元化和工具化路径。它通过研究结果(观念和机构在实践中的真实作用和影响)来评价真理宣言。正如詹姆斯颇具挑战性地提出,真理是作用于观念的某种事物——它的"实用价值"在于有效地帮助我们超越具体情景来理解人类历史经验。实用主义没有纠缠于就定义、本质、规范、公式、模型

---

⑳ 例如,可参见 William James, *Pragmatism: A New Name for Some Old Ways of Thinking* (New York,1907); John Dewey, *Liberalism and Social Action* (New York,1935); Richard T. Ely, *Property and Contract in Their Relations to the Distribution of Wealth*, 2 vols. (New York, 1914); John R. Commons, *Institutional Economics: Its Place in Political Economy* (New York, 1934); Lester Frank Ward, *Dynamic Sociology; or, Applied Social Science* (New York, 1898); Charles Horton Cooley, *Social Organization: A Study of the Larger Mind* (New York, 1909); Roscoe Pound, "The Scope and Purpose of Sociological Jurisprudence", 3 pts., *Harvard Law Review* 24 (1911): 591 – 619, 25 (1912): 140 – 168, 489 – 516; Robert Lee Hale, "Coercion and Distribution in a Supposedly Non-Coercive State", *Political Science Quarterly* 38 (1923): 470 – 494。

和基本原则进行无休止的形而上学争论，而是提倡就理念对当下活着的人所产生的现实影响进行实际的社会调查。㉑

实用主义方法的影响不仅表现在哲学上。在法学、经济学、社会学、政治学和历史学上，实用主义路径规定了20世纪早期的美国社会理论和社会科学。在法律、统治方法和治国策上，实用主义厌倦于就国家的形式特征、法治的本质和主权的定义作过分专业的讨论，转而追求对运行中的国家政策和政府实践做更多的社会调查。例如，康芒斯毫不理会在国家和主权性质争论中所花费的智识冗词，相反却很欣赏对政府的日常行为做更具现实性的考察。康芒斯仅仅将国家作为一个“动态的存在”加以探讨，通过观察它在现实世界中的行为加以理解。对于康芒斯来说，“现实中的国家”不过是“行动中的官员”。在法律上，法律现实主义者卡尔·卢埃林（Karl Llewellyn）记录了一个类似的转向，他抛弃了就法律本质的规范性辩论所产生的“虚构、废话和空话”，继而对法律行为而非法律理论进行直接的审视。卢埃林延续了康芒斯的现实主义、讲究实际和行动指向的路径：“争议的处理就是法律的事务，只要拥有处理权，不管他们是法官、行政长官、办事员、狱卒抑或律师，都属于法律官员。在我看来，这些官员对争议的处理就是法律本身。在这当中，所有能帮助你观察或预测官员行为的规则都是重要的，这是它们除漂亮的消遣之外的全部重要性所在”。㉒

换言之，有关美国国家的实用主义和现实主义路径，避开了支配国家理论的抽象形式的定义和类型学——它们常常低估了美国的国

㉑ 参见 Felix Cohen, “Transcendental Nonsense and the Functional Approach”, *Columbia Law Review* 35（1935）：809－849；James, *Pragmatism*, 74, 201。有关美国实用主义的杰出论述，可参考 James T. Kloppenberg, *Uncertain Victory*: *Social Democracy and Progressivism in European and American Social Thought*（New York, 1986）。

㉒ 参见 John R. Commons, *The Legal Foundations of Capitalism*（Madison, Wis., 1957）, 367；Commons, *A Sociological View of Sovereignty*, 1899－1900（New York, 1965）；Karl N. Llewellyn, *The Bramble Bush*: *Some Lectures on Law and Its Study*（New York, 1930）, 3－5。

家权力。相反,它鼓励人们详细地观察各类官员(不仅是国家精英,还包括市长、议员、职员、监管者、税收员、行政法院法官、警察、狱卒和大陪审团)的实际行为。不同于法律或国家的性质和本质这些更基本的问题,实用主义视角指向行动导向的"如何"问题——公务员如何行为,政策如何制定,政府如何发挥功能。实用主义借助于"公共行为的技术"来审视国家,这种技术在现实世界中影响人们的日常行为和实践。公共权力的这种积极的面向社会问题(社会学的)的概念——权力就是权力所为——代表了一个全面衡量美国国家的更优选择。㉓

权力的分配。美国国家权力如此隐蔽的一个重要原因,在于它广泛地混合在不同机构、辖区、部门、办公室、程序、规定、习俗、法律和规章之中。共有超过 89,000 个独立的政府单位在美国运转。在联邦政府和 50 个州政府之下,3033 个县,19,492 个市政府,16,519 个镇政府,37,381 个特区政府以及 13,051 个学区各就各位地共同发挥作用。在联邦政府内部,权力的分立、分离和分配是主导性的。立法分支包括 2 个议院,435 个国会选区以及超过 200 个委员会或小组委员会。司法分支也包括了 94 个独立的联邦司法区和大量专门法院。行政分支有 15 个独立的部和超过 137 个联邦机构和委员会,仅仅在 2006 年,《联邦公报》就使用了 8 万页来登载它们所提出的规则、规章和命令。

通过观察像刑事执法这样单一的政策制定领域,人们可以更好地理解美国国家组织超乎寻常的广泛性和多样性。在 2004 年,接近 18,000 个地方和州治安机构雇佣了 731,903 个全职执法人员。类似于联邦调查局、联邦监狱局、美国海关和移民局这样的联邦机构雇佣了 106,000 名公务员。1995 年和 1999 年,对惩罚和监禁的人口普查见证

㉓ 参见 Hendrik Hartog, *Public Property and Private Power: The Corporation of the City of New York in American Public Law*, 1730 - 1870 (Chapel Hill, N. C., 1983), 66。

了一个持续增长的巨大监狱网络:3365 个地方监狱关押了 605,943 个犯人,1375 个州监狱有 941,642 个犯人,125 个联邦监狱有 81,930 个犯人。美国的惩罚教养系统雇佣了超过 50 万人。仅仅是美国伊利诺伊州库克县的州检察官办公室就拥有 900 多名检察官。这一庞大的刑事司法系统与美国军方机构和国家安全机构相比仍然相形见绌。这种超乎寻常的官僚分布自然不会是弱国家的产物。它也并非最新发明的结果。实事求是地看,美国政府及其活动的剧增已然发展为一个庞然大物。㉔

美国国家独特的扩展方式是其特有力量和难以察觉的关键所在。在经典的欧洲社会理论中,国家借助于理性化权威、监督和申诉的清晰线条,通过组织化的等级职位结构垂直整合起来。与此相反,美国国家组织更为扁平化。权力是分开、分离而非聚集的。管辖范围经常重叠,权威时常向下授予相对自治的低级政府单位。类似的例子包括美国地方学校董事会在历史上的权力以及自治市的自治权。治安权——政府为促进公共卫生、公共安全和公共福利而进行管制的开放权力——在形式上仍然掌握在各州而非联邦政府手中。在美国宪法的二元联邦主义条款下,联邦政府只有被授予的特定权力。第十修正案保留了所有未授予联邦政府而归于各州(这点让经典国家理论更难想象)和人民的权力。因此,如果只通过观察国家中心或联邦官僚机构来评估美国国家权力或公共政策的范围,将会遗漏边缘地区(地方和州层面上)的众多行为。杰克·格瑞尼(Jack Greene)指出,美国政府自边缘开始,发展出远离帝国中心的自治权

㉔ 具体的数据来源详见 United States Department of Commerce, *Census of Governments* (Washington, D. C., 2007); United States Department of Justice, *Census of State and Local Law Enforcement Agencies* (Washington, D. C., 2004); United States Department of Justice, *Census of Federal Law Enforcement Officers* (Washington, D. C., 2004); United States Department of Justice, *Census of State and Federal Correctional Facilities* (Washington, D. C., 1995); United States Department of Justice, *Census of Jails* (Washington, D. C., 1999)。

力。美国国家通过发展有效的管理机制而成长起来,这些机制管理着不断扩张且迥异的领土。因此,只有更好地理解边缘地区的权力,才能理解美国国家这一术语。㉕

当经典国家理论专注于评估中心地区的国家权力时,它并不能有效地衡量边缘地区的权力扩张。边缘权力是通过基础权力加以定义的——国家到其最远疆域的影响范围。边缘地区有效的基础权力工具与中央地区古老的专制统治策略不同——正如在中心保卫王权威严与在边疆管理人民的日常实践不同一样。事实上,反专制政府结构通常是有效的基础统治和边缘扩张的前提。因此,分散、分配、代表、公私混合、权力共享、开放和民主过程、大众监督和地方自治并不必然成为弱国家的标志。相反,它在很多情况下是政府基础统治力量的前提。借助于对国家行为分布技术的独特安排——分离主权、权力分割、联邦主义、代表制、合作和法治,美国政府体制允许国家超乎寻常地渗透公民社会直至边缘地区。它同时也接纳了大众和法律的统治合法性,而这些在绝大多数中央专制国家中是不存在的。

法治。美国国家权力的实用主义路径要求对实践中的国家而非理论上的国家进行新的审视——采取自下而上而非自上而下的视角,同时考虑边缘和中心,扁平组织和垂直统一,权力的分散、分离、代表性和权力的集权化、理性化、聚集化。此外,还有另外一个全面理解美国国

㉕ 参见 Thomas J. Sugrue, "All Politics Is Local: The Persistence of Localism in Twentieth-Century America", in Meg Jacobs, William J. Novak, and Julian E. Zelizer, eds., *The Democratic Experiment: New Directions in American Political History* (Princeton, N. J., 2003), 301 - 326; David Barron, "Reclaiming Home Rule", *Harvard Law Review* 116 (2003): 2255 - 2386; William J. Novak, *The People's Welfare: Law and Regulation in Nineteenth-Century America* (ChapelHill, N. C., 1996); Edward S. Corwin, "The Passing of Dual Federalism", *Virginia Law Review* 36 (1950): 1 - 24; Harry N. Scheiber, "Federalism and Legal Process: Historical and Contemporary Analysis of the American System", *Law & Society Review* 14 (1980): 663 - 722; Jack P. Greene, *Peripheries and Center: Constitutional Development in the Extended Polities of the British Empire and the United States*, 1607 - 1788 (Athens, Ohio, 1986)。

家权力的必要因素，这就是法治。美国治理的一个独特之处，在于法律在国家建构和政策发展中的中心地位。从宪法在建国中的核心作用，到法律、法官、法院、律师和法定标准在日常政策制定中的普遍作用，美国无疑是一个法治国度。

但正如权力的分配和分离一样，美国国家的法治特征也是长期造成混乱和误解的源头。由于主要强调违宪司法审查的否决功能，法治常常被简单地描述为对美国国家权力的限制和监督——一个为现代行政或管制权威发展所设的障碍。从查尔斯·比尔德（Charles Beard）的进步史学到经久不衰的洛克纳神话，法律常常被视为自由改革的保守障碍——保守和例外的美国司法传统的一部分，这个传统不断阻碍着一个正当的美国福利国家的发展。㉖

但正如社会法学家、法律现实主义者和历史法学家在近一段时间所指出，美国法律并非仅仅对国家发展起到宪政限制作用。相反，法律是政治和经济权力扩张的必不可少的创造来源，在现代美国国家的构建中扮演了一个独特的肯定而非否定的角色。作为法律权力的现实主义和实证主义观点的重要阐述者，威拉德·赫斯特认为法律应被理解为基于人民意志的有组织的政治强制力的使用，而非一系列对权力拥有者的防范。通过开创性的历史研究，赫斯特见证了法律在国家政策制定中的持续参与，从 19 世纪契约、财产和侵权行为的积极转变——给予市场行为以法律保护范围，到

㉖ 例如，可参见 Charles A. Beard, *Contemporary American History*, 1877 – 1913 (New York, 1914); J. Allen Smith, *The Growth and Decadence of Constitutional Government* (New York, 1930); Frank J. Goodnow, *Social Reform and the Constitution* (New York, 1911); Benjamin R. Twiss, *Lawyers and the Constitution: How Laissez Faire Came to the Supreme Court* (Princeton, N. J., 1942); Arnold M. Paul, *Conservative Crisis and the Rule of Law: Attitudes of Bar and Bench*, 1887 – 1895 (Ithaca, N. Y., 1960)。我对这些著作有一个批判性的论述，见 William J. Novak, "The Legal Origins of the Modern American State", in Bryant Garth, Robert Kagan, and Austin Sarat, eds., *Looking Back at Law's Century: Time, Memory, Change* (Ithaca, N. Y., 2002), 249 – 283。

20世纪治安权、行政和管制法的急剧扩张。[27] 人们很难在忽视法律重要改变的情况下解释美国现代国家的兴起,这些法律包括治安与犯罪法,侵权法与合同法,劳工与移民法,公司法,税收、金融和证券法,管制与行政法,交通运输和公共事业法,以及涉及健康、教育和福利的法律。美国国家权力是非常具有深度、广度和持久度的法律程序的产物。不管是行政命令、联邦法规、司法解释、法律解释、行政立法、国家立法、市政条例,还是日常治安行为,这些程序的产出都必须纳入考虑。如果不能通过法律、法院、法官和其他法律官员对国家行为进行全面的检视,仍无法捕获美国国家权力的全貌。

最近,以约翰·斯克伦特尼(John Skrentny)、罗伯特·里伯曼(Robert Lieberman)、德斯蒙德·金(Desmond King)、保罗·弗里默(Paul Frymer)以及肖恩·范航(Sean Farhang)为代表的一批学者,开始将法律作为美国国家权力的重要源泉重新加以审视[28]。甚至私人诉讼也被视为通过替代手段实现国家目标的美国特有能力。事实上,美国近代的四个最具影响力的政策倡议(民权运动、环境保护、工作场所与消费者安全、美国残疾人法案)都依赖于作为公共法律执行策略的私人诉讼。这些政策的激进影响和相对有效性迅速驳斥了传统的观点,即法律、法庭和诉讼是国家行为中较少和较弱的形式。相反,这些例子证明了法律所蕴含的不寻常的、能产生公民执法机制(所谓私人检察

---

[27] 参见 Hurst, "Problems of Legitimacy", 228; James Willard Hurst, *Law and Economic Growth: The Legal History of the Lumber Industry in Wisconsin*, 1836 - 1915 (Cambridge, Mass., 1964), 109。

[28] 参见 John D. Skrentny, "Law and the American State", *Annual Review of Sociology* 32 (2006): 213 - 244; Lieberman, "Weak State, Strong Policy"; Desmond King, "The American State and Social Engineering: Policy Instruments in Affirmative Action", *Governance* 20 (2007): 109 - 126; Paul Frymer, "Acting When Elected Officials Won't: Federal Courts and Civil Rights Enforcement in U. S. Labor Unions, 1935 - 85", *American Political Science Review* 97 (2003): 483 - 499; Sean Farhang, "The Litigation State: Public Regulation and Private Lawsuits in the American Separation of Powers System" (Ph. D. diss., Columbia University, 2005)。

总长)的基础能力,这一机制能深入公民社会的深处并一直渗透到边缘,它们也远远超过最庞大的中央官僚机构的能力。当我们注意到法律所拥有的特殊能力——这种能力能产生规范合法性的自我内在标准——的广泛影响时,我们事实上就认识了美国国家权力的有效工具。

公与私。私人检察总长的概念体现了最后一个美国国家发展模式的关键因素——公私二分。美国国家权力在很大程度上渗透进公民社会的边界,这在它规定和利用私人领域时得到了最好体现。问题可分为两个方面。首先,美国国家在历史上持续地借助私人部门来实现公共目的。通过私人诉讼、妨害法、地方民团以及私募罚款和费用来实现公共法律的私人执行并非个例。其次,混合国家权力的运用是另一种情况,这种权力通过对特殊权力的授权来促进国家基础设施的发展,类似的例子有桥梁公司、运河和铁路。进入 20 世纪后,纽约十五人委员会(New York City's Committee)、美国社会卫生协会(the American Social Hygiene Association)、美国保卫同盟(the American Protective League)等私人团体持续在刑法实施、社会和道德警戒、集体的自我防卫上扮演重要角色。与将权力、财产和政策垄断在中央主权的掌控中不同,美国国家广泛地通过私人部门来隐蔽地分配公共物品和权力,并在这一过程中贯彻公共能力、扩张管辖权和提升正当性。㉙

㉙ 例如,可参见 Allen Steinberg, *The Transformation of Criminal Justice: Philadelphia, 1800 – 1880* (Chapel Hill, N. C., 1989); Gautham Rao, "The Federal Posse Comitatus Doctrine: Slavery, Compulsion, and Statecraft in Mid-Nineteenth Century America", *Law and History Review* 26 (Spring 2008): 1 – 56; Scheiber, *Ohio Canal Era*; Paul Wallace Gates, *History of Public Land Law Development* (Washington, D. C., 1968); Committee of Fifteen, *The Social Evil* (New York, 1900); AllanM. Brandt, *No Magic Bullet: A Social History of Venereal Disease in the United States since* 1880 (New York, 1985); Christopher Capozzola, "The Only Badge Needed Is Your Patriotic Fervor: Vigilance, Coercion, and the Law in World War I America", *Journal of American History* 88 (March 2002): 1354 – 1382; William J. Novak, "Public-Private Governance: A Historical Introduction", in Jody Freeman and Martha L. Minow, eds., *Government by Contract* (Cambridge, Mass., forthcoming)。

当私人警务、政府补贴和其他公共权力对私人领域授权的历史得到很好的描述时,公—私区分的另一面——美国国家在私人领域构建中的作用——却很少得到承认。从国家许可在社团和企业建立中的作用,到法律在财产、家庭、市场和文化生活治理中的作用,法治国家的公共权力对美国公民社会的形成和维系起着决定性的作用。正如卡尔·波兰尼对市场所作的观察,"经济历史揭示出,国家市场的出现绝不是使经济逐步摆脱国家控制的自发结果。相反,市场往往是政府有意识且时常充斥暴力干涉的结果"。近来,社会和文化历史学家正在做一个类似的针对家庭、种族和性别关系的公共建构案例。㉚

对美国国家权力的最有说服力的分析,通常拒绝将问题分为非此即彼的公私二元对立(如人民—利益集团,公共利益—私人权利,国家—个人,管制—市场)。相反,美国国家发展的现实主义和实用主义路径强调公私领域的相互渗透——公私权威在日常政策制定中的融合。这一观点的核心在于承认美国国家权力一直以来分布在一系列的个人、团体、政党、社团、组织和机构之中,它们无法简单地被完全定义为公共的或私人的。例如,想想美国律师协会、美国医学协会、房利美、美国证券交易所、美国农场局联合会、美联储、安全检测实验公司、广告委员会,美国退伍军人协会、美国红十字会、基督教青年会,东部海湾市政公用事业区和国家步枪协会所扮演的

㉚ 参见 Karl Polanyi, *The Great Transformation: The Political and Economic Origins of Our Time* (Boston, 1944), 258; James Willard Hurst, *The Legitimacy of the Business Corporation in the Law of the United States*, 1780 – 1970 (Charlottesville, Va., 1970); Pauline Maier, "The Revolutionary Origins of the American Corporation", *William and Mary Quarterly*, 3rd ser., 50 (1993): 51 – 84; William J. Novak, "The American Law of Association: The Legal-Political Construction of Civil Society", *Studies in American Political Development* 15 (2001): 163 – 188; Hendrik Hartog, *Man and Wife in America: A History* (Cambridge, Mass., 2000); George Chauncey, *Gay New York: Gender, Urban Culture, and the Makings of the Gay Male World*, 1890 – 1940 (New York, 1994); Welke, *Recasting American Liberty*。

公私混合角色。这些机构中模糊的公私权力是美国公私权力更大范围内分布的象征。通过强调法律——政治和社会经济的日常渗透，现实主义观点揭示出公私强制力的持续相互作用，这些强制力在辩论中经常被人为割裂为权利和权力、契约和强制、自治和团结的二元对立。[31]

美国社会法学家的最新研究佐证了这一观点所蕴含的重要潜力，韦斯利·纽科姆·霍菲尔德(Wesley Newcomb Hohfeld)、莫里斯·科恩(Morris Cohen)、沃尔顿·黑尔·汉密尔顿(Walton Hale Hamilton)，以及罗伯特·李·黑尔(Robert Lee Hale)位列其中。他们的工作直接致力于将围绕在权利话语、财产、契约和市场周围的自然主义假象解构，它们并非只从属于更高层面的特定个人自由。在一系列有影响力的论文和著作中，这些学者记录了法律和国家在建构和落实财产权和契约权中的作用。他们考察了看不见之手的虚构，进而揭示出在市场在法律和政治安排中所体现的国家。在《所有权与主权》一文中，科恩颇具启发地探究了私人权利和公共权力的融合，它形成了“财产权所具有的强制服务和强制服从的特点，这使其类似于主权”。他提醒学生，自由放任式的财产权理想事实上从来没有完全付诸实践。在《通过法律获得自由：私人统治权的公共控制》一书中，黑尔进一步揭示了私人组织和私人行为背后的公共权力。他认为，公私区分掩盖了美国历史上国家在交易所建构中的作用，也正是这些交易所决定了如此广

---

[31] 例如，可参见 Gail Radford, "From Municipal Socialism to Public Authorities: Institutional Factors in the Shaping of American Public Enterprise", *Journal of American History* 90 (December 2003): 862 - 890; Elisabeth S. Clemens, "Lineages of the Rube Goldberg State: Building and Blurring Public Programs, 1900 - 1940", in Ian Shapiro, Stephen Skowronek, and Daniel Galvin, eds., *Rethinking Political Institutions: The Art of the State* (New York, 2006), 380 - 443; Adolf A. Berle and Gardiner C. Means, *The Modern Corporation and Private Property* (New York, 1968); V. O. Key, *Politics, Parties, and Pressure Groups* (New York, 1942); Grant McConnell, *Private Power and American Democracy* (New York, 1966); Lowi, *The End of Liberalism*; Keller, *Affairs of State*。

泛的财富和权力分布。[32]

在美国国家实际的产出中聚焦公私权力的聚合有两种解读意义。首先,它使人们注意到所谓的弱国家也有强的一面,揭示出国家垄断权力对私人团体的公共授权。其次,现实主义视角唤起了对权力再分配所产生的规范性影响的注意。正如科恩和黑尔所指出,美国财富的分布不能被理所当然地视为私有市场力量的没有原罪的天然副产品。事实上,市场本身也是公共法律和历史政治选择的结果。众所周知,分配主张很难从私人经济学的视角中单独提出。但通过在法律和政治中探索财产、契约和企业的"公共"基础,现实主义评论将财富的分配与民主共和制中权力的分配直接联系。当我们同时讨论私域与公域时——如同经济与民主一样——分配关系应该得到更严肃的对待。科恩总结道,"说财产分配从来不会为法律所调节,就如同说政治权力的分配从来不会改变一样荒谬。"[33]

四

在《论政府的首要建基原则》中,大卫·休谟非常出色地审视了虚构和意见通常在维护政府权力(无论是专制政府还是民主政府)中扮演的角色。他注意到,"对于那些善于用哲学眼光来考察人类事物的

---

[32] 参见 Wesley Newcomb Hohfeld, "Fundamental Legal Conceptions as Applied in Judicial Reasoning," *Yale Law Journal* 26 (June 1917): 710 – 770; Morris R. Cohen, "Property and Sovereignty", *Cornell Law Quarterly* 13 (1927): 8 – 30, 12, 22; Walton Hale Hamilton, *The Politics of Industry* (New York, 1957); Robert Lee Hale, *Freedom through Law: Public Control of Private Governing Power* (New York, 1952)。关于一些非常深刻的分析,见 Joseph William Singer, "Legal Realism Now", *California Law Review* 76 (March 1988): 465 – 544。

[33] 参见 Cohen, "Property and Sovereignty"。该主题近来有一个极具影响的表述,详见 Larr M. Bartels, *Unequal Democracy: The Political Economy of the New Gilded Age* (Princeton, N. J., 2008)。

人来说,有一点令他们非常的惊讶,多数人竟会如此轻易地为少数人所统治,人们居然会放弃自己的态度和热情而选择绝对地顺从于统治者。当我们探究这些困惑是如何发生时,我们会发现,由于被统治者通常在暴力上更占优,统治者只能依靠宣言来支持自己。”㉞从君权神授到人民主权,从人治到法治,催眠式的幻想、国家神话以及历史谣传继续阻碍着公共舆论对在性质和范围不断变化的现代统治权力有过于紧密地追问。

美国“弱”国家的神话正是这样的一个虚构,一个基于理性和利益的产物。在一个被欧洲国家及其理论所占据的时代,美国国家的例外主义软弱叙事不仅是在情理之中,甚至是必然的结果。但考虑到上一代历史、政治和世界政局的剧烈变动,美国弱国家的迷思就不再合理或有趣。它应该被拒斥。如同国际政策和经济法律影响的新旧模式一样,美国政治制度内权力的急剧扩张也需要审慎的关注和历史的解释。在中央专制的持续威胁下创立的国家理论的经典模型,可能并非解读美国权力的最好模板,因为美国是在21世纪全球政治经济中占支配地位的新型扩张权力。

这里存在另一种可能。20世纪初,在第一波民族国家和经济合作的浪潮下,美国社会科学发展出从多个角度(社会的、经济的、政治的和法律的)审视权力的新方法。鉴于在一定程度上被美国例外主义的过度膨胀所遮蔽——这种膨胀是为回应极权主义及其后恐怖主义的挑战而生的,美国国家权力的实用的、批判的和现实主义的评估亟待发现。从莱斯特·弗兰克·沃德(Lester Frank Ward)和约翰·杜威(John Dewey),到厄恩斯特·弗罗因德(Ernst Freund)和约翰·康芒斯(John Commons),再到莫里斯·科恩(Morris Cohen)和罗伯特·李·黑尔(Robert Lee Hale),早期美国社会经济学家发展了对美国自由主义中

㉞ 参见 David Hume, “Of the First Principles of Government”, in Hume, *Essays: Moral, Political, and Literary* (1742; repr., Indianapolis, 1985), 32。

软弱、私有和个体概念的批评,并审视了美国现代化进程中权力的地位、组织和分配。尤其当考虑到国家与公民社会的关系时,他们都将美国权力问题理解为复杂而非简单的,多面而非单向的。他们没有纠缠于对法律的精确概念或国家的正确量化经验进行无休止的讨论,而是聚焦于在日常的实践和政策中对权力的运行作细致的考察。正是这些实践和政策建构了美国的公共生活。与将权力的审视局限于抽象的政治理论范畴或精英、选民、利益集团的官方政治行为和社会运动不同,这些分析采纳了一种更具包容性的政府概念,将政府视为"当有人联合起来时都会出现的行为"。[35] 更有意义的是,这些政治和法律现实主义者从来不曾忘记——在美国政治生活的法律修辞和虚构的陈词滥调之中——法律和政治权力运行的真实和具体结果。他们从未遗漏这一残酷的现实。正如罗伯特·卡沃(Robert Cover)在《暴力和语词》开篇极具挑战性地指出,对法律和政治的解读生长在"伤痛和死亡的领域"之上。[36] 美国国家权力的真实影响时刻与我们相伴。对于一个强制力掌握在被统治者手中的民主共和国来说,书写国家权力的历史是前所未有的当务之急。

---

[35] 参见 Michael Oakeshott, *Morality and Politics in Modern Europe*: *The Harvard Lectures* (New Haven, Conn., 1993), 7。与此有略有差异,但却同样有包容力的政府概念,见 Graham Burchell, Colin Gordon, and Peter Miller, eds., *The Foucault Effect*: *Studies in Governmentality* (Chicago, 1991); Nikolas Rose, *Powers of Freedom*: *Reframing Political Thought* (New York, 1999)。

[36] 参见 Robert M. Cover, "Violence and the Word", *Yale Law Journal* 95 (1986): 1601–1629。

《政治与法律评论》
(第九辑)第165~196页

自动执行还是非自动执行?

——条约在美国司法执行研究

曾诗洋*

摘要:司法执行是条约在国内法上适用的关键。立国之初,由于各州不断违反条约义务,美国在对外事务上处处被动。通过制宪会议,在宪法第6条第2款,美国确立了条约的最高性,同时要求法院对条约直接予以司法适用。在Foster案中,马歇尔大法官在把握宪法设置的权力架构下,不囿于最高条款,开创性地提出了非自动执行概念。但是最高法院一直没有对条约的非自动执行提出明确的区分标准,直到Medellin案才一定程度上平息了争议,解决了Foster案的遗留问题。本文从美国宪法学、美国经验的内部视角,以国际条约在美国的司法执行问题为核心,仔细地梳理与分析了条约自动执行的确立以及条约的非自动执行理论的起源与发展。

关键词:自动执行　非自动执行　条约　司法适用

* 曾诗洋,北京大学法学院法律硕士。

一、导言

在国际法中,一项生效的条约被执行,也就是条约被各缔约国适用。条约的适用在国内法上重要的就是国内司法的适用。而适用条约的前提是条约被国内法接受。而接受一般分为转化(Transformation)与纳入(Adoption)两种基本方式。① 美国宪法原文将条约直接纳入了国内法,并且尤其强调司法机关对条约的直接适用,也就是条约的司法执行(Judicial enforcement)。在美国宪法第6条第2款②中——该条亦被称为最高条款(the Supremacy Clause)——条约不仅被认为是美国法律的一部分,还将其放置于与宪法与联邦法律同等位阶的"最高法"(the supreme law of the land)地位,法官必须受其约束。结合宪法第3条第2款的司法适用范围③,法院有将条约直接作为最高法来执行的义务。但是美国对条约的司法执行并不是绝对的、无条件的。在具体的实践过程中,又开创了自动执行(self-executing treaties)和非自动执行(non-self-executing treaties)的区分。自动执行是指该条约一经批准即自动具有美国联邦法的国内效力。而非自动执行条约本身并不成为国内可执行的联邦法,这种条约要获得国内效力需要美国国会通过立法。

条约自动执行与非自动执行的区分是一项由马歇尔法官带来的司法发明。伴随美国法的全球化征程,这一区分也深刻地影响了许多国家的条约适用理论与制度实践④。目前国内学者对国际条约在美国的

---

① 李浩培:《条约法概论》,法律出版社1998年版,第380页。

② 宪法、为实现宪法而制定的联邦立法、根据联邦授权已经缔结和将要缔结的条约,为联邦最高法律;各邦宪法和立法若与联邦最高法律抵触,各邦法官应受最高法律约束。[美]麦迪逊等:《辩论,美国制宪会议记录》(下册),尹宣译,辽宁教育出版社2003年版,第849~856页。

③ 同上。

④ 除了间接适用条约的国家外,基本上将条约直接适用的国家都对条约的适用进行了这一区分,见注①,第392页。

司法执行问题,集中在国际法与国内法关系问题的研究之中,概要介绍了 Foster 案与美国学者对自动执行与非自动执行区分,基本介绍清楚了条约的自动执行与非自动执行缘起与标准。本文主要从宪法学角度与内部视角,来理解美国对条约自动与非自动执行的区分。从起源与发展的时间顺序中,选取了宪法制定、Foster 案与 Medellin 案三个标志性的事件,主要分析了国际条约在美国司法执行的宪法原意与判例法发展,尤其是介绍了 Foster 案是如何开创了条约的非自动执行,以及 Medellin 案对非自动执行理论的发展。

二、条约自动执行的确立

通常理解的“条约”(Treaty)一词,主要按照《维也纳条约法公约》(下称《公约》)第 2 条[5],认为条约是国家间签署的一切书面协定。但是在美国法中,条约一词与《公约》中的含义不尽相同,美国法中与《维也纳条约法公约》中条约概念最为相近的是“国际协定”(International agreement)。具体而言,国际协定可以分为四类:一是根据国会法律授权缔结的;二是由国会法律事后认可的;三是总统在行使行政权力时缔结的;四是根据先定的条约或行政协定授权缔结的。[6]

因此,在美国法中,条约只是一类特殊的国际协定,仅仅指的是上述的第二类,亦即美国《宪法》第 2 条下的条约。这类条约是由总统在参议院建议和同意下缔结的,同时必须经过 2/3 多数同意。当然总统还可以根据国会的授权,或根据宪法的独立授权(例如总统的最高统率权),缔结其他的国际协定,这些其他国际协定有时候被称作“行政

---

⑤ 《维也纳条约法公约》第 2 条:称“条约”者,谓国家间所缔结而以国际法为准之国际书面协定,不论其载于一项单独文书或两项以上相互有关之文书内,亦不论其特定名称如何。参见联合国国际法委员会,《维也纳条约法公约》,载 http://www. un. org/chinese/law/ilc/treaty. htm,最后访问日期:2018 年 3 月 11 日。

⑥ See Anthony Aust, *Modern Treaty Law and Practice*, Third ed, Cambridge: Cambridge University Press,2013,p. 175.

协定”(Executive agreement),但是在国际法上,它们依旧被称为条约。本文讨论的国际条约司法适用问题,使用的条约一词,如无特别说明,均指美国《宪法》第2条下的条约(Treaty)。

在美国宪法中,条约有着异乎寻常的地位,条约的执行也独具特色。根据最高条款,法院有将条约作为最高法来执行的义务。事实上,美国宪法的这一规定具有很深的政治和现实考量,并不是完全参照当时的国际惯例,其与英国当时的做法迥异。将条约视为美国的最高法,并加以司法直接适用并不仅仅出于法理的考虑,而是反映了美国建国初期,美国人对于遵守国际法,尤其是将遵守国际法重要形式的条约提高到了国家安危程度,认为如果不能根据国际法给予外国人充分的保护,就可能给欧洲列强武力攻击美国落下口实。⑦

(一)重塑条约适用的英国模式

英国深刻地参与推动了国际法的发展。在18世纪,英国直接将国际法⑧当作英国法的一部分加以接受。英国的这一观点也直接适用于作为殖民地的北美各州。随着英国宪制的演变,被接纳为普通法的国际法自然如同普通法一样,在法律位阶上将会低于制定法,议会可以制定与国际法不一致的制定法,而无论是否违反国际义务。由此,条约在英国不是“最高法”,也不会自动地成为本国法,只是构成要求实施的国际义务⑨。

英国对条约的认识与其政制特点息息相关。光荣革命后,经过国王与议会漫长的宪法斗争,立法权几乎尽属议会。这也就是戴雪(A. V. Dicey)在《英宪精义》阐述的巴力门(Parliament)主权原则⑩。议会

⑦ 约翰·杰伊(John Jay)就曾经直接说:战争的正当起因,多半由于违反条约,或直接侵犯。美国至少已经和六个国家签订了条约……美国对所有这些强国遵守国际法,对于美国的和平是有重大意义的……无论有计划的还是偶然的违反条约和国际法都会提供正当的战争理由。参见[美]汉密尔顿、杰伊、麦迪逊:《联邦党人文集》,程逢如等译,商务印书馆1995年版,第12~13页。

⑧ 当时的国际法应该被认为是Law of nations,而非后来的International Law。

⑨ [美]路易斯·亨金:《国际法:政治与价值》,张乃根等译,张乃根校,中国政法大学出版社2005年版,第104~105页。

⑩ [英]戴西:《英宪精义》,雷宾南译,中国法制出版社2001年版,第116页。

至上的绝对性，必然会赋予议会制定法律的独一无二的“最高法”的地位。国王虽然有从事外交事务和缔结条约的特权(prerogative)，可以不经议会同意而行使。但是签署的条约，如果没有通过议会立法，将不会在国内适用。梅特兰(F. W. Maitland)也认为除了宣战和媾和的权力外，英国国王签订的条约没有法律效力，也得不到执行，除非议会通过了相关的法律。梅特兰还指出，如果议会拒绝通过对已签署条约的实施必要的法律，对于国家荣誉也会有影响。[11] 但这只是国际义务的承担问题，从英国国内的宪法原则上看，并无丝毫问题。

在著名的 Ware v. Hylton 案(以下简称 Ware 案)中，时任大法官的詹姆斯·艾尔德尔(James Iredell)认为在共同的法律原则上，英国是美国法律思想的基础。但是美国的条约地位和执行机制却不同，这是因为：“以前(邦联国会)的要求仅在道德义务方面具有约束力，但权利与权力分离，往往无法使它们(各州)协同行动……对条约也发现了类似的尴尬。条约虽在道德义务方面具有约束力，但由于当时各州的立法行为造成了一种障碍，不能在宪法意义上生效(constitutionally carried into effect)……这种制度带来的极大不便，现在的宪法提供了补救办法……根据宪法，只要一项条约在宪法上具有约束力，不仅要根据道德义务原则，也必须通过其自身权威的力量加以执行。否则，它就不会成为新意义上的最高法。”[12]

总之，可以看到，美国与同时代的英国在条约的执行机制上大相径庭。在英国，条约不会被认为是国内的“最高法”。除非有议会法律填充，否则条约也不会自动成为国内法，直接产生法律效力，当然更不会直接被司法机关适用。这样的做法在当时的英国殖民地通行，美国建国前，十三州也采取了相同的做法[13]。但美国 1789 年《宪法》颁布后，美国直接赋予了条约最高法的地位，同时要求司法机关直接适用条约。

---

⑪ See F. W. Maitland, *The Constitutional History of England*, Cambridge University Press 1919, pp. 424 – 426.

⑫ Ware v. Hylton, 3 U. S. 199 (U. S. Mar. 7, 1796).

⑬ See Henkin, Louis., “International Law as Law in the United States”, *Michigan Law Review*, Vol. 82, No. 5/6, 1984, pp. 1555 – 1569.

这一点直接源于当时美国的国情,尤其是宪法制定时面临的内忧外患。

(二)条约履行危机下的美国

独立宣言(Declaration of Independence)宣告了一个拥有独立主权国家的诞生。1776 年开始出现的大陆会议(the Continental Congress)作为一个事实上的中央政府,已经代表了十三个州的联合,对外缔结并执行了条约。⑭ 但是当战争进入尾声,没有了共同的敌人,各州的主权意识开始复苏。《邦联条例》(Articles of Confederation)在邦联和州之间进行了的权力划分之中,让各邦保留了独立和主权⑮,仅仅分割了部分权力给邦联,形成了一个极不平衡的权力分配。邦联成为一个靠各州施舍过活的乞丐,一个头脑听从四肢指挥的怪物。

在对外事务处理上,邦联纸面上几乎拥有所有的权力。《邦联条例》规定只有邦联才有缔约权,并且禁止各邦之间缔约结盟。⑯ 但是,《邦联条例》又规定邦联所缔结的商业条约不得限制各邦的立法权力⑰。这样的规定明显含混不清,如果邦联缔结的条约与各邦立法相冲突,谁的法律位阶更高?法官应该服从哪项法律做出判决?⑱ 可以看到,当时的美国没有一个思考成熟的条约执行机制。邦联虽有缔约权,但不得限制邦立法,同时缔结的条约也没有执行力,这样的缔约权形同虚设。

---

⑭ 这期间最重要的对外交往行为是与法国签订了两项重要条约:《友好通商条约》(Treaty of Amity and Commerce)和《同盟条约》(Treaty of Alliance)。

⑮ 《邦联条例》第 2 条:各邦保留自己的主权、自由和独立、每项权力、管辖范围和权利,邦联议会召开期间通过这项结盟明确授予联邦者除外。《邦联条例》,见注②,第 791 ~ 803 页。

⑯ 同上,第 6 条第 1 款、第 2 款。

⑰ 同上,第 6 条第 1 款。

⑱ 但这一问题在著名的 Rutgers v. Waddington (1784)一案中基本得到了解决,该案案情是:纽约州 1783 年出台的《非法侵入法》(Trespass Act)允许在英国占领纽约时逃离的 Rutgers,就其被效忠派持有的财产的租金提起诉讼。但是英美和平条约取消了对战争期间财产损失的索赔。在纽约州的法庭上,辩护方的律师汉密尔顿主张法院应认定非法侵入法违宪。该案第一次明确了与美国条约规定相冲突的州立法无效,被认为开启了司法审查的先河。详细内容可见:Beeman R. Rutgers v. Waddington: *Alexander Hamilton, the End of the War for Independence, and the Origins of Judicial Review*. University Press of Kansas, 2016。

在履行英美和平条约(The Definitive Treaty of Peace)时,将这一问题暴露得淋漓尽致。各州公然违反条约中规定的保护英国人和效忠派(Loyalists)[19]的利益要求。弗吉尼亚就带头通过了阻碍偿还债务的法律。斯多利一针见血地谈道:“邦联之下的各州严重地忽视(英美和平)条约规定,这是臭名远扬的。它们被各州认为不是法律,而类似于道德义务的要求,在履行过程中依赖于各州的善意。”[20]亚历山大·汉密尔顿(Alexander Hamilton)也在一封致纽约州人民的公开信中激烈的谴责道:“这些人(违反条约的人)不仅毫无悔意地越过宪法的障碍,而且还建议我们违反美国的庄严承诺,成为各国蔑视的对象。他们努力把对英国条约塑造成他们喜欢的形式,使其成为适合他们观点的任何东西。他们告诉我们,所有关于托利党(上文的效忠派)的规定都只是议会建议,各州可以随意遵守,也可以不遵守。”[21]

条约不能切实履行的后果是极其严重的。对内邦联权威扫地,对外事务中也处处被动。英国以美国不履行条约为由,拒不按约从美国西北部撤军[22]。在邦联议会向英国建议谈判缔结新的条约以解决《巴黎和约》的遗留问题时,英方答复道:既然邦联无力执行现有的条约,英国政府就只能同13个州分别进行谈判。[23] 在对外贸易上,英国人认定美国各州不能以一个国家一致行动,无力采取报复,处处打击美国,严禁美国船只进出英属西印度群岛,使得美国失去了传统利润丰厚的与欧洲的三角贸易。[24]

---

⑲ 又称托利党人(Tories),是指在独立战争期间,反对美国独立,仍然效忠英国王室的“美国人”。

⑳ [美]约瑟夫·斯托里:《美国宪法评注》,毛国权译,上海三联书店2006年版,第555页。

㉑ Alexander Hamilton:*A Letter from Phocion to the Considerate Citizens of New York*, [1 - 27 *January* 1784], Founders Online, site: https://founders.archives.gov/documents/Hamilton/01 - 03 - 02 - 0314,2018 - 03 - 11.

㉒ [美]塞缪尔·埃利奥特·莫里森:《美利坚共和国的成长》,南开大学历史系美国史研究室译,纪琨校,天津人民出版社1980年版,第300~303页。

㉓ 孙昂:《美国对外事务法律机制》(上册),国际文化出版公司2010年版,第9页。

㉔ [美]孔华润主编:《剑桥美国对外关系史》(上),王琛译,新华出版社2004年版,第58~59页。

不能履行条约,不仅仅影响到了国家荣誉和信用,更是直接影响了国家利益。履约危机问题导致了美国在对外事务上的无力,而问题直指邦联体制本身。邦联缔结的条约不能在国家法院作为法律强制执行,而州立法机构往往忽视或拒绝颁布必要的法律,更有甚者会与之相冲突。软弱无力的邦联之下,各州以邻为壑,对外各行其是㉕。邦联无力,邦与邦之间的协调就开始多起来了。1786 年的安纳波利斯会议指出了邦联的危急局面,建议在费城召开全邦联的会议,这就是制宪会议的起源。㉖

(三)宪法最高条款的诞生

各州不断违反条约,是聚集制宪会议代表们关心的问题。但违反条约的背后是条约的条款缺乏执行机制,缺乏一个强大的中央政府来支持条约的权威与效力。但是同样危险的是,在建立一个能够与欧洲大国打交道的中央政府的过程中,会产生一个可能压制个人自由和州权力的怪物,这同样是代表们忧虑的事情。所以代表们既要思考如何制定一个有效合理的条约执行机制,同时又要避免诞生一个过于强大的政府。

从最终确立的最高条款来看,会议通过两个层面的规定,确立了条约的执行机制。一是确立了条约的最高法地位。作为国家行为的缔结的条约,其位阶放置于宪法、联邦法同等的,高于州法律的最高位置。二是强调了条约的司法适用。要求每个州的法官都应受其约束,即使州的宪法和法律中有与之相抵触的内容。结合宪法第 3 条司法权的管辖范围,条约就可以直接作为国内法在美国法院执行。两个层面中,最为关键的就是将条约当作国内法直接予以司法适用。

确立这样的条约适用机制,在整个制宪会议过程中,没有像其他诸如国会组成、总统选举议题一样激烈,相关的决议也很顺利就能够通过。我们可以看到,与会的代表们对于塑造一个能够履行国际条约的

㉕ 最明显的例子就是面对英国的歧视性贸易政策,有些州进行了贸易报复,而有些州依旧保持和英国贸易联系。

㉖ 同注㉒,第 310 ~ 311 页。

国家这一问题上是有着一个基本共识存在的。在整个制宪会议中,面对条约执行问题,实际上存在两种机制设计。一种是弗吉尼亚方案[27],通过赋予国会权力来“否定”违反宪法、联邦法或条约的州法。麦迪逊一直强调这样的否决权的重要性。这个方案对于条约的适用来讲,显然保留了立法机构将每项条约义务转化为国内法的需要。另一种是新泽西州方案[28],在这其中不仅宣布宪法、联邦法律和条约是最高法,更为重要的是将条约认定为自动具有国内法律效力,指示法院直接予以实施。当然方案中的武力使州服从这些法案或遵守这些条约,没有被通过,毕竟代表们不想塑造一个过于强大的怪物。通过贯穿会议的讨论,制宪者们最终基本采纳了新泽西方案的制度设计。由此而产生的最高条款,改变了英国的规则,解决了违反条约的问题,将条约规定地位推至最高,并且用执行法律的司法机构,将条约直接当作国内法来予以执行,保证条约能够在国内法层面顺利履行。由此,在美国,条约不仅是具有国际法的地位,最高条款还赋予条约国内法的性质,可应私人的要求在国内法院执行。[29]

这样的条约履行机制,在制宪会议中的另外两份方案:平尼克制宪方案(The Pinkney Plan)[30]、汉密尔顿制宪方案(The Hamilton Plan)[31]也出现过。[32] 相较于麦迪逊一直坚持要求的联邦否决权,这样的条约执

---

[27] 也称为伦道夫方案(Randolph Plan)或大州方案(Large-State Plan)。第6条提出全国立法机构“对所有执行各邦议会立法可能干扰联邦和谐的情况,都具有立法权;各邦通过的立法,若全国议会认为违背联邦条款,可以否定”。见注②,第126页。

[28] New Jersey Plan,后称为小州方案,在方案的第六点中提出:邦联授权缔结和批准的所有条约,只要与各邦及其公民或居民有关,即为所有邦的最高法律。见注②,第17页。

[29] See Vazquez, Carlos Manuel., “The Four Doctrines of Self-Executing Treaties”, *American Journal of International Law* Vol. 89, No. 4 (October 1995): pp. 695 – 723.

[30] 5月29日,平克尼向会议提交的一份方案,但是未被纳入会议讨论。

[31] 6月18日,在讨论弗吉尼亚方案和新泽西方案时,汉密尔顿提出了自己的方案,也没有被纳入会议讨论。

[32] 平尼克制宪方案第6条最后一款:为维护宪法和联邦授权订立的一切条约,联邦议会所通过的一切法案,为国土上的最高法律,全体法官断案时均受这些法律的约束。见注②,第811页。汉密尔顿制宪方案第7条第6款:联邦的法律、以联邦名义签订的条约、按此宪法将要签订的条约,为本土的最高法律,各邦法院审案时应遵循最高法律。见注②,第825页。

行机制更能够被会议大多数代表所接受,可以从会议讨论该问题基本都是一致表决通过中看出。从整个制宪会议的讨论以及结果中可以看到,一个比之前更为强有力的联邦建立起来了,附着在联邦之中的条约履行机制也建立起来了,条约不仅被当作最高法,还要求法官直接予以司法适用。新成立的联邦成功地解决了《巴黎条约》的遗留问题。能够更为有效地缔结和执行条约。最典型的就是1794年签订的《杰伊条约》(Jay Treaty)[33]。

(四)阴影下的条约自动执行

通过制宪会议的时代背景与会议过程,我们可以看到,根据宪法原意,条约在美国就是被要求直接作为国内法来予以实施的。这样的实施一定是自动的,而不是需要国内立法再度转化的。司法机构应当像适用联邦法一样,直接将条约予以适用。

但是必须指出,上述对最高条款的宪法原意分析忽略了两个问题。一是没有将条约的执行放置于整个宪法的权力分配和结构设计下考虑,事实上当我们讲述了最高条款的诞生后,一个自然而然的问题就出现了。这三类最高法:宪法、联邦法、条约之间有位阶关系吗?答案是肯定的,宪法在这三类最高法中无疑是处于至高位置的。那么条约对于州立法是最高的,但是在宪法之下,它的位置该如何安放?这一点宪法文本没有直接给出答案。需要后续的判例来建构,接下来的Foster案中就可以清晰地看到马歇尔法官的思量。二是制宪者们可能忽视了规范与事实之间的差距。条约自动执行的理论一定会存在实践难题的。不可能所有的条约都能够自动执行。如果条约中的规定十分模糊,不具有可操作性,当然是不能由法官自动执行的。同样如果条约中就规定要通过后续的国内立法来执行,那么它本身也就是不可自动执行的。这一点,我们在Foster案中同样可以看到。这样的道理是在国际法实践上显而易见的。所以,在最高条款中规定的条约自动执行,存在一种矫枉过正的阴影,作为初生共和国的美国,在国际地位岌岌可危

---

[33] See The Avalon Project, *The Jay Treaty*, Yale Law School, site: http://avalon.law.yale.edu/18th_century/jay.asp,最后访问日期:2018年3月11日。

的时候,这样的规定是为了更好地履行条约,显示对条约的信仰,进而得到国际社会的认可和尊重。但是随着共和国的成长,这一目标将不再是首要目标,如果条约都无条件地自动执行,这会在政治部门在处理对外事务中反添掣肘,不利于对外政策的灵活与可操作性。

三、条约非自动执行的起源

早期的最高法判例中,大法官们完全遵照了宪法原意,将条约直接当作国内法来执行。[34] 但在 1829 年,在 Foster v. Neilson[35] 一案(以下简称 Foster 案)中,大法官马歇尔发明了非自动执行条约的概念,由此开启了条约的自动执行与非自动执行区分。

对于 Foster 案马歇尔评价为既复杂(intricate)又有趣(interesting)。其实作为一桩土地争议案件,本案案情极为简单。争议的土地位于密西西比州以东约 30 英里的 Feliciana 区(现今大致位于密西西比河以东的路易斯安那州地区),面积约三千阿旁(arpents)[36]。西班牙国王于 1804~1805 年,出售了该地区约四万阿旁的土地。经过两次交易后,1811 年上诉人 James Foster 花费 3200 美元购买了该桩土地。而被告 David Neilson(Feliciana 区的一名居民)实际占有该块土地,并拒绝交付。

Neilson 宣称早在 1800 年,该地区就作为路易斯安那的一部分,由西班牙与法国签订的圣伊尔德丰索秘约(Treaty of St Ildefonso)中,转让至了法国;而后 1803 年,美国在路易斯安那购地案(Louisiana Purchase)中从法国获得了该地区。由此,1804~1805 年西班牙出售该地区土地的行为是完全无效的,上诉人并不享有该土地的所有权。

---

[34] 参见 Hamilton v. Eaton,11 F. Cas. 336 (C. C. D. N. C. 1792)与 Ware v. Hylton 案。

[35] See Foster v. Neilson,27 U. S. 253 (U. S. Mar. 9,1829).

[36] 法国旧土地面积单位,现仍用于美国路易斯安那州、加拿大魁北克省,相当于 0. 84~1. 28 英亩。

Foster 争辩道:西班牙对该地区的出售是有权的,并且该所有权由美国和西班牙于 1819 年 2 月 22 日签订的《亚当斯—奥尼斯条约》保证和确认(guarantied and confirmed)。

这宗土地所有权的案件,涉及多国及多项条约,背后涵盖有丰富的历史背景与纠葛。本案争议的核心在于:Feliciana 地区是否属于路易斯安那购地案中的一部分,如果是,那么西班牙后续的出售行为就是无效;如果不是,那么需要进一步判定,是否能由后续的美西条约加以保证和确认。如果可以的话,Foster 就能合法地取得土地所有权。这个看似简单的问题,实际上沾染了复杂的历史与政治因素,不能轻易地得出答案。

(一)佛罗里达纷争曲

1800 年,西班牙和法国签署了圣伊尔德丰索秘约(Treaty of San Ildefonso),归还了路易斯安那地区,但是其中没有明确路易斯安那的范围。这里的路易斯安那地区,到底是七年战争之前的老的路易斯安那,还是 1763 年的《巴黎和约》中法国转让给西班牙的路易斯安那地区。两者的差别就在 Perdido 河以西的西佛罗里达地区,前者包括该地区,而后者不包括。这一规定就直接引起了佛罗里达地区西部边界的争议。

1803 年,美国从法国手中购得了广阔的路易斯安那地区。美国坚持认为 1800 年的圣伊尔德丰索条约中,西班牙将路易斯安那归还给了法国,而美国在随后的购地案中,购得了路易斯安那。这里路易斯安那的范围是 1763 年之前法国拥有的路易斯安那,这就直接将路易斯安那的边界推向 Perdido 河,美国由此提出了领土主张。而这片区域——密西西比河以东至 Perdido 河,北纬 31 度以南至墨西哥湾——事实上是西班牙拥有的西佛罗里达的一部分,本案所涉及的 Feliciana 地区就是位于该争议领土之中。

美国对条约的解释,不被条约缔约方法国和西班牙所接受。但这丝毫没有影响美国的实际行动。从 1810 年起,美国乘乱逐步将西佛罗里达逐渐收入囊中,在 1819 年,与西班牙签订了《亚当斯—奥尼斯条约》,终将佛罗里达全境并入美利坚的版图。按照通常理解,美国宣称西佛罗里达包含在路易斯安那购地案的说法,只是其一厢情愿。缔约双方法国和西班牙都不认可。而直到 1810 年,美国才开始控制 Perdido 以西的西佛罗里达地区。本案中,被授予的争议地区,包括 Perdido 以西的西佛罗里达地区,当时是西班牙实际所有的,只是美国官方一直不承认而已。Foster 提出的西班牙对该地区的出售是有权的,有很强的事实和依据支持。

(二)适用条约的前奏

在本案中,认定争议土地的权属涉及两国的领土争端,法院是不可能径直给出答案的。因为如果认定土地属于 Foster,无疑是直接与国会和总统的行为冲突,变相宣布争议土地属于西班牙,这样的决定是不可能由国内的司法机关做出的。而如果认定土地属于 Neilson,就需要说服 Foster 面对上述西班牙有权授予这样一个事实。面对这样一个棘手的问题,在判断 Foster 能不能引用条约主张权力之前,马歇尔先祭起了分割政治和法律的武器。[37]

首先,马歇尔坦承:美国获得的路易斯安那的范围,实际上需要通过对圣伊尔德丰索条约第 3 条进行解释而确定的。但问题是作为非缔约方的美国,持有的是与缔约方法西两国不同的解释。马歇尔不认同法西两国的声明,他认为如果在签订条约时,法西两国没有达成一致,并且事实上这种一致是可以轻而易举地办到的,两国事后的任何声明都是政治影响下的产物,是不可以采信的。

其次,马歇尔认为在两国领土争端中,双方的法院都几乎不可能拒绝服从本国政府采取行为。如果国家的方针是明确的,法院一般不会宣布它是错误的。所以,他认为无论个别的法官如何解释条约,法院的职责是使其裁决符合立法机构明确表达的意愿。并且马歇尔也认为美

---

[37] 正如马歇尔在 1803 年 Marbury v. Madison 案中所说的那样,法院的权责范围只在决定个人的权利,而不是询问行政分支或行政官员如何履行他们有自由裁量权的职责。政治性的问题(Questions in their nature political),或根据宪法和法律提交行政部门的问题,绝不能在本法院做出决定。参见 Marbury v. Madison,5 U.S. 137 (U.S. Feb. 24,1803)。

国对这一问题的解释是有着强大证据支撑的。

据此,马歇尔认为:在已经对这些争议领土采取了主权行为之后,法院如果对政府主张采取的条约解释是相反的,这在各国历史和实践中都会是极为反常的现象。如果负责对外交往的立法机关,面对外国势力,维护了国家的利益,毫不含糊地在条约的主张下占有了该领土,这样通过行为实践了对条约的主张,法院就不能去拒绝这种条约的解释。㊳ 他总结道:这与其说是一个法律问题,不如说是一个政治问题(more a political than a legal question)。每个国家的法院都必须尊重立法机构的明确意愿。㊴ 无论是否在争议地区实践了主权行为,面对政治部门对条约的明确解释,司法不能去挑战与立法部门之间的关系,去破坏两者的权力边界。这样做将会超过司法的界限,会颠覆宪法体制。

实际上,马歇尔没有承认美国是根据1803年条约取得了西佛罗里达。只是,通过阐述司法和政治的关系问题,认为在立法以及行政机关已经做出了实际的国家行为之后,法院绝对不可能去认定美国是无权取得西佛罗里达的,更不可能认定西佛罗里达是属于西班牙的,因为那是不合宪法体制的。也可以说,对于1803~1819年的西佛罗里达的所有权问题,马歇尔认为法院无法做出裁判,只能默认地跟随政治部门的决定,即认为在1819年之前美西两国签订条约前,美国事实上已经拥有了Perdido以西的西佛罗里达。但这不意味着Foster就无权取得本案争议土地的所有权。这还需要进一步考察1819年美西两国对于争议的地区的处理,去分析两国签署的条约有没有改变争议土地的权属关系。

由此,马歇尔对本案完成了司法和政治的分离,保持了极大的司法克制,既没有去颠覆立法机关的决定,又没有对领土纠纷做出裁决。将处于领土所有权的政治问题切割出去,从这一点,马歇尔再出发,开始着手解决本案的司法问题。

㊳ See Foster v. Neilson,27 U.S. 253 (U.S. Mar. 9,1829).

㊴ Ibid.

（三）解释与适用条约

法院必须尊重政治部门的行为，认定在1819年以前Perdido以西的西佛罗里达地区实际上美国所有。那么西班牙对该地区的授予一定是无权的吗？即使西班牙的授予是无权的，但Foster的所有权可以由美国和西班牙于1819年的《亚当斯—奥尼斯条约》来保证和确认（guarantied and confirmed）吗？这一问题就成为一个司法问题，具体而言就是一个条约的解释与适用问题。

在本案中，马歇尔采取了文本解释方法，来探求缔约者的意图，最终认定了条约的适用问题。马歇尔集中地、层层递进地分析了1819年美西条约的第2、8条。在该条约的第2条中规定：西班牙割让给美国，属于他的（which belong to him），位于密西西比河以东，称为东佛罗里达和西佛罗里达所有领土的全部所有权和主权。[40] 第8条中规定：1818年1月24日之前，由西班牙国王或其合法当局，在国王割让给美国的上述领土上，作出的所有授予土地的行为，在同等的范围上，应被批准并确认（shall be ratified and confirmed）给拥有这些土地的人。只要这些领土是在西班牙国王的统治之下做出的，授予将会有效[41]。

马歇尔认为西班牙始终坚持认为圣伊尔德丰索条约没有割让西佛罗里达的任何一部分。那么从第8条规定的措辞中，可以得出一个合理的推论。那就是：需要后续美国进行批准和确认的是：所有权仍在西班牙国王手中时，所作的有效土地授权[42]。

确认了第8条规定指向的是所有权仍在西班牙手中的土地授权。那么第2条规定中，西班牙的割让的领土范围到底是什么？Perdido以西的西佛罗里达土地是西班牙所有吗？马歇尔认为在这片区域的所有权问题上，双方各执一词。美国通过实际占有该地区而践行了自己的解释，否认西班牙的所有权。因此，第2条不能被认为美国承认该区域属于西班牙国王，也不能认为美国是根据本条从西班牙那里继承了该

---

[40] 同注[38]。

[41] 同注[38]。

[42] 同注[38]。

区域。

当然也不能完全认为西佛罗里达是属于美国的,因为在条约签订时,在Perdido以东的西佛罗里达仍然承认属于西班牙国王,这一区域足够支撑起第2条中“属于西班牙的,称为西佛罗里达的领土”这一措辞,然后构成所谓的西佛罗里达的割让。

但是,马歇尔认为插入的词语对该条款的结构有实质性影响,不能被当作多余的东西,不能说它们是漫不经心地插入的,必须根据明显的重要性来理解。[43] 如果在第2条中,西班牙国王割让给美国“所有位于密西西比河以东的领土,称为东佛罗里达和西佛罗里达”,省略了“属于他的”(which belong to him)字样,而美国承认它有权这么做,接受了这一转让。那么,第2条的规定可能被解释为承认西佛罗里达完全是被该条约割让的。

但是在第2条中,没有被省略的“属于他的”。留下这个措辞,只有一个简单的意思,那就是限制割让的程度,如此一来,条约割让的领土就没有涉及Perdido以西的西佛罗里达地区。同时,将条约第6条[44]捆绑解读,第6条旨在将割让的领土居民并入联邦,而这将适用于全部的割让土地。但争议的地区作为美国路易斯安那州的一部分,早已并入了美国联邦。[45] 所以在第6条下,对第2条的解释,是不可能指向Perdido以西的西佛罗里达地区,否则显得多此一举。

总之,马歇尔认为,从这些理解出发,可以认为在1819年签订条约时,Perdido以西的西佛罗里达事实上已经属于美国,西班牙在条约中变相承认了该事实,条约中没有涉及上述土地的割让。

按理说解释至此,本案应该告一段落,因为争议土地已经不属于西班牙所有,其在1818年1月24日前所作出的授予行为当然无效。事实上,法院的大多数法官也是这么认定的,西班牙在1803年之后就对

---

[43] 同注[38]。

[44] 第6条规定:西班牙陛下根据本条约割让给美国的领土居民,应在符合联邦宪法原则的情况下尽快并入美国联邦。同注[38]。

[45] 同注[38]。

Perdido 河以西的西佛罗里达没有所有权,其授权绝对的无效,第 8 条根本不能适用本案。

但是马歇尔和另外一个法官不这么认为。因为在签订条约之前,西班牙曾经做出过三大笔的土地授予行为,其中一笔就是位于 Perdido 以西的争议土地。美国当然坚持认为这是欺诈,但是西班牙不承认,双方僵持不下。最后在批准条约时达成妥协,西班牙附加了一个申明,表明这三笔土地授予是有效的。换句话说,尽管有第 8 条的规定,但是上述的三项大额土地授予尤其是与本案争议土地处于同一区域的授予,是不需要在西班牙国王统治下做出[46],也可以得到批准和认可的。所以要么一视同仁,认定这些小额的土地授予与大笔的土地授予都无效,要么就认为都有效,否则在同一时间做出的小额授予不承认有效,而这一大笔的授予承认,这是极不公平的。

但是马歇尔随后又认为,立法的必要性来自条约本身对立法必要性的论述,本条约是否有立法的必要取决于第 8 条的具体措辞。即使将 Foster 的土地适用于第 8 条,但针对本条约的立法还是必要的。因为第 8 条针对的是政治部门,而不是司法部门。

接下来就是马歇尔关于非自动执行条约理论的经典阐述。他说道:条约本质是两国之间的契约,而不是立法行为。一般来说,它本身并不达到要实现的目标,特别是在它实施的是在涉及领土情况下,而是由缔约各方当事国执行。

美国确立了一条不同的原则。我们的宪法宣布条约就是国家法律(a treaty to be the law of the land)。因此,不需要任何立法机关协助而实施,法院会将它视为立法行为的等同(as equivalent to an act of the legislature)。但是当条约条款中含有一个合意(compact),缔约一方承诺履行一个特定行为时,条约针对的是政治机关而不是司法机关的,立法机关必须先执行该契约,然后(条约)才能成为法院的规则。[47]

具体到本案中,马歇尔认为第 8 条并未宣布:1818 年 1 月 24 日之

---

[46] 因为按上文的分析 1803 ~ 1818 年 Perdido 河以西是不属于西班牙的。

[47] 同注[38]。

前西班牙国王做出的所有授予是“有效”(Shall be valid)或“据此确认”。(hereby confirmed)其措辞是,这些授权应得到批准和确认(shall be ratified and confirmed)。也就是说西班牙做出的土地授予需要后续的批准和确认。那么由谁批准和确认?马歇尔认为这是一个缔约双方合意的问题。做出所承诺的批准和确认必须是立法机关。所以,在国会的法案获得通过之前,法院不得无视关于这一问题的现行法律。

由此,马歇尔通过探寻缔约意图,认定该条约含有一个指向未来国会立法的合意,因此该条约不是一个自动执行的条约,法院不能直接执行。马歇尔也认为国会似乎已经理解了这一条款,例如国会已为东西佛罗里达任命了专员委员会,以受理土地索赔;1828 年也通过了一项法案,补充关于解决和确认佛罗里达私人土地索赔;在 1819 年条约之前,立法机构也通过了许多法案,目的都是调整 1803 年条约获得的土地所有权。

也就是说,第 8 条除非由国会法案来实施,否则不能直接用来确认 Foster 的土地所属。至此,马歇尔通过政治与法律问题的区分,否认了 Foster 认为西班牙对争议土地授予行为的有效性。又通过条约解释,否认了争议土地能够得到美西条约的确认,由此驳回了 Foster 的起诉。

(四)再探非自动执行的源起

在 Foster 案中,马歇尔不仅对传统理解的条约都是自动执行的观点进行了切割,将一部分条约归为了非自动执行[48]。并且采用了对条约措辞进行解释,进而确定缔约意图,来判断是否需要国内立法补充的认定方式。

许多的文献[49]集中于分析马歇尔阐述非自动执行条约理论的经典两段,认为其开创了条约的非自动执行的概念。但是马歇尔的这两段文字,不是凭空流淌出来的,而是基于上述整个对于政治与法律的区

---

[48] 马歇尔虽然并没有直接发明非自动执行这一词语,但提出了此种概念,即条约需要在补充国内法,才能执行。

[49] 国内文献在谈及条约非自动执行时,几乎都是直接翻译和解读马歇尔对条约分析最经典的两段。

分、对条约的解释之后得出的。单纯地看马歇尔在谈及当条约条款中含有一个合意时，条约本身指向了政治机关这样的分析，很有可能认为马歇尔是在曲解最高条款的立法原意，逃避法官适用条约的责任。[50]

但是实际上，当我们回顾整个判决意见时，必须带着强烈的问题意识去思考：为什么马歇尔花费大篇幅叙述政治机关对这一问题的看法与做法？以及为什么要对美西条约的相关条款进行绵密的分析？这样的分析不是无价值的，整合起来看，整个判决意见中，最为关键的转折点在：马歇尔已经阐明了法院必须跟随政治机关的立场，否则就会颠覆美国的宪政体制，通过了对条约的分析，认定了争议土地已经被割让给了美国。在此时，法院的多数法官都是认为原告是没有所有权的。但是马歇尔和另一个法官不这么看，他认为后续的西班牙声明能够构成另一种解释，即条约中的批准有可能是适用原告的土地的。但是如果采取这种解释，不仅直接会与法院的多数意见产生冲突，更是会与政治机关的行为产生冲突，法院变相介入了外交事务之中，这是对宪法的一种挑战。

由此，马歇尔再次回归条约解释，认为这些授权应得到批准和确认，将对外事务的决定权返回政治机关，避免了对外交事务中可能产生的潜在冲突。对这个条约措辞的解释是包裹在马歇尔认为司法机关应该对政治机关对外事务处理权尊重基础之上的。换句话说，对条约的适用是放在了宪法的整体框架之下的，而非仅仅基于理解 1/3 的最高条款。[51] 马歇尔的这个分析是有道理的，即使是美国确立了一条不同的规则，将条约直接适用。但是在现实的实际情况中，确实是存在条约不能直接适用的情形。如果条约本身就要求立法机关先通过立法，才

---

[50] 有学者就认为马歇尔的这一区分是仓促的，也没有道理，并且难以适用。理由是缔约双方在谈判时不会关心国内是否需要立法才能执行这一细节问题，国际法会把这个问题留给每个国家的国内法来处理，尤其是在多边条约的谈判中，更是如此。几乎所有条约，无论措辞如何，都允许但不会在条约文本中要求直接或间接的司法执行。参见 Vazquez, Carlos Manuel.,“Treaties as Law of the Land: The Supremacy Clause and the Judicial Enforcement of Treaties”, *Harvard Law Review* Vol. 122, No. 2 (December 2008), pp. 599 – 695。

[51] 因为最高条款规定了宪法、联邦法、条约的最高性，条约只是三种“最高法”之一。

允许司法机关执行条约,那么条约难道应该无条件地被司法直接适用吗?Foster 案反映的就是这样一个宪法性问题,当条约中暗含的要求是要立法机关通过立法再执行条约时,法院绝对不能不顾一切地直接将条约强制执行。因为这是违背三权分立结构的,这类条约就是在宪法实践中不能自动执行的条约。

这一点在随后的 1833 年的 Percheman 案[52]中可以看到,马歇尔虽然修改了 Foster 案的判决,认定美西条约的第 8 条确实是自动执行的。许多分析就认为马歇尔推翻了之前确立的判决。但是这又忽视了一个问题,Percheman 案与 Foster 案案情有一处极大的不同,Percheman 的土地是在 Perdido 河以东,签订条约前本属于西班牙所有,西班牙的土地授予行为当然是有效的。马歇尔在参照了与英文文本有同等效力的西班牙文本后,认为该文本规定的是授权"应保持批准和确认"(shall remain ratified and confirmed)。这代表该条并不像以前所认为的那样,要求由今后一些立法行为作出规定。法院由此修改了之前对第 8 条的理解,认定第 8 条应该是自动执行,是不需要国会立法的。马歇尔也坦承在 Foster 案中:"当时我们没有看到该条约的西班牙部分,我们当时认为它们之间没有差异……如果知道这种情况,我们相信它会让我们产生对该条一样的理解。"[53]

正是因为在 Percheman 案中的认定条约自动执行是不会干扰政治机关的行为,所以即使条约是自动执行的,条约的解释依旧是在尊重立法机关的前提下做出的。在两份判决书中,运用的认定方式都是一致的,也可以看到马歇尔反复提及国会已经针对土地纠纷确立了相应的索赔方式。总的来讲,对于条约的自动执行不是无条件、绝对的,而是应该放置在宪法架构下,尊重政治部门的权威与决定的。正如马歇尔一直强调的:法院的职责是使其裁决符合立法机构明确表达的意愿。

---

[52] 案情与 Foster 案基本一致,区别就在于 Percheman 的土地是在 Perdido 河以东,签订条约前本属于西班牙所有。

[53] United States v. Percheman, 32 U. S. 51 (U. S. Feb. 14, 1833).

对于条约的非自动执行确立，不能够轻易地从只言片语中就认为：马歇尔在 Foster 案中违背了最高条款的立法原意，四年后的 Percheman 案又旋即改变了自己的错误。[54]实际上应该以一个更为广阔的视野来看待条约的最高性与司法执行。David H. Moore 就针对性地反驳了 Vazquez 教授的观点，认为对非自动执行条约的分析关键不是放在最高条款之上，而是应该放在宪法设置的整个权力架构之上，外事权、缔约权都属于政治部门，宪法实际上是设置了一个二元开关，让政治部门去选择要么让条约优先于州立法，要么避免这种优先权与司法强制执行力。[55]

所以，马歇尔是在理解整个宪法架构下，尤其是政治部门和司法部门的权力分工之下，来进行条约的非自动执行的认定。整个 Foster 案的分析是有道理和说服力的。马歇尔并没有误读最高条款，而是在当时对争议土地纠纷严重的情况下，不能盲目地强调最高条款下的条约都是自动执行的。这样做不仅无法解决纠纷，更会造成许多不必要的麻烦。

马歇尔由此开创了对条约司法执行的区分，认为如果在条约的措辞中含义一个指向未来立法要求的意图，那么条约就是非自动执行的。这一方法认定条约自动执行与否，是通过基于意图的认定标准来确定。其基本模式就是通过条约解释来分析缔约意图。但是马歇尔虽然开创了这一方法，但是遗留了三个问题。第一个问题是：基于意图的认定标准，意图是缔约各方还是美国单方，意图的考察是否仅仅针对条约文本的解释即可？第二个问题是：在 Foster 案和后来的 Percheman 案中，基于意图的认定，似乎是含有一个非自动执行的默认推定。也就是认为条约是非自动执行，如果条约的措辞表示是自动执行的，才能自动执行，这似乎与最高条款原文要求同等对待条约的含义相反。第三个问

---

[54] 有学者就持有这种看法，详见注[50]，亦可见 Vazquez，Carlos Manuel.，"Laughing at Treaties"，*Columbia Law Review* Vol. 99，no. 8（December 1999），pp. 2154 – 2217。

[55] See Moore，David H.，"Law（makers）of the Land：The Doctrine of Treaty Non-Self-Execution"，*Harvard Law Review Forum* 122（2009 – 2011），pp. 32 – 47.

题是:基于意图的认定,有可能导致我们在 Foster 案和 Percheman 案中看到的那样,条约有时是自动执行的,有时是非自动执行的。只要通过对条约的不同解释就可以得出不同结论。这三个问题直到 2008 年的 Medellin 案才得以解决。在这期间,一个令人困惑的非自动执行理论在理论界与司法界不断萦绕。

四、构筑非自动执行理论

(一)非自动执行条约的混乱

马歇尔发明了条约非自动执行的概念后,最高法院的判例针对条约的执行一直没有一个统一的认定标准,反而开始涌现出了两类判例:

一类最高法的判例根本没有考虑条约的这一区分。在 1909 年的 Maiorano v. Baltimore 一案中,法院就认为:“根据宪法明文规定,(条约)是国家的最高法律,对联邦和州法院同样具有约束力,能够强制执行(capable of enforcement),而且必须在私权诉讼中强制执行(must be enforced)。”[56]在 1924 年的 Asakura v. City of Seattle 一案中,法院更是直截了当地说道:“它(条约)与美国宪法和法律的规定一样,处于至高无上的地位。它能够在没有任何州或国家立法的协助下,自行执行(operates of itself);法院将予以适用并赋予权威的效力。”[57]

另一类最高法的判例则开始了对条约的区分。在 1884 年的 Edye v. Robertson 案中(亦称作 Head Money 案),法官明确表示:“条约是独立国家间的契约,其执行取决于缔约国政府的利益和荣誉(the interest and the honor)。”[58]1888 年的 Whitney v. Robertson 一案(以下简称 Whitney 案)中,最高法院也强调:“非自动执行的国际协定在国会制定

---

[56] Maiorano v. Baltimore & O. R. Co. ,213 U. S. 268 (U. S. Apr. 5,1909).

[57] Asakura v. Seattle,265 U. S. 332 (U. S. May 26,1924).

[58] Edye v. Robertson,112 U. S. 580 (U. S. Dec. 8,1884).

必要的法律之前,在美国法律体系中不具有法律效力"[59]。

虽然在理论上可以对非自动执行条约进行分类[60],但是实际上法官采取的标准各有不同,也并未绝对认可这样的分类和标准。面对下级法院认为非自动执行是美国条约法中"最混乱的"[61]的困惑。2008年最高法在 Medellin v. Texas 一案中作出的裁决,是 Foster 案以来法院第一次完全以非自动执行为由拒绝救济。作为条约非自动执行的最新判决,确立了目前最权威的判例。Medellin 案对非自动执行理论采取了一个更为宽泛的解释,基本构筑了条约的非自动执行理论,但是这一判决在理论界依旧争论不休。

(二)Medellin 案的宽泛解释

1993 年,作为墨西哥人的 Medellin 在休斯敦杀害了两名少女。1997 年,Medellin 被判处死刑。然而在一审中 Medellin 未被告知根据《维也纳领事关系公约》[62]其享有领事统治权。Medellin 先后向得克萨斯州上诉法院和联邦地区法院提出上诉,但均被驳回。

2003 年,墨西哥向国际法院提起了对美国的诉讼(Mexico v. the United States)(以下简称 Avena 案),其诉称,美国持续不断地违反其应履行的《维也纳领事关系公约》第 36 条所规定的义务。即告知墨西哥国民有权获得领事的帮助并且提供足够的救济以弥补此类的违法行为。[63] 2004 年,国际法院一致裁定:如果在不尊重根据《维也纳领事关系公约》第 36 条第 1 款(b)项赋予的权利的情况下,而对墨西哥国民判处严重惩

---

[59] Whitney v. Robertson,124 U. S. 190 (U. S. Jan. 9,1888).

[60] Vazquez 教授对非自动执行条约进行了类型划分,分为了:"基于意图"(Intent-Based)、"可司法性"(Justiciability)、"合宪性"(Constitutionality)、"私权诉权"(Private Right of Action)四种。详见注㉙。

[61] 同上。

[62] 遇有领馆辖区内有派遣国国民受逮捕或监禁或羁押候审、或受任何其他方式之拘禁之情事,经其本人请求时,接受国主管当局应迅即通知派遣国领馆。受逮捕、监禁、羁押或拘禁之人致领馆之信件亦应由该当局迅予递交。该当局应将本款规定之权利迅即告知当事人。参见国际法委员会,《维也纳领事关系公约》第 36 条第 1 款(b)项,http://www.un. org/chinese/law/ilc/consul. htm,最后访问日期:2018 年 3 月 11 日。

[63] 国际法院:《国际法院年度报告(2003—2004)》,载 http://www. un. org/chinese/law/icj/a59_4/index. htm,第 41 页,最后访问日期:2018 年 3 月 11 日。

罚,则美利坚合众国应以自己选择的方式,审查和重新考虑定罪和判刑。[64]

2004 年,Medellin 以国际法院的判决为法律依据向联邦上诉法院提出上诉,年底依旧被驳回。2005 年,Medellin 上诉至最高法院,主张国际法院在 Avena 案中的判决对美国各州和联邦法院构成了一项具有约束力的义务。根据最高条款,要求遵守 Avena 案判决的条约已经是美国所有州和联邦法院受其约束的法律。因此,Avena 案判决是一项具有约束力的联邦裁决,优先于州法。

但最高法院认为 Avena 案的判决不能构成可直接执行的国内法,维持了原判。在判决中,最高法院首先认为存在非自动执行条约,即并非所有的条约在美国都是自动执行的。其认为:条约包括国际承诺在内不一定是国内法。但如果国会已经颁布了执行法规,或者条约本身传达了自动执行的意图,那么条约是自动执行的。而只有这样的自动执行的条约才对法院具有约束力,才有适用的效力。法院遵循了 Head Money 案中确认的先例,认为条约主要是独立国家之间的契约。其条款的执行,取决于缔约方政府的利益和荣誉。如果这些(利益)失败,它的违规行为就成为国际谈判和声索的主题。而法院与这一切毫无关系,也无法给予补救。只有条约载有自动执行的规定,即不需要立法使其生效,条约才具有制定法的约束力和效力[65]。

接着,最高法院认为《关于强制解决争端之任择议定书》(以下简称《任择议定书》)[66]、《联合国宪章》[67]和《国际法院规约》这些条约是不可自动执行的,依据其作出的 Avena 案判决当然也不自动产生美国国内法上的约束力。最高法依次对《任择议定书》《联合国宪章》《国际法院规约》进行了文本解释。法院认为《任择议定书》只是规定了管辖权,《联合国宪章》只是要求承诺遵守,《国际法院规约》也不适用于

---

[64] 同上,第 46 页,最后访问日期:2018 年 3 月 11 日。

[65] See Medellin v. Texas,555 U. S. 922 (U. S. Oct. 6,2008).

[66] 国际法委员会:《关于强制解决争端之任择议定书》,载 http://www. un. org/chinese/law/ilc/foreign_relations3. htm,最后访问日期:2018 年 3 月 11 日。

[67] 联合国:《联合国宪章》,载 http://www. un. org/zh/sections/un-charter/chapter-xiv/index. html,最后访问日期:2018 年 3 月 11 日。

Medellin。并且认为如果按照 Medellin 的解释,反而会破坏《联合国宪章》精心设计的制度框架,也会打破美国宪法规定的三权分立的原则,因为立法和行政机构才能决定是否遵守以及如何遵守条约,如果司法分支贸然做出了决定,承认了条约下的判决的约束力,将直接让司法分支踏足原本属于立法和行政分支的政治领域,这将违背三权分立原则。

由此,在判决中的多数意见,通过探寻缔约意图,认定了国际法院的判决所依据的条约不具有约束力,属于不可自动执行的条约。多数意见虽然认为该判决构成了一项美国的国际法义务,但是这一问题应该由立法和行政机关去面对,法院对总统的努力表示同情,但却不会执行。

在本案中,布雷耶大法官发表了异议意见。他认为多数意见在错误的地方通过错误的标准分析了一个错误的问题。多数意见在条约的措辞上要求明确有自动执行的用语,这是一种错误的方法。不仅违背了众多先例,也会造成在总统同意、国会不反对的情况下,美国依旧无法履行自己的国际承诺的状况。[68]

但无论如何,首先,多数意见承认并再次强调了 Foster 案形成的以条约文本为核心的,探求缔约者意图的认定方式,否定了布雷耶认为提出的多因素分析方法,认为多因素的分析方法具有极大的不确定性。其次,多数意见的分析更多的是立足宪法设计的分权结构,即对外事务应该由政治部门来决定。而布雷耶的异议更多的是从最高条款出发的,认为就是需要承认条约的国内法效力。最后,多数意见在探求缔约者意图时,更多倾向于美国缔约者的意图,而不是缔约各方的共同意图。这解决了 Foster 案遗留的第一个问题。针对第二个问题,多数意见没有给予承认对条约的非自动执行的推定,因为这确实有悖于最高条款的立法原意。但是法院采用了权力分权的推定,认为在没有缔约者明确指示下,条约是非自动执行的。针对最后一个问题,法院不认为

---

[68] 同注[65]。

条约可以通过不同的解释,得出不同的自动或者非自动执行的效力。法院更倾向于认为条约是有固定性质的,这个性质就是由在文本中探求缔约者意图决定的。对这两个问题的解决,Medellin 案似乎更多的是要求缔约者在缔约时做出关于自动或非自动执行的声明(Declarations),以表明意图。

总之,Medellin 案建立了一个更为宽泛的解释,多数意见认为并不是所有的条约都是国内法,它们也不能自动的被法院适用。而条约是否创设联邦法有时候是由司法机关确定,有时是政治机关确定。正如马歇尔在 Foster 案中认为的,只有条约本身不需要立法规定协助时,司法机关就可以认定能够自动执行。而相反,若没有此种情况,探求政治机关的意图就是重要的。

(三)等同原则与条约二重性

在 Medellin 案中的法官的两种意见之争也延续到了理论界。判决做出之后,立刻引发法律界的热评。法律界几乎也分为了判决意见中的两派。概括来讲,对于非自动执行的理论论战,在司法执行(Judicial enforcement)和法律效力(Legal effects)上两派发生了纷争。一派学者主要从最高条款出发,以同等对待原则要求,认为条约都是自动执行的,否认非自动执行理论,反对 Medellin 发展的对非自动执行条约理论的宽泛解释。即认为:非自动执行条约不具有国内法的法律效力。同时认为应该对 Medellin 案的非自动执行理论进行狭义解释,那就是:非自动执行条约只是无法在司法上强制执行,但是其也具有国内法的地位。这样更容易与最高条款的文本相协调。[69] 另一派学者则认可条约的非自动执行理论,认为自 Foster 案到 Medellin 案,最高法院逐步明确了非自动执行的理论。那就是通过对条约的文本解释,探求缔约者意图,尤其是美国的缔约意图,来认定条约是否是自动执行的。如果是则可以由法院司法适用,如果不是,则没有国内法上的法律效力。

这里首先需要指出的是,即使是反对非自动执行理论的学者们,也

---

[69] See Bradley, Curtis A., "Intent, Presumptions, and Non-Self-Executing Treaties", *The American Journal of International Law*, Vol. 102, no. 3, 2008, pp. 540 – 551.

承认有的条约就是非自动执行的。这里主要有两类条约:一是宪法赋予的属于国会的立法权限范围内的条约,是非自动执行的。[70] 二是如果条约规定的义务本身含糊不清,或只要求国家与国家间的义务,或者义务要求指向非司法部门,条约是非自动执行的[71]。另外,对于美国的缔约者是否可以通过一项明确的声明使条约非自动执行,赞成和反对者都有。有学者认为虽然自动执行是默认规则,但规则可由条约制定者通过条约本身的明确声明(或对条约的保留)予以推翻[72]。总之,反对非自动执行理论的学者们主要是反对一个扩大的对条约非自动执行的宽泛解释。

在反对条约非自动执行理论中,学者们的主要依据就是最高条款要求同等对待宪法、联邦和条约。正如马歇尔所说的:美国确立了一条不同的原则,将条约当作立法的等同(as equivalent to an act of the legislature)。等同原则(the principle of equivalence)要求给予这三者相同的司法待遇。Paust 教授就认为对"自动执行"和"不自动执行"条约的区分是一种司法发明的概念,显然是不符合最高条款的明示语言。[73] 这一原则要求对三者的司法适用要相同。换句话说,非自动执行的条约就如同不能自动执行的联邦法一样,不产生司法适用不是条约独有的问题。类似的,Bradley 教授也认为:条约可能无法执行是因为原告缺乏资格,或者寻求的救济办法不适当,或援引的条款要求行使非司法

---

[70] See Restatement (Third) of the Foreign Relations Law of the United States (1987). 转引自[美]巴里·E. 卡特、艾伦·S. 韦纳:《国际法》(上),冯洁菡译,商务印书馆 2015 年年版,第 222~223 页。另可参见 Young, Ernest A., "Treaties as Part of Our Law", *Texas Law Review* Vol. 88, no. 1 (November 2009), pp. 91-142。

[71] See Sloss, David., "Non-Self-Executing Treaties: Exposing a Constitutional Fallacy", U. C. *Davis Law Review*, vol. 36, no. 1 (November 2002), pp. 1-84. 相同的观点可见 Vázquez, Carlos Manuel., "Treaty-Based Rights and Remedies of Individuals", *Columbia Law Review*, vol. 92, no. 5, 1992, pp. 1082-1163。

[72] See Vázquez, Carlos Manuel., "Laughing at Treaties", *Columbia Law Review*, vol. 99, no. 8, 1999, pp. 2154-2217.

[73] See Paust, Jordan J., "Self-Executing Treaties", *American Journal of International Law*, vol. 82, no. 4 (October 1988).

酌处权。[74]

但问题的关键就在于Foster案中开创的基于意图的条约非自动执行。反对者们认为如果没有明确的声明或者措辞,就认为条约在国内法院无法执行,这与最高条款是相抵触的。有学者甚至认为同等对待要求下条约所有的全部法律效力受到的阻碍就是来自此非自动执行的学说[75]。而对Medellin案确立的非自动执行理论的宽泛表述更是直接违反了同等对待要求。

另一派学者反对所谓的同等原则。主要的理由有三个:一是对条约的区别对待并不是歧视条约,相同的自动或非自动执行在联邦法中也可以看见。[76] 二是认为最高条款并没有要求所谓的同等对待宪法、联邦法及条约。这可以从最高条款的文本、语境以及目的看出。首先,最高条款规定了三类法律渊源的最高性,但是这三类之间的位阶没有认定。宪法的地位就是要高于联邦法与条约的。并且即使最高条款要求同等对待,也没有排除最高条款允许缔结低于其要求的条约的权力[77],也就是说美国是可以缔结并非最高性和并非自动执行的条约。其次,可以通过对宪法的通盘考虑,从上下文语境看,宪法第1条就规定国会可以制定法律执行宪法赋予政府的其他权力,这可以预期国会同样能通过立法介入条约的履行。最后,再次回顾最高条款的立法目的,其规定条约的最高性只是为了压倒州立法,确保联邦外交行为的最高性而已。[78] 同时,也有教授认为条约的不自动执行是与最高条款相一致的,因为最高条款和不自动执行都保证了国会在立法权上的专属

---

[74] See Bradley, Curtis A., "Self-Execution and Treaty Duality", *Supreme Court Review* 2008 (2008), pp. 131 - 182.

[75] See Wu, Tim., "Treaties' Domains", *Virginia Law Review* Vol. 93, no. 3 (2007), pp. 571 - 650.

[76] 同注[74]。

[77] See Moore, David H., "Law(makers) of the Land: The Doctrine of Treaty Non-Self-Execution", *Harvard Law Review Forum* 122 (2009 - 2011), pp. 32 - 47.

[78] See Moore, David H., "Do U. S. Courts Discriminate against Treaties: Equivalence, Duality, and Non-Self-Execution", *Columbia Law Review* Vol. 110, no. 8 (2010), pp. 2228 - i.

性,避免条约直接创造国内法。[79] 还有教授认为根据宪法的文本、结构和历史,可以证明联邦制定法是优于条约的。[80]

反对同等原则的第三个,也是比较关键的一个理由是:学者们提出了条约二重性理论。通过条约的二重性可以证明条约不自动执行的合理性。条约的二重性意味着条约不仅作为国内法发挥作用,而且在外交关系中也发挥作用。事实上,条约首先是外交文书,其次才是国内法。[81] 没有外国主权者的同意,条约就不可能存在。因此,即使条约涉及并影响到国内事务,诸如人权等。但它们最初总是主权国家之间的合约。宪法把缔约权列入了第 2 条而不是第 1 条,就突出了条约的国际性质。因为宪法第 2 条涉及行政权力,而没有明确提到立法权力。[82]

所以,条约主要是国际协定,但在某些情况下,也可能为美国法院提供裁决规则。赞成自行执行的学者反对对条约的这种定性,但是 Medellin 案中最高法院重申了条约二重性。认为条约规定了非自动执行,那么就不能由国内法院执行。而即使它们在次要的国内层面上无法执行,在国际层面它们依旧继续发挥着主要作用。[83] 在 2017 年美国法学会通过的美国对外关系法重述(第四次)(Restatement of the Law Fourth, The Foreign Relations Law of the United States)暂定稿(Tentative Draft)中也承认了 Medellin 案中发展的非自动执行理论。认为:只有自动执行的条约条款才能在法庭上直接适用(directly enforceable)。而条约条款是否自动执行关系到该条款在国内的执行情况,但并不影响美

---

⑲ See Yoo, John C., "Globalism and the Constitution: Treaties, Non-Self-Execution, and the Original Understanding", *Columbia Law Review* Vol. 99, no. 8 (1999), pp. 1955 – 2094.

⑳ See Kesavan, Vasan., "The Three Tiers of Federal Law", *Northwestern University Law Review* Vol. 100, no. 4 (2006), pp. 1479 – 1636.

㉑ See Young, Ernest A., "Treaties as Part of Our Law", *Texas Law Review* Vol. 88, no. 1 (2009), pp. 91 – 142.

㉒ 同注⑱。

㉓ 同注⑱。

国根据国际法遵守该条款的义务。[84]

同时,条约作为外交和国内法文书的双重性质,在国内制定法和条约之间产生了各种差异。条约常常使用宽泛的术语从各国的多样性中获取一致的同意。这一术语及其所反映的概念可能不容易与美国法律、美国法律体系相一致。即使是相一致的,但是由于条约是在一个由不同法律秩序组成的国际环境中起草的,它们相较于国内制定法更不可能预期司法执行,特别是通过国内法院的司法执行。[85] 所以,条约的二重性不会要求这样的同等对待,即便要对条约进行区别对待,这样的区别对待也不是对条约的歧视,而是一种各国通用的做法。

(四)超越自动与非自动执行

无论理论界如何争论,自 Medellin 案判决后,美国国会已经开始尊重最高法院的判决。例如,参议院在 2010 年签订一项引渡条约时,就做出了一个自动执行的声明。实际上,在美国关于自动或非自动执行条约的辩论涉及关于联邦制、三权分立和个人权利等基本宪法问题。这些辩论如果粗略划分,可以用许多不同词组来表达立场与观点。例如:自由派与保守派、孤立主义与全球主义、美国例外论与美国普遍论、民族主义与跨国主义、宪法解释的原旨主义与非原旨主义等。所有的这些词语都反映了美国向内和向外的两种倾向。

前者会赞成条约非自动执行理论,主张在国内适用条约方面发挥有限的司法作用,特别是在私人当事方援引条约限制联邦、州或地方政府行为的情况下,避免更多的国际义务,从而留给美国更多的自主权。而后者通常倾向于自动执行,主张法院在国内适用条约方面应该发挥更广泛的作用,直接地承担更多的国际责任,达成更多的国际一致,履行大国义务。在 Medellin 案中,最高法院支持了前者的阵营,而布雷耶等反对意见倾向于后者的理解。

---

[84] See The American Law Institution, Restatement of the Law Fourth, The Foreign Relations Law of the United States, at https://www. ali. org/publications/show/foreign-relations-law-united-states/#drafts,最后访问日期:2018 年 3 月 11 日。

[85] 同注[74]。

总的来说,对于条约的自动和非自动执行理论,争论的双方都能给出充分理由来论证。但是关键要处理的矛盾是如何在保证国家利益的前提下,有力地在国际社会中展现负担责任、履行义务的国际形象。一方可能更注重美国的自主性,另一方可能更要求履行国际责任。不能绝对地、简单地认定谁是谁非,不同的时势和环境的要求是不一样的。假如 Medellin 案发生在宪法刚通过时,相信法官一定会更多的尊重履行美国的国际责任。但是 2018 年的美国不是 1787 年的美国,随着世事变迁,美国已经从殖民地成长为了超级大国。

而按照目前 Medellin 案的意见。一项条约要想在美国国内法产生约束力,需要跨越三道门槛,首先必须被美国行政机关签署,其次签署后必须通过参议院批准,签而不批,是不具有任何国内法上的约束力的。接着,批准后的条约,除非是声明了自动执行的,否则很可能被认定为非自动执行,而需要国会进一步的立法填充,才能在国内法上司法执行。任何一道门槛,没有跨越完成,条约就不具有美国国内法的地位,不会产生法律约束力,充其量只具有国际义务,约束行政或立法机关而已。但是国会一旦不及时制定执行条约所需要的法律,将使美国违法条约下的义务,但吊诡的是:根据三权分立原则,制定法律属于立法事务,行政机关和司法机关既没有权力去要求国会为该条约的实施而制定相关法律,也没有动力去做此事。这就极其容易造成美国违反条约项下的义务,直接违反“条约必须遵守”国际法原则,而这一违反又是装在国家主权原则这一外壳之下。

五、结论

条约在美国司法执行的起源与发展,实际上就是一副美国成长史的画卷。从美国为何在宪法中确立条约执行机制,该机制又是如何被法院适用与演化,直接折射出美国从英属殖民地成长为了世界大国的历程。风云流转,原先弱小不堪、需要国际法支持、避免违约而落人口实的美国,如今已经成为超级大国。遵不遵守国际法的义务以及如何履行条约项下的规定,对于美国来说已经成为一个可选项,而不是必选项。在目前的向内和向外的双向张力之中,美国可以更有底气和实力地喊出美国优先。

回顾制宪会议中对条约自动执行的辩论,审视非自动执行的起源与发展。这样一幅生动的制度演化史,给我们外部观察者,提供了一个切片来观察美国宪法的有益视角。宪法中的最高条款文本虽未发生变化,但对条约执行的理解与适用已然迥异。而司法,尤其是美国最高法院的判例,为宪法的有机生成提供了说明和指引。这个意义上讲宪法虽旧,其命维新。判例法下的制度弹性与活力,通过条约在美国的司法执行这一问题的演变,完美地呈现给了我们。

同时我们也可以从中一窥宪制的内外关系。一国的外部环境会直接影响内部的宪制,在国际地位岌岌可危之时,初生共和国会要求积极履行国际义务,从而保证本国利益。而在内部民族主义回潮,更加看重本国行动自由之时,国际义务的履行就不是那么的迫切。内外两个维度是相互影响的,而二重性下的条约在国内的司法执行就是内外关系的交汇点。

《政治与法律评论》
(第九辑)第197~211页

教育机构的领导者：一位法学院院长的反思*

罗伯特·波斯特** 撰 阎 天*** 译

正如黛布拉·洛德(Deborah Rhode)在她的大

---

* 原题 Leadership in Educational Institutions: Reflections of a Law School Dean,原载《斯坦福法律评论》(*Stanford Law Review*)第69卷第6期(2017年6月),第1817~1829页。中译发表前获得作者授权。

** 罗伯特·查尔斯·波斯特(Robert Charles Post,一译珀斯特),耶鲁大学法学院思特灵讲席教授。毕业于哈佛大学,后获耶鲁大学法律博士(J. D.)和哈佛大学美国文明史博士(Ph. D.)学位。曾担任最高法院大法官威廉·布伦南的助理,在律所执业,并任教于加州大学伯克利分校法学院。自2009年起担任耶鲁大学法学院第16任院长,于2017年7月1日卸任。著名宪法学家,主要研究言论自由、平等保护等问题。作品已经译成中文的有:《民主、专业知识与学术自由:现代国家的第一修正案理论》(左亦鲁译,中国政法大学出版社2014年版)、《宪法的领域:民主、共同体与管理》(毕洪海译,北京大学出版社2012年版)及《隐私与法律——捍卫公民权》(朱宏、格非编译,《国外社会科学文摘》2001年第3期)、《民主宪政与文化异质性》(吴展译,《交大法学》2013年第4期)、《论信息流通》(桂舒、赵娟译,《北大法律评论》第9卷第1期)、《宪法学在美国》(田力译,《政治与法律评论》第5辑)和《为法治而斗争》(与玛莎·米诺合撰,谢可晟译,微信公众号"雅理读书")。

*** 阎天,北京大学法学院助理教授,耶鲁大学法学博士(J. S. D.,2014年)和法学硕士(LL. M.,2011年)。

作《法律人当领导》(*Lawyers as Leaders*)中所言,[①]探讨领导者的文献汗牛充栋。领导者已经成为微观研究的主题。仿佛领导者是一种可以计量的成分,其核心可以萃取,其秘密可以复制,其力量也可以传递给有能力学习的人。

无疑,我们可以从研究领导者当中获益良多。不过,我直觉地认为,领导不但是个名词,更是个动词。它展现在符合周遭情境的行动之中。领导就像用正确的钥匙插入正确的锁孔。领导者有时要坚强不屈,正如丘吉尔抵抗纳粹时那样;有时又需要无尽的灵活机智,正如罗斯福总统不断机变,让他的新政得以起跑。领导若要收到实效,有时须得充分认识到现有安排中的智慧,并保持小心,有时又得勇敢无畏,执意破局。领导有时得狡猾,有时则要取信于人。背景决定一切。

确定的是,领导如果照搬规则手册,断不会获得任何头绪。毕竟,人们几乎总是用成就来衡量领导者,而成就只有在取得之后方可知晓。所以,领导者必须赌上他们对于未来的远见。评价领导者既要看远见的内容,也要看实现的能力。

不过,我们有时会从一个更狭窄、更技术的角度去看领导。我们根据一个人齐集和动员追随者的能力来衡量领导的实效。[②] 领导者可以用来连结追随者的策略取决于先前的关系。追随者可以是雇员、选民或者信众;他们可以是下属、共谋、主顾或者同僚。一旦领导者与追随者的关系生变,他能够用来实现有效领导的法律和社会工具也会跟着变化。有时需要纪律,有时则需要鼓舞。

既然存在这么多变量和不确定因素,针对领导这个整体或者教育机构的领导,可以得出什么结论呢?我只能提供一些主题零散的、基于个人经历的反思。我将首先讨论:在法律教育的危机时刻,为了努力维护耶鲁法学院的教学传统,我面临着何种策略困境;然后,我将讨论自

---

① See Deborah L. Rhode, Lawyers as Leaders (2013).

② 这一点也被表述为“说服他人接受你的观点并照此行事的能力”。See Paula A. Monopoli & Susan G. McCarty, *Introduction* to Law and Leadership: Integrating Leadership Studies into the Law School Curriculum 1,1 (Paula Monopoli & Susan McCarty eds. ,2013).

己在动员不同的选民时所面临的难题，而这些选民正是人们希望我去“领导”的。

远见与策略

我们用成就衡量领导者。但是，在学术组织之中，成就意味着什么？商业企业的成就很容易通过金钱衡量，而评价教育机构的成就则要难得多。

在伟大的论著《大学观》（*The Idea of a University*）之中，著名英国哲人迈克尔·奥克肖特（Michael Oakeshott）批评了“当下关于大学‘使命’和‘功能’的讨论”。③ “大学并不是实现特定目的或产出特定结果的机器，”他指出，“它是人类行动的一种方式。”④大学是“求知的家园，是保存和拓展求知传统的地方，也是为求知而集成必要的组织架构的地方”。⑤ 人们何以衡量这样一座机构中领导的成就呢？

首先要判断奥克肖特是否准确捕捉到了现代大学的本质，这一点很深刻。奥克肖特将大学看作求知的家园，回避一切特定结果，而在我所占据的、高等教育的一个小角落——法律教育——之中，这个观点饱受争议。比如，在最近的危机中，法律教育工作者被告知，“法学院的基本目的是训练律师”，且这已成共识（不过我们也被告知，“关于这究竟意味着什么则并无共识”）。⑥ 我还被告诫说，“法学院以提供法律教

③ Michael Oakeshott, *The Idea of a University*, LISTENER, Mar. 9, 1950, at 424.

④ *Id.*

⑤ *Id.*

⑥ See Task Force on the Future of Legal Educ., AM. BAR Ass'n, Report and Recommendations 14, http://www.americanbar.org/content/dam/aba/administrative/professional_responsibility/report_and_recommendations_of_aba_task_force.authcheckdam.pdf（“例如，至关重要的是，人们究竟把法律工作者主要看成需要特定技能或专业的、技术服务的提供者，还是宽泛的问题解决者和社会领导人。对于‘培养法律工作者’的不同看法会引出对于课程设置、教师队伍以及服务学生的侧重点的不同认知。”）.

育服务为业”。⑦

即便这样两种关于法律教育的简单看法也会发生冲突:某座法学院可能在法律教育业取得成功——这可以用商业可持续性之类标准来衡量,同时却没能实现训练律师的目标(无论怎样评估)。前一目标肯定不同于保存和拓展求知传统,而那才是奥克肖特的关切所在。法学院院长的成败取决于如何在这些不同的目标之间确定方向。

我幸运地担任了耶鲁法学院的院长,这所学院的排名很高,并且在一切通常的标准衡量下都堪称成功。如果耶鲁法学院陷入债务的重负,当然意味着领导的巨大失败。不过,由于捐助数额庞大,维持耶鲁法学院的商业生存能力并不需要高深的技艺。而耶鲁法学院领导人所面临的挑战性测试在于:在维系求知传统与建设训练未来法律工作者的教育环境之间,如何求得精细的平衡。

这一挑战的内容超出了法律教育的学术和临床视角之间的常见张力。一种教育旨在激发学生的思考,⑧另一种则要为他们投身职业做准备,而挑战恰恰产生在二者的差异之处。奥克肖特很明白它们的不同。他认为,大学里的求知不应该:

> 让学生混淆两种教育:一种是职业训练,学习某个行业的诀窍,为今后社会中的特定岗位做准备;另一种是求得某种道德和智识的装备,供其终身受用。每当这种秘而不宣的目的显现出来,(关于人而不是功能的)教育就会悄无声息地从后门溜走。知识可能带来权力,为了这种权力而求知的根源在于贪婪的利己主义,就算它以所谓“社会目的”的面目出现,其贪婪和利己的程度也丝毫不减,而这与大学无涉。大学的课程表上并没有这样的设置;而教学的方式——老师们感兴趣学生本身、他的所思、他的心性、他不朽的灵魂,而不是他可以被培养成什么样的校长或者行政官员——这种目的并不包含在教学方式里。⑨

---

⑦ *Id.* at 25.

⑧ See Oakeshott, *supra* note 3, at 426.

⑨ *Id.*

究竟是让学生做好思考的准备，还是做好执业的准备，二者之间的张力被汉娜·阿伦特（Hannah Arendt）在其杰作《思想与道德考量》（*Thinking and Moral Considerations*）中所捕捉。[10] 阿伦特观察到，虽然所有人都拥有思考的潜力，但是“探求意义”的思维习惯甚为罕见，也即“惯于检视和反思一切现实发生之事”，为此“不懈地消解和重审一切既定的教条和规则”。[11] 阿伦特对比了“思考”（thinking）与“知道”（knowing）。[12] 思考打断了知识与行动。它要求我们从自以为知道的东西上后退，并加以审视。思考的一项重要价值在于：当流行的社会和政治思潮将我们不自觉地引向合谋做恶时，思考可以阻止“良知”的“灾难性”溃败。[13]

法律训练通常要求学生将某个学科的实践和知识加以内化。它致力于训练学生掌握法律的本体、结构和实用方面，从而能够以权威且轻松的方式与法律机构打交道。律师如果在行动前必须停下来重新思考每一个问题，恐怕就要举步维艰、一事无成了。所以，在训练良好的律师与不断思考的人之间，不可避免地会存在矛盾。

所有法学院都必须把学生训练成法律职业的实际成员。同时，耶鲁法学院也是具有悠久的、强调思考的教学传统的少数法学院之一。还有哪家法学院会年复一年地开课讲授《约伯记》（*Book of Job*）？耶鲁法学院不懈地关注无尽的思想对话，这成了一个流传已久的笑话的素材：“不论你能做什么，我们都能做更高级的（meta）。”我就任院长时所面临的问题在于：在训练与思考这对旨趣之间，该如何领导学院？

我是在 2009 年成为院长的，当时，给法律教育带来深重危机的大衰退（Great Recession）才刚刚过去。各个方面都提出了紧急诉求，要求法律教育变得更划算，并培养训练更好、成就更著的法律工作者。现行

---

[10] See Hannah Arendt, Thinking and Moral Considerations, Helen Kenyon Lecture at Vassar College (Mar. 10, 1971), *in* 38 SOC. RES. 417 (1971).

[11] *Id.* at 418, 435.

[12] *Id.* at 422（“知道与思考的这种区分至为关键。”）

[13] *Id.* at 418, 435 – 36. 阿伦特脑海中的合谋包括大屠杀的罪行和苏联的极权压迫。

法学院课程对于伊利诺伊州法律实务的未来影响特别委员会(Special Committee on the Impact of Current Law School Curriculum on the Future of the Practice of Law in Illinois)于2014年指出,“为了在当下的法律市场中取得成功,法学院的毕业生必须具备可以立即投入实务的技能。法学院的毕业生仅仅像法律工作者那样思考已经不够了;他们必须能够开展法律实务核心的基本业务”。[14] 委员会所依据的是先前的《最终报告和建议》(*Final Report & Recommendations*),该报告由2013年的法学院债务对于法律服务的影响特别委员会(Special Committee on the Impact of Law School Debt on the Delivery of Legal Services)提出,其中说道,“法学院……必须改变其课程,聚焦于为执业而培养法律工作者”,并“削减诸如‘法律与文学’之类只关注法学研究、而在实务中用不到的课程”。[15]

鉴于从实务出发理解法律教育的呼声再度出现,美国律师协会(American Bar Association)修改了其《法学院认证标准与程序》(*Standards and Procedures for Approval of Law Schools*)。比如,新修订的第301条标准规定,“法学院应当开办严格的法律教育项目,让学生在毕业时做好准备,获得律师协会的接纳,并且成为法律职业中有用、守德、负责的参与者”,且“法学院应当创制和发布旨在实现这些目标

---

⑭ Special Comm. on the Impact of Current Law Sch. Curriculum on the Future of the Practice of Law in Ill. ,Ill. State Bar Ass'n,Report and Recommendations 6 (n. d.),https://www. isba. org/sites/default/files/committees/Impact%20of%20Current%20Law%20School%20Curriculum%20on%20the%20Future%20of%20the%20Practice%20of%20Law%20in%20Illinois. pdf.

⑮ Special Comm. on the Impact of Law Sch. Debt on the Delivery of Legal Servs. ,Ill. State Bar Ass'n,Final Report & Recommendations 5 (2013),http://www. americanbar. org/content/dam/aba/administrative/professional_responsibility/law_school_debt_report_030813. authcheckdam. pdf. 其他建议包括“在聘用和提供终身教职时”强调“教学能力和实务技能,而不是学术”;吸收“有经验的实务工作者和法官……进入法学院的教师聘用和终身教职评定委员会”;延聘“更多的兼职教授以降低……开销,并且为学生提供在毕业前更多接触法律实务的机会”;以及“在法学院的治理中”赋予“诊所教师和法律写作教师……与传统教师相同的义务”。*Id.* at 6.

的成果”。[16] 如今，美国律师协会要求学生在毕业前修读一门或以上的体验课程，且至少修满6学时。[17]

面对这种形势，常见的做法是否定理论与实践之间的分歧，主张学生求知的增广也可以改善法律训练的质量。我恰恰相信这一点，因而认为伊利诺伊州律师协会（Illinois Bar Association）的建议是非常短视的。大多数重要法学院都会当即拒绝之。不过，我在此处理的问题略有不同，因为阿伦特和奥克肖特所关注的思考指向学生的生活质量，而不是他在法律职业中更加有效地发挥功能的本领，尽管思考肯定也能带来这一点。阿伦特和奥克肖特所倡导的思考不能还原为知识，虽然从中可以产生全新的知识。

法律教育和法律职业发生了前所未有的危机，而作为院长中的新手，我不得不决定如何领导学院。我知道，我的继任者会评价我是否将学院引上了正确的方向，而对我的判词将据此作出。我努力根据三条原则辨明自己的道路。

第一，我相信思考的价值。我本人就是耶鲁法学院教育的产品，在我的一生中，我都珍视那些超出职业知识和训练惯常局限之外的探索。我相信，耶鲁法学院的传统缔造了某种近乎“思维的真正陶冶”的东西，那正是纽曼主教（Cardinal Newman）所认定的、高等教育的目的。[18]“才智一旦获得了适当的训练，并且对于事物形成了相互贯通的看法或理解，”纽曼写道：

> 就会显现出力量，其影响大致取决于个人的特定品性和能力。对于大多数人而言，它会以好的方式让自己被感知到，比如思考的清醒、

[16] Section of Legal Educ. & Admissions to the Bar, Am. Bar Ass'n, Aba Standards and Rules of Procedure For Approval of Law Schools, 2016 – 2017 standard 301, at 15 (2016), http://www.americanbar.org/content/dam/aba/publications/misc/legal_education/Standards/2016_2017_aba_standards_and_rules_of_procedure.authcheckdam.pdf.

[17] *Id.* standard 303(a)(3), at 16.

[18] See John Henry Cardinal Newman, The Idea of a University, Defined and Illustrated, at xiv (London, Longmans, Green & Co. 1891).

讲理、坦率、自律和观点的稳定,这是它的特点。对于某些人而言,它会生出经营的习惯、影响他人的权力,以及明智的判断。对于其他人而言,它会引出哲学思考的天赋,并且引领思考登上某一智识分科的高地。而对于所有人而言,都会获得一种能力,可以相对容易地进入任何思考主题,并且与一切科学或职业方面有才能的人交往。⑲

第二,奥克肖特将大学描述成有传统的地方,我认为这是对的。大学并不仅是分配信息和知识的传送带。它们是宝库,行为脚本和态度传承下来,融为一体,建立起求知的氛围。这种氛围是相得益彰的;它不仅仅是各部分之和。它容易破坏,却不易恢复。这就是为什么在我成为院长的时候,我的同事约翰·朗拜恩(John Langbein)把我拉到一旁,给了我一条最好的建议:“一位优秀的院长只能有限地改进一所学院。而一位糟糕的院长可以迅速造成大规模的损害。”

第三,不论法学院的目标是职业培训的灌输还是思考的练习,严肃的法学院都要通过每位教师来运作。法学院的教师队伍是不可替代的。他们和司法考试的讲师不同,后者可以被任意替换,因为他们的义务在传递完信息以后就结束了。学生通过与教师个人建立心理连结,既能习得如何思考,又能获得职业训练。正如纽曼主教所观察到的:“学术系统离开了教师对学生个人的影响,就如北极的冬天;那只会造就一座冰封的、石化的、铁铸的大学,别无其他。”⑳

当我将这三条原则运用于耶鲁,回应这场吞噬了法学教育的危机,只能得出一条结论。我的领导方式必须将大破坏的风险降到最低,维系耶鲁法学院相得益彰的教育氛围,并且不能磨灭对于鼓励思考的传统关注。这个结论意味着:我须从特定的角度看待学院所面临的抉择。

如果我把选项看作零和博弈,选择要么追求职业训练,要么维系求知传统,那么教师当中就会有赢有输。某些教师会强烈支持前者;其他

---

⑲ *Id.* at xvii – xviii.

⑳ 3 John Henry Cardinal Newman, Historical Sketches 74 (Christian Classics Inc. new ed. 1970) (1872).

人则会强烈倾向后者。如此分裂教师队伍，就算能让一些人感到舒坦，也将不可避免地疏远耶鲁法学院的某些优秀教师。这就会打破相得益彰的氛围，而正是这种氛围支持着耶鲁法学院教育的独特配方。这种氛围非常脆弱，一旦损坏就难以回复。

有时，生活会迫使我们在零和选项之间做出痛苦的抉择。这种时候，领导者的角色恰恰是执住两难的一角，奋力骑乘。在最近的危机中，一些法学院的院长不得不裁员，他们在决定如何操作时，无疑面对着零和选项。不过，尽管那些敬佩领导人决断的人给了我建议，我仍然认为，除非到了最后关头，我在耶鲁法学院所面对的选择都并非零和。既然情况并不急迫，我决定采取本质上是伯克式（Burkean）的改革，保存现有的安排和传统，至多悄然改变侧重点和优先项。

所以，前方的道路在于肯定耶鲁法学院在传统上对于思考与职业训练的服膺，不能为了迁就其一而牺牲另一。为了达到这个目的，我有许多工具可用。我可以阐发两种教育进路各自的优点，制成模型，从而为它们各自获得尊重和支持创设空间。我既任命了负责学术事务的副院长（Deputy Dean for Academic Affairs），又任命了负责体验教育的副院长（Deputy Dean for Experiential Education），这在耶鲁法学院历史上是第一次。我可以影响聘用决策，确保新任教师同时尊重两种教育思路。我可以既鼓励诊所教师讲授实在的学术课程，又鼓励学术教师开设诊所课程，从而促进这两个教育角度的融合。

无疑，许多人会批评我采取的进路含糊不清，因为我并没有断然追求某一教育目标而舍弃其他。但是，作为领导人，我的判断是：我的首要责任在于保存学院的力量，尽管我也承认有必要增设另一截然不同的目标，并为此在课程中增加职业训练的成分。这恰恰意味着不将学院所面临的挑战看成零和选择。肯定有许多院长会做出不同的决策。然而，领导者无可回避（或许也不值得羡慕）的命运，最终要等待未来的审判。

回应选民

现在我转向对于领导的更窄界定,它关注领导者激励和动员追随者的能力。就此而论,担任法学院院长的独特之处,在于他所要负责的选民是多样的。每种人都需要不同的领导进路。这些选民包括教师、学生、职员和校友。

就职员而言,耶鲁法学院院长的地位大致相当于任何一家小企业的首席执行官,而他的员工队伍有半数结成了工会。学着适应当代员工队伍中所特有的、关于评估和报酬的等级关系,让我感到既违和又艰难。无论是面对令人费解的雇佣决定,还是面对严厉的解雇决定,都让我心生不安。我一直对那种环境下所必需的程式感到不快。我发现,各部门极度分散,各有其标准运作程序,这让整体领导变得不可能,后者只能通过断断续续的、命令的等级链条来行使权力。人力资源(HR)规则,以及工会谈判协议,改变了院长与员工队伍之间的关系,使之迥异于院长与教师或学生之间的关系。

当然,我所讨论的是院长与员工队伍整体上的关系,而非院长与个别员工之间的关系。在危机时刻,所有员工都在担心裁员的恐怖可能,而我发现我与整个员工队伍的关系改变了。我可以绕开正式的人力资源管道,直接与员工交流,用打消人们恐惧和安慰的口吻说话。我一直努力表达这样一种学院观:因为需要保持团结,阵痛可以缓和,并且被广泛分担。我保证我们会彼此支持,我相信这样做会带来长期收益,那就是信任和忠诚。

我承认,将学院看作彼此忠实的一家,与将学院看作运用大学的正式人力资源规则管理的机构,这两者之间存在尖锐的矛盾。但是我认为,院长应当知道何时运用前者,何时又要运用后者。

显然,耶鲁法学院的院长与教师的关系,全然不同于首席执行官与雇员的关系。仅仅是学术自由的基本原则和终身教职,就阻止了院长扮演首席执行官那样的管理角色。其实，院长在许多方面都类似美国最高法院的首席大法官：他首先是平等者中的一员，与其他终身教师一样，只有一票。

不过，这种平等的描述严重低估了院长相对于教师的实际地位。院长要制定议程，任命委员会成员，采取措施，分配预算，在正式场合代学院发声，等等。院长有许多方法将这些权限转化为硬性权力，特别是通过展开预算决策来做到这一点。然而，院长一旦走上这条路，就把教师们推向了雇员的地位，取消了他们的独立能动性，并削弱了学院由同侪共同担责的机制。由于法学院的运作最终取决于教师，我认为，行使硬性权力最终会适得其反。如果教师不是学院政策和优先事务的所有者，法学院就不可能运作顺畅。

所以我认为，明智的做法是运用软性权力，通过说服和强调的方式来行使院长权威。院长最重要的任务之一，是保持教师对于学院的热情和心理投入。这对我而言尤其重要，不仅是因为法学院非此则不能释放其教育潜力，而且是因为耶鲁法学院的几乎所有教师都有能力另谋高就，所以让教师们对学院满意就很关键。耶鲁法学院的院长只要与某位教员针锋相对，就已经输掉了战争，除非他真的想要把这个人赶出纽黑文（New Haven）。

让享有特权的教师们开心，可谓知易行难。我一直认为，优秀的教师就像艺术家一样。他们对世界感到失望，并且想要改善它。他们对现有的权威感到不快，认为后者为现状背书，而那恰恰是需要改进的。开心的教师几乎不会留意他们的院长；他们只干自己的事。而不满和焦虑很容易在教师之间扩散，不开心的教师总是把院长看成他们烦恼的源头和教唆犯。他们用狗对待消防栓的态度对待院长。

院长只有尊重和信任教师，才能够施展软性权力。为了赢得尊重和信任，我试着建立起可靠而透明的程序。我反复做工作，抓住许多机会去证明自己的真诚。我一直努力成为一位中立的调解人。对于通常被认为居于学院顶点的人而言，这种愿望很不寻常。如果我成功了，我会有意让人们看不见我，只负责运用程序来消弭冲突。这让我想起老子的看法:好的统治者“功成事遂,百姓皆谓:我自然”。[21] 从担任院长的亲身经历出发,这条蕴意深刻的格言让我记起了一句老话:当院长就如同在墓地散步——一人在上,无人聆听。

教师的尊重和信任是容易生变的资源。教师通常会对权威过分不满(这也是他们致力于重塑现实的原因),而由担任院长所当即引发的角色转变之深刻、之强力,让我感到震惊。此一时我还被当作同事,彼一时我就成了当权者,要承受常人加诸这类人的全部想象。所以,我与教师的关系总是面临衰退的风险,这意味着我会因为与自己几乎无关的事情而受到赞美或指责。正如所有家庭那样,权威的代价就是恋母情结的冲突。于是,到处都布满了地雷的绊发线,它们虽然悄无声息,却真真切切地将信任转变为怨恨。

有鉴于此,我认为,最安全也最舒服的做法是到后面去领导。我想让各项动议看起来都由教师发起,而不是由院长像颁令那样下达,否则就会马上招来反对和抵制。最安全的做法从来都是回应由教师领衔的冒险行动。这样做益处多多,至少能让我保持透明和利益无涉的姿态,从而巩固教师的信任和尊重。

然而,到后面去领导无论可以在多大程度上减少恋母情结的冲突,都意味着我要投入相当的精力播种,并且等待结出果实的正确机遇。重要的是把控那些可能成熟的选项的内容和时机,从而让学院的决策最终可以为我所接受。这样一来,我既能够塑造学院的议程,又能够让教师获得学院所有者的真实体验。只有很少的几次,我走到教师们面前,赤裸裸地寻求说服他们追随我的领导。这种时候,我总是感到脆弱无力,仿佛自己在消耗有限的善意储备。

在这篇反思的第一节,我分析了在教育机构中实施伯克式领导的原因。就我本人而言,这些原因同样反映了心理的脆弱。我易被反移情所扰,这让我苦恼。每当我觉得有必要走到教师们面前、试着说服他们接受某项决策,我都难以分清教师们的反应和他们对我本人的看法。

---

[21] Laotse, *Rulers*, *in* the Wisdom of Laotse 114, 114 (Lin Yutang trans. & ed., 1948).

每个人都对院长说他该对事不对人，但是知易行难。

我观察到，某些院长——他们处在我们最棒的院长之列——其实能够从频繁移情与反移情的氛围里汲取能量。他们获得了精神力量，巩固了他们对于自我价值和个人能力的认知。他们愿意采取我称之为卡里斯玛的领导方式。教师文化与决策都围绕着他们和他们的举措转，他们的领导地位和权威因而总是面临巨大的风险。我本人从不喜欢这种处境。

恰恰在这一点上，领导与个性发生了交叉。诚然，总会有些时候，学院必须在没有自下而上动议的情况下采取断然措施。问题在于这种措施何时是必要的。卡里斯玛式的领导大概比我更可能觉得有必要采取这种措施。在我看来，卡里斯玛式领导的缺点在于，首先，它会引发怨恨，从而自我设限；其次，它要冒打乱学院文化生态和传统的风险，而后者历来脆弱，有时甚至无法修复。不过我愿意承认，由于我本人的心理机制，我可能倾向于夸大这些缺点。如果卡里斯玛式的院长行动过快、过于断然，那么，我可能行动不够快，也不够果断。

对于法学院的院长而言，学生代表着与教师截然不同的一类选民。院长可以了解每一位教员，和他们一一交谈，而能够对学生做到这些的院长则凤毛麟角。我一直热爱教学和指导学生。可是，院长与教授不同，他面对的是学生的整体，他面对的是学生群体本身。他们必须应对“学生看法”，而不仅是某一届或某些学生的看法。

学生看法当然是一种概括。我在新生开始接受法学教育时对他们讲话，我也在授予毕业生学位时对他们讲话。在学年期间，我举办“院情咨文”活动，学生依意愿参加。我和当选的学生代表会面，和学生社团的负责人会面，和工作委员会及行动小组中的学生成员会面，和我班上的学生、研究助理会面，如此种种。这些会面通常都很愉快，令人满意。它们几乎都是建设性的。向学生学习带给我极大的快乐。然而，在所有这些会见中，我所面对的都只是某些学生的看法，而不是学生整体的看法。

应对某些学生的看法类似于应对某些教师的看法。院长为了说服人,运用常规的对话工具。不论交流的效果如何,院长在结束时了解了某些学生为什么有特定的想法,并可以据此行事。而学生看法——学生整体的看法——却总是抽象的建构。院长无法亲身接触到它。它无法被还原为任一学生或学生群体。

于是,学生看法成了几乎完美的投影幕布。人们从自身心理结构的变动中生出态度,然后投射到学生群体之上。对我来说,学生看法不断让我想起一个严苛的、超我的声音,这在卡夫卡(Kafka)的《审判》(*Das Urteil*)当中获得了戏剧性的探讨。㉒ 因此,为了将学生看法人格化,并且原原本本地体会它,我一直在努力挣扎。我很快发现自己并不是天生的政客,对于后者而言,大众是力量的源泉,而不会带来持续的心理折磨。我估计,具有卡里斯玛式领导风格的院长应对学生看法要容易得多,因为这种经历能让他们巩固较为正面的自我形象。但这只是我的猜测,或许也只是我心态的投射。

从这种挣扎之中,我理解了规模对于领导教育机构的极端重要性。在耶鲁法学院这样的小机构里,我可以单独应对每一位教师。我可以把教师看法理解成每一位教师的看法之和。然而,即使是在耶鲁法学院,学生看法也与此截然不同,它从来都超出我实际对话的、特定学生的范围。为了影响学生的观念,可以与学生领袖和代表交谈,可以和与有影响的学生、关系紧密的教师交谈,可以和受尊重且有实权的行政人员交谈,等等。但是,直接面对学生意见,总会引起自我怀疑。

把这一点放到中等规模的教育机构,比如耶鲁大学去考虑。这些机构的领导人只能亲自应付少数人。在每项决策中,他们都必须面对大众意见问题——无论涉及教师、职工、学生,还是校友。只要他们想用纯粹的管理之外的手段行使领导权——也即致力于激励、引导、安抚和缔造共同体——他们就必须运用当下政客那般的天赋。他们必须面对自己的心理投射,并且从深藏在个性深处的动力中汲取养分。

对于天生的学者而言,这是件重大的任务,因为他们的本业需要,

㉒ *See* Franz Kafka, *Das Urteil* [*The Judgment*], *in* Arkadia: Ein Jahrbuch Für Dichtkunst 55 (Max Brod ed.,1913).

并且珍视自我批评。对于大机构中教育管理的固有困境，亲身经历让我产生了新的认识。

如果让我单脚站立着总结八年法学院院长生涯的主要经验，我会把它归结成两种知识。第一种是对自我的认知。在法学院这样的小机构中，领导最重要的任务就是妥善地分辨自我与他人之间的界线。这往往是生活中最艰巨的任务，而在法学院这样的亲密环境中尤其如此。第二种是关于法律教育的知识，也就是法学院在教育学生和从事研究时，应当以何种成就为目标。在法律机构的性质快速变化的时代，牢牢把握法学院的目标非同小可。

简言之，领导力取决于自觉的品质和切实的远见。和人们生活中真正可贵的一切事物一样，它不是仅靠教就能会的，而是须努力赢得。

《政治与法律评论》
(第九辑)第212~233页

有限战争：18世纪欧洲战争的形态、法律根基及其消亡

——《战争之谕：胜利之法与现代战争形态的形成》读后感

陈　刚*

摘要：惠特曼教授通过对18世纪欧洲战争形态的分析，指出在今日我们所习见的无限战争形态之外，也曾存在过另一种有限战争形态。其背后潜藏着一整套独特的战争法理念：战争是主权者的权利；是主权者解决财产纠纷的合法方式；撤退规则而非歼敌规则决定了战争的胜负。随着19世纪欧洲各国纷纷确立起共和制，有限战争形态与君主制一道归于消亡。而国际社会逐渐发展出了一整套人道主义战争法理念。然而，这套战争法理念不仅未能消除战争的危害，甚至在某种程度上加剧了无限战争形态的扩散。惠特曼教授正是有鉴于此，以历史的眼光警醒世人，除了关注战争的发动、战时的人权，我们也须制定明确的胜利规则，以便当战争不可避免的时候，指引它迅速终结。

* 陈刚，法学博士，上海海事大学法学院讲师，华东政法大学博士后研究人员。

关键词:有限战争　无限战争　法律

“战争是一把可怜的凿子,用来雕刻出我们的未来。”①

——马丁·路德·金(Martin Luther King)

引　言

战争如挥之不去的幽灵,千百年来始终纠缠着人类社会。人们害怕战争,却又无比推崇战争,甚至将战争中的胜者神化。历史发展到今天,经历两次世界大战洗礼的人们,终于充分认识到战争的可怕。为了避免重蹈覆辙,人们试图用人权思想、人道主义理念、国际法和国际组织等等方式,去最大限度地遏制战争。人们曾热切地希望,依托于联合国等国际组织,通过倡导一种以政治协商的方式解决国际争端的理念,以及制定相应的国际法,让人类社会摆脱战争的阴霾。然而,20世纪后半叶的历史,却以血淋淋的事实告诉世人,战争并未远去。人类的理性似乎并不足以遏制内心血腥的疯狂。在21世纪的今天,爆发世界大战的可能性微乎其微,然而局部的血腥与暴力却从未间断。针对无辜平民的恐怖主义袭击,以妇女儿童为人肉炸弹的自杀式爆炸,以宗教圣战名义发动的战争,让全球的和平愿景一次次被撕碎。恐惧、愤懑夹杂着复仇的戾气,在民族主义、宗教原旨主义洪流的裹挟下,让世界的每一个角落都为之战栗。

人们忽然发现,在人类文明高度发达的今天,在人权话语已然掌握道德制高点,建基于国际人道主义理念的战争法体系已然高度发达的当下,战争却以一种更为恐怖的形态出现了。人们或主动或被动地卷入了一场犹如霍布斯笔下的“一切人对一切人的战争”。② 在这种战争中,没有明确的战场,随处都可能是战场;没有明确的士兵,老弱妇孺都

① Anita Black, Quotations in Black, Greenwood 1981, p. 260.

② [英]霍布斯:《利维坦》,黎思复、黎廷弼译,商务印书馆2009年版。

可能是士兵;没有明确的武装人员与非武装人员的划分,平民同样是潜在的被攻击对象。面对这种情形,联合国、国际社会尽可以违反当前的国际法、战争法和人权法为由,予以强烈谴责;甚至也可以像美国一样,以民主、正义之名发动伊拉克战争、阿富汗战争。然而,谴责不过是国际社会面对暴行的一种无奈表达;战争同样无法彻底解决恐怖主义问题。这是一个无限战争的时代,当下的建基于人道主义理念的战争法,根本无力约束战争,更遑论消解战争。这种无限战争的根源何在?它是如何兴起的?我们又将如何应对?在人类历史上,曾经有过其他不同的战争形态吗?对这些问题的解答,无疑关涉我们对当下时代特征的理解,也有助于我们去寻获针对恐怖主义战争的解决之道。而这恰恰是惠特曼教授在其有关战争法的这部力作《战争之谕:胜利之法与现代战争形态的形成》中试图为我们呈现的。

一、战争的两种形态

战争在当下人们心目中的面貌,总是血腥残暴的。尤其在经历了两次世界大战的你死我活的残酷杀戮之后,战争留给世人的印象似乎必定是以一种不死不休的方式展开的。经历了八年焦土抗战的中国人,对此更有刻骨的记忆。加之中国自古就有“国之大事,在祀与戎”③的传统,战争始终被视为关乎王朝兴替,关乎国家民族的前途命运的头等大事。倾全国之力,抵抗外侮,在国人看来似乎是再正常不过的有关战争的观念。为赢得战争,我们可以打持久战,打游击战,目标就在于歼灭敌军,保存自我,赢得最终的胜利。毛泽东那句脍炙人口的诗句或许是对这种战争观念最生动的表述:“宜将剩勇追穷寇,不可沽名学霸王。”④

③ 杨伯峻编著:《春秋左传注·成公十三年》,中华书局2009年年版,第861页。
④ 毛泽东:《七律·人民解放军占领南京》。

(一)无限战争

事实上,上述有关战争的认知,所包含的正是当前占据主导地位的“无限战争”理念。无限战争形态,与另一种相对而言更受节制、不刻意追求全歼敌人的有限战争形态,是人类战争史上的两种主要战争形态。

概括而言,无限战争形态包含如下元素:第一,一种千禧年主义的战争观主导着交战各方。而这种战争观具有极强的激励或煽惑人心的作用,这种作用机制是借由无限拔高战争的重要性来实现的。所谓千禧年主义,是学者们对基督教神学历史观的一种提炼,意指一种新旧世界截然二分的二元化历史观。根据基督教的经典神学教义,在人类历史的某一时刻,耶稣基督将重返人间,对所有死去和活着的人进行末日审判。从此,人类的历史将进入一个崭新的阶段,虔诚的信徒将进入天堂,而异端与恶徒将堕入地狱。这是一种新旧分明的历史分期观,新旧时代因为某个重大历史事件的发生,被划分为截然不同的两段。千禧年主义的战争观,以战争取代了耶稣的末日审判,将战争视为是推动人类历史发展的动力,或者是决定国家民族命运的关键转折。战争的意义被推升到了无以复加的地步。由此加剧了人们对胜利的热望,对战争的执拗,最终导致战争的无限扩大。第二,交战各方抱持根深蒂固的意识形态追求。无限战争的交战各方,所秉持的战争目的,并非简单的攻城略地、妇女财帛或者商贸特权,而是某种意识形态的压倒性胜利。这种意识形态可以是宗教正统理念,可以是民主、人权等政治观念,可以是民族、主权等民族主义理念。⑤ 因为交战双方并无特定的可以量化的、具体的物质性诉求,也就使得战争很难以某种外在的、标志性的事件的发生宣告结束。这种标志性的事件,包括某次战斗的失败、首都或者重要城市的陷落、首领的被俘或者阵亡等。第三,战争远远超出某

---

⑤ “十字军东征”就是一个因宗教信仰不同而导致的无限战争的典型例证。在战争期间,为激励信众奋勇杀敌,教会理论家极力宣导为国献身者可以洗脱原罪的理念。《罗兰之歌》中就写道:“如果阵亡,你就是神圣的殉道者。”通过这样一种神学的宣导,教会将战争包装成了上帝之民与异端之间的正义与邪恶的殊死搏斗,一方面起到激励人心的效果,另一方面也增加了战争的残酷性。参见[德]恩斯特·H.坎特洛维茨:《中世纪政治思想中的“为国捐躯”》,万力译,载强世功编:《政治与法律评论》第七辑。

一具体战场的范围。无限战争背负着无以复加的历史意义,决定着民族的生死、国家的存亡、正义与邪恶的较量,从而注定了它绝非某一场战役的胜败能够分出最终的胜负,它也不是某一个人或少数统治精英能够掌控最终的走向的。无限战争必然是一种逸出具体战场之外,模糊武装人员与非武装人员,全民参与的终极厮杀与对决。这就注定了无限战争的血腥与残暴。

(二)有限战争

然而,战争都是以如此疯狂血腥的面貌出现在人类历史长河中的吗?惠特曼教授告诉我们,答案并非如此。在人类不同文明的不同阶段,都曾出现过与此完全不同的战争形态,即有限战争形态。⑥ 概括而言,有限战争形态包含以下几种元素:第一,有限战争基本上局限在具体的战场范围之内。⑦ 战争往往由交战方事先确定战场,各方摆好阵型,身着鲜亮铠甲,列好堂堂之阵,然后开始骂阵搦战,最后才是激烈的厮杀。在这种战争的形态中,战争的波及面相较而言是有限的,较少逸出特定的战场范围之外。第二,有限战争具有明显的仪式化特征。参战各方往往会在战前举行隆重的仪式,如中国古代的祭天、祭祖或者誓师仪式。古罗马人则会在交战前让一名祭司将一柄长矛投向敌国的土地上,以示宣战。⑧ 在仪式中,君主或统帅会发布战斗檄文,昭告世人

---

⑥ 事实上,在西方战争史研究中,一直存在一种关于"西方式战争"的概念建构。认同此概念的学者们认为,在西方文明中,从古希腊到近现代,存在着鲜明的战争方式或战争文化的延续性与独特性。"西方式战争"最典型的特点就是"一种对公开的决战的渴望","在理想状态下,它是通过重武装步兵面对面交战展开。""这种'西方式战争'观念被认为是希腊人创造、由罗马人继承、在欧洲中世纪得以幸存,然后在文艺复兴时代再度繁荣,而后直接进入现代西方。"[英]Harry Sidebottom:《古代战争与西方战争文化》,晏绍祥译,外语教学与研究出版社2013年版,第XIV页。

⑦ 如在古希腊时期,人们就努力寻求公开的会战,希望通过面对面交战的方式决出战争的胜负。[英]Harry Sidebottom:《古代战争与西方战争文化》,晏绍祥译,外语教学与研究出版社2013年版,第176页。

⑧ 西塞罗认为:"除非经过宣战(denuntio)、战前提出正式警告(indictio)和索赔(rerum),否则不存在正义战争。"负责宣战的罗马祭祀团要举行一种名为Fetiales的仪式。[英]Harry Sidebottom:《古代战争与西方战争文化》,晏绍祥译,外语教学与研究出版社2013年版,第225页。

敌方的罪愆和己方不得不参战的理由，以此证明己方立场的道德合法性。第三，战争有明确的可以量化的具体诉求。此类诉求包括人口财帛、领土城池、商贸特权以及王位继承权等。正是因为此类战争有外在的具体诉求，当这种诉求得到满足或者因战败而无望获得时，战争也就宣告结束。第四，战争有明确的结束标志。区别于无限战争的双方不死不休的缠斗，有限战争往往有着明确的意味着战争结束的标志性事件。这种标志性事件一旦发生，参战各方都会心照不宣地意识到战争的结束。

当然，这里所使用的无限与有限两个概念，都是相对而言的。战争的本质就是赤裸裸的暴力。即便是有限战争，也并不意味着完全摆脱了血腥与残暴。在有限战争中，依然会导致大量士兵的流血牺牲，甚至无辜民众生命财产的流失。只是相较而言，有限战争的波及面没有那么广，持续时间没有那么漫长，战争的结束也来得更为明确，因而其血腥暴力的一面也就在一定程度上受到了遏制。

深受无限战争观念影响的读者可能会心存疑窦，以上所揭示的有限战争形态，那种在今天的人们看来充满可笑的仪式化的、以一次堂堂对阵的武力对决，来决定整场战争胜败的战争形态，在人类社会的过往历史中真实存在过吗？战争不就应该是背负国运隆替的历史性重大事件吗？身处战争这样的历史性关头，不就应该寸土必争、抗战到底吗？如果真的存在这样的战争形态，未免过于荒唐可笑，将国家民族的前途命运寄托于一时一地的胜败，岂非形同儿戏？当我们深入了解 18 世纪欧洲战争史时，我们会发现荒唐可笑的并非这种战争形态，而是我们头脑中关于战争的想象。我们已经完全接受了以两次世界大战为型范的战争理念的洗脑，无力去想象和理解其他不一样的战争形态。而惠特曼教授正是有鉴于此，尝试用历史折射我们思想的荒诞，为我们展现另一种几乎被我们当下的时代所遗忘的战争形态。

二、18 世纪欧洲有限战争的兴起

(一)奇怪的胜利

惠特曼教授认为,18 世纪的欧洲,人们对战争的认知,以及战争形态的具体展开方式,都与我们当代人关于战争的理念存在极大的不同。为了具体展现这一不同,惠特曼教授选取了发生在 18 世纪欧洲的一场经典战役作为个案,展开了详细的论述。这场战役发生在 1741 年 4 月 10 日的凌晨 5 时,战场是位于欧洲中部西里西亚地区的莫尔维茨镇。交战双方分属普鲁士和奥地利。战争的起因是奥地利大公、神圣罗马帝国皇帝查理六世身故,传位于长女特蕾莎公主。普鲁士国王弗雷德里克对此表示反对,并声称自己拥有更为优先的继承权。普奥两国交恶,并爆发战争。当普鲁士大军于当天凌晨迫近奥地利军队的大营时,奥军上下对此毫无所觉。这无疑是一个克敌制胜的绝佳时机。然而,令人奇怪的是,精于战事的弗里德里克国王却并未下令发动攻击,而是按兵不动,直至奥地利军队察知敌情,摆好迎击的阵形,双方才展开了正面的对决。这一幕与贻笑后世的中国春秋时代宋襄公的所作所为极为相似。⑨

然而,与宋襄公的贻笑后世不同,弗雷德里克却被尊奉为欧洲历史上杰出的军事家,被尊称为弗雷德里克大帝。他亲率大军在战争中多次成功击败对手,为普鲁士赢得了本属奥地利的西里西亚地区,并确立起了普鲁士在德意志诸邦中的领导地位,使普鲁士从欧洲的一个中等国家蹿升为欧洲强国。然而,如果我们用今天的眼光来审视弗雷德里克在战场上的所作所为,会觉得他的指挥行动极为古怪,与他的名将身份极为不符。他不仅如前所述,等待毫无防备的敌军摆好阵形才下令发动攻击,有贻误战机之嫌;在此后的战争中,当敌军溃退但主力尚存时,他又让敌军从容撤退,没有一鼓作气,下令追击,从而丧失了扩大战

---

⑨ 杨伯峻编著:《春秋左传注·僖公二十二年》,中华书局 2009 年版,第 397 页。

果，全歼敌军的机会。然而，通过仔细翻检 18 世纪的史料，惠特曼教授却发现了一个颇令人惊异的现象，当时的评论者不仅没有对弗雷德里克的行为有任何指摘，反而是众口一词，都说弗里德里克取得了该场战争的决定性胜利。这一点，无疑昭示着当时的战争观与今日的区别。

而根据相关的史料记载，弗雷德里克大帝在随后的决定整场西里西亚战争胜负归属的查图西茨战役中，付出了比奥地利军队更为惨痛的伤亡代价，而其最终结局也不过是迫使奥地利军队退出了战场。以今天的眼光来衡量，这实在谈不上什么终局性的胜利。我们现时代的军事理论，深受克劳塞维茨的“歼灭战”理论的影响，基本战略意图就是保存己方有生力量，尽量歼灭敌军。在这样的总体战略意图的指导下，一时一地的胜败得失并不能决定整场战争的胜利。有些指挥官甚至为了实现整体战略意图，佯装败退，将城池拱手相让。这样的战例，在中外战争史上，所在多有。许多还被奉为经典战役。比如在 1812 年，当俄军面对拿破仑军队的步步紧逼时，就曾采用过这一战术，并在最终赢得了胜利。而克劳塞维茨也在他的《战争论》中专门论述了诱敌深入的战术。

那何以弗雷德里克在付出惨痛代价后，不过是将敌军驱离了战场，就自认为取得了战争的最后胜利呢？并且他的这种看法还甚至得到了包括敌军将领、评论家的一致认同呢？难道在 18 世纪的战争中，存在着与我们今天评判胜利归属迥然不同的标准？18 世纪的战争，似乎都并不刻意追求追击已然撤离战场的敌军，全歼敌人也非指挥官们的目标。这种表现，不仅在弗雷德里克身上可以看到，在包括莫尔维茨战役、查图西茨战役、马尔普拉凯（Malplaquet）战役、七年战争等发生在 18 世纪欧洲的重大战役中，都能看到类似的情形。那么，到底 18 世纪欧洲区分战争胜败的标准是什么呢？

（二）区分胜负的撤退规则

经过细密的梳理，惠特曼告诉我们，18 世纪的战争形态之所以表现得如此有君子之风，不追求残忍的全歼目标，是因为 18 世纪评判战场胜负的规则原本就不是歼敌规则，而是一种撤退规则。根据这种撤退规则,交战双方中的任意一方,如果能迫使对方放弃战场,从战场撤离,并有明显的不再继续战斗的表示,则坚守阵地的这一方获胜。

1. 对撤退规则的历史学质疑

对于这种撤退规则是否真的存在于18世纪的欧洲,很多学者提出了质疑。第一,佯装撤退是当时流行甚广的战术。战场上从来不只有堂堂正正的对决,计谋一直都是战争的一部分。中国人大都熟悉《孙子兵法》中的这一说法:“兵者,诡道也。”中国人从不将计谋排除在战争之外,世所认同的古今名将多是熟读兵法、胸藏韬略之辈,只知冲锋陷阵、喊打喊杀的将领往往被视为有勇无谋的莽汉。西方人对此的评价似乎略有不同。自古希腊以来,人们就普遍认为公开的武力对决更能彰显勇气、维护荣誉。罗马共和国末期最重要的思想家西塞罗也明确反对战争中的诡诈之术。⑩ 尽管如此,西方人也从未否认过军事谋略的重要性。哪怕是在战争形态似乎较为文明的18世纪,佯攻、迂回作战、背后突袭、战略性撤退等军事计谋从来都是战场上的常见之事。18世纪末19世纪初的军事天才拿破仑,更是善用此道的高手。既然存在所谓的战略性撤退这样的计谋,那又怎么能因一方撤离战场,就宣告战争的结束呢?换而言之,如何界定佯装撤退和真正的撤退之间的区别呢?第二,18世纪的战争,也不乏追击撤离的敌军的情形,很多将领也试图尽可能歼灭敌军。这也就意味着很多人并不认同撤退规则,不认为敌军撤离战场就意味着己方的胜利和战争的结束。有学者强调,包括弗雷德里克大帝在内的统帅们,之所以不去追击敌军,绝非恪守所谓的“撤退规则”,而是基于战争现实的考虑。在当时的战争环境下,指挥数量庞大的士兵离开战场去追击敌军,是一件风险极高的军事冒险。一旦脱离战场,士兵们远离指挥官,极可能逃亡开溜,或者不按指挥官事先的计划行事。而受到追击的敌军,也会因为感受到死亡的

⑩ 西塞罗说:“行不正义之事有两种途径,一是通过暴力,另一个是通过欺诈之术;欺诈之术被归于小狐狸,而暴力归于狮子。与人类最格格不入的就是这两个,但是,其中最值得憎恨的乃是欺诈。”[古罗马]西塞罗:《论义务》,中国政法大学出版社2003年影印版,第19页。

威胁，而背水一战。如此一来，战争中的死亡风险就将急剧提升，最终鹿死谁手也未可知。所以，18 世纪的将领们之所以在取得了战场的控制权之后，见好就收，绝非遵守什么规则的需要，而是出于实际的考量。不是他们不想去追击敌军，只是迫于形势的无奈选择。第三，在 18 世纪，另一种可以名之为“伤亡规则”的胜利法则始终是“撤退规则”的强有力竞争者。正因如此，有时候，战争结束时，交战双方都会宣称己方获得胜利。一方认为自己在交战中伤敌更多，而另一方则认为自己坚守住了阵地，控制了战场。所谓的“撤退规则”也并未得到所有人的认同。

2. 对撤退规则的法学分析

对于上述争议，惠特曼教授认为，要厘清 18 世纪欧洲战争中是否存在“撤退规则”，除了全面客观地梳理史实之外，也必须借助于法理学的思考。唯有借助于关于法律是什么的法学思考，才能真正廓清围绕在“撤退规则”之有无问题上的理论迷思。他指出在很多场合，人们往往喜欢将战争、诉讼和体育竞赛进行类比。比如，我们会将某些违法行为称作违反了游戏规则；会将两支球队间的比赛称作两军对垒；会将球员与教练戏称为将帅。但是，惠特曼教授提醒我们，切勿轻忽游戏规则和法律规则之间的区别。游戏规则，必须自始至终被参与游戏的各方所严格遵守。如果参赛各方都自行其是，游戏将无法继续进行。如果参与游戏的大部分人，都任意违反游戏规则而又无人给予处罚或者纠正，这个游戏也就不存在了。当然，这并不意味着游戏规则绝对不会被违犯，而是说当有人违犯游戏规则的时候，必须有人提出质疑并施以一定的惩罚。或者，我们也可以认为犯规者受罚，本身也是游戏规则的一部分。比如，中国象棋中的马走日，象走田，这是最基本的规则。当对弈的双方中的任何一方不再遵守这个规则，任意走动棋子的时候，这也就不再是一场象棋对弈了。当社会中的绝大多数人，不再遵守象棋规则的时候，我们可以说象棋这个游戏项目已经消失了。但是，法律规则却与此不同。当一部法律被制定出来之后，肯定会有人违反相关规定。但是法律规则被触犯了，并不会损害这条规则的真实存在。世界上也根本不可能有绝对不被违犯的法律规则。因此,对撤退规则的违犯,并不足以证明这条规则不存在。惠特曼不无深刻地写道:“法律对18 世纪战争的控制力绝非完美,正如法律对国际事务的控制力在今天也仍不完美那样。”⑪现今的国际法规则也经常受到相关国家的挑战,但是主流的法学观点依然认为国际法规则是存在的。“法律规则的本性就在于,它们从来就没有被统一遵守过。即使有人掏出手枪并拒绝遵守(规则),法律仍然是法律。”⑫

如果从法学的角度来审视,同样会发现,弗雷德里克大帝到底是基于撤退规则的约束,还是因为现实的考量,才放弃了对敌人的追击,与撤退规则的存在与否之间没有必然的逻辑联系。也就是说,即便弗雷德里克大帝真的只是基于现实的考量而放弃追击敌军,也不能由此推论撤退规则的不存在。霍姆斯大法官曾经极为深刻地揭示,要了解法律是什么,我们必须采用坏人的视角。因为只有坏人才会千方百计去探查法律的界限何在,他的行为在什么时候会触碰到法律的红线,而给他自己招致不利的法律后果。当一个内心邪恶之徒,经过一番内心的利益权衡之后,选择在法律圈定的界限范围内行动,丝毫不会影响这条法律规则的存在与有效。法律规则一个极为重要的功能就是行为指引,不管这种指引是通过规范内植还是通过外在强制来实现,我们都应该承认该法律规则的效用。所以,到底是因为对规则本身的认同还是因为利益的权衡而去遵守规则,与规则是否真实存在之间并无直接的关联。弗雷德里克大帝在追忆他自己的战争经历时曾袒露心迹,认为在战争中根本不必信守什么规则,没有任何外在的束缚可以约束他的行为。但是,事实上,弗雷德里克所参与的多场战争,都展现出了 18 世纪欧洲战争的鲜明特质,即都是遵循了撤退规则的有限战争。申言之,弗雷德里克认为没有规则可以约束他的战争行为,但是他的实际战争

---

⑪ [美]詹姆斯·Q. 惠特曼:《战争之谕:胜利之法与现代战争形态的形成》,赖俊楠译,中国政法大学出版社 2015 年版,第 75 页。

⑫ [美]詹姆斯·Q. 惠特曼:《战争之谕:胜利之法与现代战争形态的形成》,赖俊楠译,中国政法大学出版社 2015 年版,第 190 页。

行动却显然都遵循了撤退规则的约束。事实上,不仅弗雷德里克选择遵循这一规则,他的对手奥地利的特蕾莎在遵循规则明显于己不利的情况下,也依然选择依照撤退规则的评判,承认战败;甚至连好大喜功的法国国王路易十四,在撤退规则面前,也只能承认法军在交战中因撤离战场而输掉了战争。

三、有限战争背后的法律逻辑

尽管我们常拿战争来比拟诉讼或法律谈判,但真实的战争与法律,似乎是相隔甚远的两件事。西塞罗就曾经说:"枪炮作响法无声。"(interarma silent leges)⑬马基雅维利也说在统治国家的两种最基本方式,即依靠武力和依靠法律治理国家中,前者属于野兽,后者属于人类。⑭ 然而,战争毕竟还是一种人类活动,尽管血腥而荒谬,但与野兽的厮杀之间还是不能完全画上等号。野兽的厮杀纯粹是动物的本能,自然全无理性可言;而人类自古以来就极力为战争设定某种规则,这就是所谓的战争法规则。⑮

当前占据主流地位的战争法主要是在"二战"之后新的国际形势下确立的,其背后支撑性的理念是国际人道主义理念和人权思想。当前的战争法大体上可以被划分为战争权规则和战时法规则。所谓战争权规则,即谁有权发动战争的规则。当前的战争权规则中,最为重要的一个理念,就是将战争视为一种犯罪,仅有被迫的自卫战争才是在道德

---

⑬ 转引自侣化强:《基督教与早期战争理论:从西塞罗到奥古斯丁》,载强世功编:《政治与法律评论》(第7辑)。

⑭ [意]马基雅维利:《君主论》,潘汉典译,商务印书馆1985年版。

⑮ 当然,站在一个绝对和平主义者的角度,人类不去追求消灭战争,而去制定所谓的战争规则,比野兽的厮杀还要荒谬残忍。兽类的厮杀不过是一种生存的本能,本身不过是自然界的一种现象,无所谓残忍与否。而人类在对战争的残酷性有清醒的理性认知的情况下,居然还要为这种残忍的杀人游戏制定规则,这才是真正的残忍与荒谬。当然,换一个角度来说,若人类放任战争的血腥与暴虐,而不尝试去制定规则加以规制,这在道德上同样是难逃指摘的。

上被许可的。而战时法规则，主要着眼于战争中交战双方应该遵守的基本的人道主义规则，诸如不得屠杀平民，不得虐待、杀戮战俘，不得使用生化武器等。当然，揆诸“二战”后的历史，国际法对战争的约束效力，远称不上令人满意，针对无辜平民的大规模屠杀、种族灭绝等战争暴行在国际舞台上从未绝迹。尽管如此，正义之战只能基于自卫，以及必须信守战时人权规则等理念，依然成为当今主流的战争法理念。

当我们采用这样一种战争法理念，去审视18世纪欧洲的战争时，不免得出18世纪的战争都是不正义战争的结论。⑯ 18世纪的君主们，为着王位继承、领地归属，虚扯一个借口甚或连借口也不屑寻找，就频繁地发动战争。比如，很多学者都将前述弗里德里克大帝出兵占领西里西亚，视为是一次公然的战争犯罪，甚至将之视为开启德国军国主义传统的一次源头性事件。然而，历史学家在评价历史事件时，固然无法彻底摆脱当前时代观念的影响，此即克罗齐所谓的：“一切历史都是当代史。”但即便如此，在评价历史事件时，“同情的了解”依然是获得正确的历史认知的正确方式。⑰ 当我们手持当今的战争法理念，将18世纪欧洲的战争全部打入了犯罪的另册时，也许恰恰遮蔽了18世纪战争的多个不同面向，也阻却了我们对于18世纪战争的理解。惠特曼就始终坚持认为18世纪的战争，绝非我们所臆想的法外之地，而是有着一套严密的法律理念与规则在其间发挥着重要作用。

（一）战争是解决财产纠纷的合法方式

自康德提出“人只能是目的，而不能是手段”的权利哲学命题以

---

⑯ 近现代战争法受康德国际法思想的影响极深。在康德的权利哲学观照下，18世纪欧洲的战争充斥着人类的非理性与暴虐。[美]詹姆斯·Q. 惠特曼：《战争之谕：胜利之法与现代战争形态的形成》，赖俊楠译，中国政法大学出版社2015年版，第10～11页。

⑰ 历史学家研究历史，不可能全然摆脱身处之时代的影响，看待历史问题难免掺杂现实关切。史学研究限于人类理性的这一局限，固然无法还原全部的历史，但这并不能成为人们随意摆弄历史的借口。历史学家反倒须对此始终抱持足够的警觉，以免陷入以现实裁剪历史的误区。王夫之曾说，研究历史应当：“设身古之时势，为己所躬逢；研虑于古之谋为，为己之所身任。”王夫之：《读通鉴论·叙论四》，中华书局1975年版，第1112页。“史学家将自己放入历史，进入历史的情况，进入历史的时间，进入历史的空间，然后由此想象当时所可能发生的一切。”杜维运：《史学方法论》，三民书局2001年版，第471页。

来,人的生命权得到了极大的高扬,而以无数军人乃至平民的生命为代价的战争则被视为是一种犯罪。正是立基于此,现代战争法认为除自卫战争之外,发动其他任何形式的战争都是非正义的。在康德的眼中,18 世纪的战争是典型的非理性和暴虐的表现。⑱ 这种有关正义战争的理念,在现今人们的头脑中已然居于主导性的地位,以至于人们会有意无意地忽略时代的鸿沟,用这种当代的战争法理念去评价前现代的战争,而忘记了前现代的人们有着自己的关于战争的理念。

与现代战争法理念颇为不同的是,在古代欧洲,有着一个久远的传统,将战争视为是一种获利的方式,一种解决彼此间相互冲突的财产主张的合法方式。这种传统,自古希腊、古罗马,经中世纪,一直延续到 18 世纪,直到康德等人重新确立了新的战争法理念,才最终彻底丧失自身的道德合法性。

在古希腊和古罗马时代,战争不仅被视为一种解决财产纠纷的合法方式,甚至被认为是获得所有权的最自然、最确定不移的方式。在古希腊,亚里士多德认为战争是:"武装起来的同伴们共同寻求战争回报,他们的目标要么是战利品,要么是对敌人的胜利,要么就是夺得一座城市。"⑲在古罗马,战争与民事诉讼在某些仪式方面,存在明显的相似之处。比如,因土地所有权发生争执的案件,原告方要发起诉讼,需要向被告方所拥有的土地上投掷一柄标枪。此外,他还须在所争议的土地上待满三天三夜。而古罗马人发动战争,要有一名罗马祭司重说三次"rerum repetition"(意为要求归还某物),也须向敌人所占据的土地投掷标枪。⑳ 而这一充满仪式感的行为恰恰表明在罗马人的理念中,战争与其说是一种惩罚罪恶的刑事审判程序,不如说是一种解决财产纠纷或民事侵权的民事审判程序。古罗马法学家盖尤斯认为,从敌

---

⑱ [美]詹姆斯·Q. 惠特曼:《战争之谕:胜利之法与现代战争形态的形成》,赖俊楠译,中国政法大学出版社 2015 年版,第 202 页。

⑲ 转引自[美]詹姆斯·Q. 惠特曼:《战争之谕:胜利之法与现代战争形态的形成》,赖俊楠译,中国政法大学出版社 2015 年版,第 103 页。

⑳ [美]詹姆斯·Q. 惠特曼:《战争之谕:胜利之法与现代战争形态的形成》,赖俊楠译,中国政法大学出版社 2015 年版,第 109 页。

人手中夺得某物象征着最清晰不过的权源。当我们摆脱当代战争法理念的束缚,罗马人对战争的这种不同理解,就会清晰呈现在我们眼前。罗马最重要的法律理论家西塞罗曾经对何为正义战争做过清晰描述,他认为:“只有满足以下要求,战争才是正义的:发动战争之前必须有恢复原状的正式要求;必须事先发布正式的宣战。”[21]“除非公开宣布和宣告的战争,或除非已首先提出了赔偿,其他任何战争都是不正义的。”[22]在西塞罗的这一表述中,我们并没有看到当代战争法关于正义战争的惯常表述,即认为唯有基于保护国家领土、主权完整而发动的自卫战争才是正义的。西塞罗认为战争关涉“恢复原状”“赔偿损失”等议题。战争与财产、赔偿等民事概念有关,与罪恶无关。

希腊、罗马的这一战争理念,在欧洲中世纪得以延续。当然,历史永远是复杂而多面的。欧洲的战争理念并不是一成不变的,尤其欧洲还先后经历了多次剧烈的思想文化的变动,古典时期、中世纪基督教文明与近代文明之间,对战争的理解有其延续的一面,但也曾有过分岔、有过断裂、有过激烈的观念冲突。一如启蒙运动以降康德的权利思想对此前的战争理念的批判与背离,当欧洲的古典文明被基督教文明所取代的时候,基督教的战争理念与将战争视为一种合法的财产取得方式的古典理念也曾发生过激烈的冲突。但是,惠特曼教授在此以他惯有的雄辩,向我们展示了,即便是向来被视为是正义之战理论之代表的奥古斯丁,依然“处于圣经学和罗马学术这些传统中,这些传统将战争在根本上视为一种受允许的获得财产的暴力手段”。[23]

事实上,基督教有关战争的理念,以奥古斯丁为界,可以划分为两个明显的不同时期。在前奥古斯丁时代,一种绝对的和平主义思想颇具声势,代表人物有查斯丁、德尔图良和奥利金。他们坚决否认基督徒从军参战符合上帝的旨意,他们认为“履行军职,罪孽深重,严重违背

---

[21] [古罗马]西塞罗:《论义务》,中国政法大学出版社2003年影印版,第14页。

[22] [古罗马]西塞罗:《国家篇 法律篇》,沈叔平、苏力译,商务印书馆2002年版,第105页。

[23] [美]詹姆斯·Q.惠特曼:《战争之谕:胜利之法与现代战争形态的形成》,赖俊楠译,中国政法大学出版社2015年版,第105页。

了上帝之法。"[24]这种绝对和平主义的战争理念,尽管曾经一度影响颇大,许多虔诚的信众为了守护心中的信仰宁死不屈的悲壮事迹一再上演。但是基督教毕竟是一个入世的宗教。这种与世俗政权完全不合作的态度,注定了不可能成为基督教思想中的主流。奥古斯丁试图协调基督教的和平主义理念与现实政治的需要,他主张人们只能在迫不得已的情况下方可诉诸武力,"发动战争是为了获得和平……因此,杀死与你作战的敌人,只能是一种必要而不能是你的意愿"。[25] 最终,奥古斯丁有关正义战争的理论成为此后中世纪基督教有关战争的正统学说。许多学者主张,奥古斯丁关于正义之战的理论,是现代人道主义战争法的先声。惠特曼对此表示反对,他极力主张奥古斯丁绝非现代人道主义战争法的开路者,而是古代将战争视为财产取得方式的理念的继承人。

惠特曼教授以奥古斯丁评注《圣经·约书亚记》中一段充满血腥味的军事屠杀的文本,来证成他的上述主张。在《约书亚记》中,上帝命约书亚去攻打艾城:"上帝对约书亚说:'不要害怕,也不要沮丧,只管率领全军去攻打艾城,我已经将艾城的王、他的人民、城池和土地都交给你了。你先前怎样对付耶利哥城和耶利哥城的王,现在就照样对付艾城和艾城的王吧。至于城中的财物和牲畜,你们大家可以拿去,作为战利品,你还要在城后设下伏兵。'"以现代人道主义战争理念来审视《圣经》中的上述文本,这显属古代社会常见的屠城事例。奥古斯丁在评注这段文字时,没有故意回避,也没有高举道德的大棒予以谴责,而是"努力在基督教理想和这个世界的实际治理需要之间寻求妥协"。[26] 他努力想让《圣经·旧约》中的血腥文本,与基督教的和平主义理念以及欧洲古已有之的视战争为解决财产纠纷的合法程序的观念相

---

[24] 侣化强:《基督教与早期战争理论:从西塞罗到奥古斯丁》,载强世功编:《政治与法律评论》(第七辑)。

[25] 转引自侣化强:《基督教与早期战争理论:从西塞罗到奥古斯丁》,载强世功编:《政治与法律评论》(第七辑)。

[26] [美]詹姆斯·Q. 惠特曼:《战争之谕:胜利之法与现代战争形态的形成》,赖俊楠译,中国政法大学出版社 2015 年版,第 106 页。

协调。奥古斯丁通过将约书亚的屠城行为包装成是对艾城人的财产侵夺的一种反抗,来贯彻自己的这一构想。“奥古斯丁将以色列人视作财产纠纷中受损害的当事人,这种人的财产被不正当夺走了,或者他们的债权没有得到偿还。”㉗通过这样一种在我们今天看来牵强得近乎蹩脚的解释,奥古斯丁却完成了他的“为万世开太平”的伟业。他的这一评注,贯彻了这样一种评判战争正义与否的标准:“为了要求返还属于我们的东西(de rebus repetitis),或者是在发出警告和宣战之后”,这样的战争才是正义的。㉘

一个秉持当代人权理念和人道主义战争理念的人,可能会对奥古斯丁的正义战争标准嗤之以鼻,认为这种规则媚俗而血腥,早早就向现实投降。不过,梅因却对奥古斯丁的功绩击节称赏:“国际法学从这些见解中得出的规则有时被诬蔑为一种对战斗人员的残暴和贪婪的不必要的纵容,但我认为只有那些不熟悉战争历史的人才会做出这种指责,因为这些人不知道要强迫人们服从于任何一种规则是一件多么伟大的功绩。”㉙奥古斯丁在“战争是一种逐利的事业”的古代战争观与“战争是一种罪恶”的基督教和平主义战争观之间做了协调,他承续了古代的战争观,但也为这样的逐利事业圈定了藩篱,它必须是基于“要求返还我们的东西”这样的正当理由。

可以说,从古希腊、古罗马一直到18世纪的欧洲,战争始终被视为一种获取财产的正当手段、一种解决相互冲突的财产主张的方式。“在整个中世纪和现代早期,流行的也正是相同的态度。战争在本质上是一种追求利益的形式,一种鉴别相互冲突的财产主张的方式。”㉚

㉗ [美]詹姆斯·Q.惠特曼:《战争之谕:胜利之法与现代战争形态的形成》,赖俊楠译,中国政法大学出版社2015年版,第106页。

㉘ [美]詹姆斯·Q.惠特曼:《战争之谕:胜利之法与现代战争形态的形成》,赖俊楠译,中国政法大学出版社2015年版,第108页。

㉙ [英]梅因:《古代法》,高敏、瞿慧虹译,中国社会科学出版社2009年版,第189~190页。

㉚ [美]詹姆斯·Q.惠特曼:《战争之谕:胜利之法与现代战争形态的形成》,赖俊楠译,中国政法大学出版社2015年版,第208页。

(二)战争是主权者的权利

有一种观点认为,18 世纪欧洲的战争之所以表现得较为文明,与当时的贵族文化和骑士精神的复兴之间存在紧密联系。有人甚至"将 18 世纪战争称作中世纪高贵骑士精神开出的花朵"。[31] "骑士精神、荣誉、纪律和自我节制……只有到了启蒙运动的成熟期……这些概念才进入整个欧洲国家体系的统治精英的日常话语中。"[32]根据这种观点,随着欧洲启蒙运动的兴起,文化渐次普及,原本仅限于贵族小圈子的高贵文化和骑士精神随之散布开来,成为指引普通民众行为的规范。贵族优雅的举止、自我节制的美德以及视荣誉为生命的荣誉感,将原本粗鲁无文的社会引入了更加文明的境地。18 世纪的军队与战争更是如此,因为"在很大程度上,18 世纪的贵族是一个军事阶级。"[33]贵族在当时的军队中占据着显赫的地位,各国的军队事实上都由贵族指挥节制,军队的日常操练和作战行动自然深受贵族将领的影响。最为典型的特征就是,贵族们的决斗文化也深深地影响了 18 世纪的战争,使得 18 世纪战争中的交战双方就如同信守规则的贵族,彼此拉开阵势,却点到即止,有限战争的形态由此出现。

惠特曼教授对这一看似颇能自洽的解说嗤之以鼻,他直截了当地表示:"将 18 世纪战争本身想象成贵族式和骑士式的,则的的确确是个错误。"[34]18 世纪欧洲的有限战争确实与贵族之间存在一定关联,但是贵族在这一过程中扮演的并非引领者,反而是被改造者的角色。

事实上,所谓 18 世纪贵族的优雅与骑士的荣誉,不过是后人强加的浪漫想象。这是法国大革命后,震惊于大革命的血腥与暴虐,欧洲思想上空开始弥漫起对过往岁月的追忆的一种思想表现。欧洲宫廷贵族

---

[31] [美]詹姆斯·Q. 惠特曼:《战争之谕:胜利之法与现代战争形态的形成》,赖俊楠译,中国政法大学出版社 2015 年版,第 135 页。

[32] [美]詹姆斯·Q. 惠特曼:《战争之谕:胜利之法与现代战争形态的形成》,赖俊楠译,中国政法大学出版社 2015 年版,第 135 页。

[33] [美]詹姆斯·Q. 惠特曼:《战争之谕:胜利之法与现代战争形态的形成》,赖俊楠译,中国政法大学出版社 2015 年版,第 136 页。

[34] [美]詹姆斯·Q. 惠特曼:《战争之谕:胜利之法与现代战争形态的形成》,赖俊楠译,中国政法大学出版社 2015 年版,第 136 页。

优雅的举止、精致的文化、纷繁的礼节,在大革命的粗野、狂暴和歇斯底里的反衬下,更显得弥足珍贵。法国大革命尽管已经过去,但民主的种子却已洒向人间,贵族阶层也早已凋零在革命的惊涛之中,不复旧观。越是消逝的事物,越是能勾起学者们的思古幽情。于是,在文人学者的笔下,欧洲的贵族就成了风度翩翩、荣誉至上的优雅君子。

但是,这离事实相去甚远。"学者们已经充分证明,中世纪贵族是一个粗野的阶层。"㉟"中世纪骑士基本上是为了赃物和赎金而生活的",㊱这是18世纪学者们对当时的骑士的主流认识。中世纪时代的欧洲,是一个典型的封建社会,大小贵族林立。贵族们大多胸无点墨,贪婪成性,为着一己私欲,纠集徒众,挑起战端。根本就不存在精致优雅的中世纪贵族文化传统,残忍与暴力是欧洲贵族行为根深蒂固的特征,"掠夺、打斗、抓捕人口和牲畜——所有这些都是绝对必需的,根据当时的社会结构,所有这些都发生在光天化日之下。所以对于地位高的强者而言,这些行为构成了生活享受的一个部分"。㊲欧洲贵族的这种粗野风格,并非仅存在于遥远的古代,而是一直延续到了17世纪。确实有大量的史料描绘了18世纪"乡绅的骑士式训练和他们文质彬彬的礼节",㊳那到底是什么样的力量将贵族从17世纪的强盗变成了18世纪的绅士?如果不是骑士精神让18世纪的战争形态变得文明,又是基于何种原因引发了如此巨大的改变?

事实上,是同一种因素既驯服了桀骜不驯的贵族,也在一定程度上驯服了战争,这就是18世纪欧洲强大的王权。事实上,自封建制度在欧洲创建之日起,贵族与国王之间始终处在既相互依赖,又相互斗争的复杂关系中。王权确立起较高的权威,可以垄断发动战争的权力,一直

㉟ [美]詹姆斯·Q.惠特曼:《战争之谕:胜利之法与现代战争形态的形成》,赖俊楠译,中国政法大学出版社2015年版,第216页。

㊱ [美]詹姆斯·Q.惠特曼:《战争之谕:胜利之法与现代战争形态的形成》,赖俊楠译,中国政法大学出版社2015年版,第220页。

㊲ [美]詹姆斯·Q.惠特曼:《战争之谕:胜利之法与现代战争形态的形成》,赖俊楠译,中国政法大学出版社2015年版,第160~161页。

㊳ [美]詹姆斯·Q.惠特曼:《战争之谕:胜利之法与现代战争形态的形成》,赖俊楠译,中国政法大学出版社2015年版,第143页。

到路易十四时代。这个过程伴随欧洲军队形态的根本性改变,即由骑士作为军队主力,转变为步兵成了主要作战力量。步兵的崛起,让贵族和骑士的军事重要性急剧下降,也使得君主在与贵族的斗争中取得了更大的优势。最终,君主确立起了绝对王权的理念。君主一方面以外在的武力,彻底垄断了原本与贵族分享的实施暴力和发动战争的权力;另一方面通过建构一整套威严的、等级制的、严守规则的宫廷礼仪,来从情感上驯化贵族,通过让贵族流连歆慕于凡尔赛宫的皇家风范,而自觉自愿地放弃粗鲁和暴力,树立起对君主的内心尊崇和自己优越于常人的贵族地位的认知。[39]

如此,借助君主绝对权威的确立,借助君主制合法性受到广泛认同,一种新的战争理念逐渐形成:战争是君主之间解决争议的法律程序。这种理念深植于日耳曼法律传统。根据日耳曼习惯法,一项法律争议应当由同等地位的人来加以审判。但是,18 世纪的君主已经牢牢确立起"主权者"的地位,除了上帝,他不服从任何人。故而,当君主之间因为领土、王位继承等问题发生争执时,他拥有当然的权力诉诸战争。唯有君主享有发动战争的权力,唯有君主可以决定战争的诉求,也唯有君主可以决定战争何时结束。18 世纪的欧洲战争是君主之间的战争。君主们通过战争解决领土和继承纠纷,战争的诉求极为明确,战争权被牢牢限制在君主手中,这也决定了 18 世纪欧洲战争的有限形态。

四、人道主义战争观与无限战争

(一)19 世纪有限战争的消亡

18 世纪欧洲所呈现的有限战争形态,在步入 19 世纪后渐渐归于消亡。"美国内战和普法战争因而标志着古典战役时代的结束。"正是

[39] "礼仪的目的,是为了满足某些人想要感觉自己比他人优越的欲望。"[美]詹姆斯·Q. 惠特曼:《战争之谕:胜利之法与现代战争形态的形成》,赖俊楠译,中国政法大学出版社 2015 年版,第 163 页。

在这两场战争中,“游击战中的局部交火因而开始在18世纪晚期燃烧起来,而我们也可以恰当地说,战役文化(在此刻)就开始走向衰落了”。[40]不同的学者从不同的侧面试图解释欧洲有限战争形态的终结。有人认为是19世纪武器的更新导致了会战形式的消亡;有人认为是19世纪贵族决斗文化的消亡导致了会战形式的消亡。惠特曼教授认为上述答案,都偏离了历史真相。

美国内战史专家,如Paddy Griffith、Brent Nosworthy、Earl Hess等人,都认为19世纪后半叶,会战不再能够发挥其在18世纪以来曾经发挥过的最终决定整场战争的终局性胜负的作用,并非因为新式的来复枪取代滑膛枪的结果。战争之所以渐渐失控,不是因为武器制造技术的进步,而是战与不战已经不是君主一个人能够控制的事了,19世纪是一个民众觉醒的时代,是一个民族主义高涨的时代,是一个民众对战争的关注度空前高涨的时代。正是“民众和政府共同拥有的、想要彻底一决高下的政治决心”,让有限战争在19世纪逐渐变得越来越不可能。是“政治而非技术,才是其中的关键”。[41]

“群众运动导致了与古典战争形式不同的暴力形式。”[42]当欧洲的战争形态还在一定程度上抱持有限战争形态的文明时,美洲各共和国之间的战争却显得格外狰狞血腥。而当1870年普法战争中色当战役法军惨败的消息传到巴黎后,拿破仑三世被废黜,法兰西第二共和国成立,伴随共和国成立的是普法战争迅速演变为一场无限战争。

君主国之间的战争,主要是依靠一套以王朝继承法为核心的国际法体系来予以规制的。当共和国出现在欧洲的历史舞台上时,它们之间的冲突根本无法依靠旧的王朝继承法来加以有效解决。共和国也不再是君主的私产,它们之间的冲突也很难以财产法的角度加以理解,而

---

[40] [美]詹姆斯·Q.惠特曼:《战争之谕:胜利之法与现代战争形态的形成》,赖俊楠译,中国政法大学出版社2015年版,第210~211页。

[41] [美]詹姆斯·Q.惠特曼:《战争之谕:胜利之法与现代战争形态的形成》,赖俊楠译,中国政法大学出版社2015年版,第213页。

[42] [美]詹姆斯·Q.惠特曼:《战争之谕:胜利之法与现代战争形态的形成》,赖俊楠译,中国政法大学出版社2015年版,第227页。

是关乎共和国的正当性与尊严等更为根本性的问题。而这也导致共和国之间的战争其残酷性远出于君主国之间战争之上。共和国战争的残酷性，还在于共和国武装力量的业余性，因为它极易陷入民族主义情绪点燃之后的全民战争状态。“共和国战争是‘民族对抗军队’的战争。”[43]

（二）人道主义战争观与无限战争

人类的战争理念在过往的历史中经历过深刻的变革。从某种意义上来说，是战争形塑了历史和我们当下的世界。而战争的理念则形塑了战争本身。如果说战争是人类非理性的产物，战争理念则或多或少凝结了人类的理性。“二战”后，人类的战争理念发生了前所未有的巨大转变。战争与正义的价值评价之间的联结，达到了一个全新的历史高度。一次战事的爆发，交战方、国际社会、舆论界和普通民众关注的首要问题，是战争的正义与否的问题。而在新的战争理念的观照下，人们评价一场战争是否正义，不再简单停留在它是否是由适格的主体发动的这样的形式要件层面，而是以国际人权规则、人道主义理念和战争法规则为依据，对交战方给出的参战理由进行实质审查。“二战”后确立起来的战争理念最核心的价值准则是，唯有自卫战争才是正义的。这种战争观念所关注的重心，是战争权与战时法规则，高举的是人权的大旗。

但是，惠特曼教授却较为悲观地认为，二战后高度发达的国际法体系，却未能有效阻止战争的爆发和战争所带来的危害。伊拉克战争和阿富汗战争，所带来的难民问题，至今依然深深困扰着国际社会。他认为，这样一种标举人权大旗的人道主义战争观，过分宣扬了战争背后的价值理念，使得战争成为关乎是非、正邪的价值对决。价值对决，必然涉及文明冲突与种族仇视，结果越是宣扬人权的价值，战争造成的人权损害就越大。或许，我们的眼光不应该仅仅局限于战争权与战时法，我们也应该回望历史，重新关注胜利规则的制定，给战争制定一个明确的结束规则，一个宣布战争结束的休止符。

---

[43] ［美］詹姆斯·Q. 惠特曼：《战争之谕：胜利之法与现代战争形态的形成》，赖俊楠译，中国政法大学出版社 2015 年版，第 237 页。

《政治与法律评论》
(第九辑)第234~246页

法律东方主义的话语与实践

——评《法律东方主义:中国、美国与现代法》

杜　冰*

摘要:《法律东方主义》并非一段简单的历史钩沉,而是一套复杂而又悠久的话语和实践,影响直至今日。如果依照时间维度来重释这套话语与实践,把握其中的关键时间节点,可以让我们更好地理解中国法的过去、现在和未来。回望过去,美国把对东方"无法性"的话语表述,逐渐转变为对华"治外法权"的运作及驻华法院的物质性实践,建构了"没有殖民地的殖民主义";审视现在,伴随中国的司法改革进程,"美国法移植"深刻影响着中国的立法与司法实践,部分中国人的"自我东方化"倾向,使"没有殖民者的殖民主义"成为可能;展望未来,能否实现话语的反转,构建"东方法律主义"的话语与实践?众多社科法学的研究者正努力进行发掘、理解和提炼法治本土资源的探索。

关键词:法律东方主义　自我东方化　话语　物质性实践

* 杜冰,重庆大学法学(政治、经济与法律)硕士。

一、引言

时至今日，当中国不断践行“建设中国特色社会主义法治体系，建设社会主义法治国家”的总目标，全面推进司法体制改革之时，部分西方国家仍不遗余力地对中国的人权保护、司法独立等问题进行攻击和指责。在它们的叙事和话语体系里，中国是否真正存在法治，中国是否具有普世意义的法治，依旧遭到广泛的质疑。与此同时，少数本土人士移植和推广所谓“普世”法治的尝试，也从未停止过。络德睦（Teemu Ruskola）教授所著《法律东方主义：中国、美国与现代法》一书的引入，为我们解构当下法律相关的话语与实践，提供了一种全新的视角。

在近现代的殖民之路上，西方列强为实现自我身份的现代性建构，在二元对立的范式之下构筑了“东方”这一“他者”的形象。[①] 萨义德所言的“东方主义”，是西方的一种话语表达形式，在文化甚至意识形态的层面对作为“他者”的东方进行表述和表达，[②]使东方在西方现代性的话语中“出场”，作为专制、落后与未开化的对立形象。东方主义不仅仅停留于话语层面对“他者”的想象与表达，在西方试图征服东方、驯化东方的过程中，不断生产关于“东方”的知识，并扩展至对“他者”的物质性实践，成为西方控制、重建和君临东方的一种方式。[③] 在东方主义这一整套的知识与权力系统中，知识与权力是密不可分的，[④]通过

---

① 关于“东方”一词的定义，萨义德认为，对于美国人来讲，“东方”可以指的是远东（主要是中国和日本）。而英国人和法国人，还有德国人、俄国人、西班牙人、葡萄牙人、意大利人、瑞士人，对“东方”的认识则与美国人不同。参见《东方学》中的相关论述。对萨氏“东方”定义更为详细的讨论，可参见王铭铭：《西方人类学思潮十讲》，广西师范大学出版社 2005 年版，第六章。

② [美]萨义德：《东方学》，王宇根译，三联书店 1999 年版，第 2 页。

③ [美]萨义德：《东方学》，王宇根译，三联书店 1999 年版，第 4 页。

④ 如福柯所言，“权力制造知识，权力和知识是直接相互连带的；不相应地建构一种知识领域就不可能有权力关系，不同时预设和建构权力关系就不会有任何知识”。参见[法]米歇尔·福柯：《规训与惩罚》，刘北成、杨远婴译，三联书店 2003 年版，第 29 页。

权力话语的表达与实践运行,西方"以政治的、社会学的、军事的、意识形态的、科学的以及想象的方式来处理—甚至创造—东方"。[⑤] 法律,作为"历史沿革下来的庞杂话语集群"[⑥]和"现代社会控制的最主要手段"[⑦],在其间发挥着重要的作用。但东方主义在法律层面的话语与实践,"东方"如何通过法律话语进行建构(第 4 页),一直乏人问津。基于此种问题意识,络德睦教授创制了"法律东方主义(Legal Orientalism)"这一术语,用以讲述一个有关"美国"与"中国"的故事:美国为构建起一个国际法意义上的帝国,将一套对东方"无法性"的话语表述,逐渐转变为对华"治外法权"运作的物质性实践。在中国、美国与现代法这套叙事之中,从 19 世纪的治外法权到 20 世纪早期的驻华法院,美国都试图在中国——这片所谓的"不法之地"——开辟一片所谓的"法治之土"。当然法律东方主义并非一段简单的历史钩沉,而是一套复杂而又悠久的话语和实践,影响直至今日。如果依照时间维度来重释这套话语与实践,把握其中的关键时间节点,可以让我们更好地理解中国法的过去、现在和未来。

二、法律东方主义之过去——没有殖民地的殖民主义

他们无法表述自己,他们必须被表述。

——卡尔·马克思

回望法律东方主义之过去,并不仅是对"东方"的虚空构建,而是在主体认同和客体运作上都具备历史生成的逻辑。主体认同方面,法律东方主义将中国构想和表述为无法性的非主体,绝非美国所独创的

---

⑤ [美]萨义德:《东方学》,王宇根译,三联书店 1999 年版,第 4 ~ 5 页。

⑥ 转引自赵一凡:《福柯的话语理论》,载《读书》1994 年第 5 期。

⑦ [美]罗斯科·庞德:《通过法律的社会控制》,沈宗灵译,商务印书馆 2003 年版,第 10 页。

一套话语体系，这套“欧洲人驳杂的偏见”由来已久。在形象学意义上，从早期的探险家、航海家到启蒙时代的传教士、思想家，中国的形象一直被“乌托邦”式的理想化表述。[8] 自马尔噶尼使团访华受挫，“天朝上国”的形象也随之彻底逆转[9]，被“东方化”为专制帝国的腐朽形象。在黑格尔、孟德斯鸠、马克斯·韦伯等古典的东方主义者眼中，东方专制主义即是中国统治秩序的原始形态。黑格尔认为“东方各国只知道一个人是自由的”，而这种形式就是“专制政体”。此种政体之下的中国，皇帝具有至高无上的权威，而其他中国人“将自己看作是属于家族的，同时又是国家的儿女”。[10] 由于个人主体性的缺乏，中国人遵从法律纯粹出于外在力量，就像孩子惧怕父母惩罚那般(第 43 页)。孟德斯鸠的表述更为直接，中国是“一个强大的专制国家”，“它的原则是恐怖”，他还从气候和地理特征等角度进行了论证，“由于中国的气候，人们自然倾向于奴隶的服从”。[11] 而在马克斯·韦伯看来，中国法是“实质非理性”的，具体表现为：法律判决受特定案件中具体因素的影响，而不依赖于一般性规则，执法部门在案中可以作出自由的裁定。[12] 诸如此类的偏见，延伸至对传统中国法的评价上，比照“东方不是东方”，就产生了“中国法不是法”的伪命题。中华帝国的专制传统被视为“普世”法治的对立面，传统的中国法律无法与西方现代法建立起很好的关联，传统的中国社会也并非依靠法律规范来调整的社会[13]……在诸

---

⑧ 学者周宁在《天朝遥远：西方的中国形象研究》中，将西方乌托邦化的中国形象概括为：“大汗的大陆”“大中华帝国”“孔夫子的中国”三种类型。参见周宁：《天朝遥远：西方的中国形象研究》，北京大学出版社 2006 年版，第 5 页。

⑨ 对马尔噶尼使华事件解释的传统主流观点，即费正清提出的“冲击—反应”模式，认为是优越的西方文明和落后的东方文明之间的强烈碰撞。参见邹雅艳：《13—18 世纪西方中国形象演变》，南开大学出版社 2016 年版，第 288 页。

⑩ ［德］黑格尔：《历史哲学》，王造时译，上海书店出版社 2001 年版，第 19、110 ~ 111、127 页。

⑪ ［法］孟德斯鸠：《论法的精神》，许明龙译，商务印书馆 1982 年版，第 127、194 页。

⑫ ［美］罗伯特·马什：《马克斯·韦伯对中国传统法律的误读》，杜维超译，载《南开法律评论》2015 年版，第 136 ~ 154 页。

⑬ ［美］D. 布迪、C. 莫里斯：《中华帝国的法律》，朱勇译，梁治平校，江苏人民出版社 1995 年版，第 2 页。

多的想象与偏见之下,“中国法并不存在”的结论呼之欲出。当然美国主体认同的转变,也经历了一个历史演变的过程:鸦片战争之伊始,中国人在虎门将鸦片倾倒进广州湾的壮举,很容易让美国人联想起波士顿倾茶事件,此类反抗大英帝国殖民压迫的壮举,自然会得到美国人的肯定与支持。但这种主体认同随着帝国野心的膨胀,很快发生了转变。作者认为1844年美国与清朝签订《望厦条约》,是一个关键的时间节点。《望厦条约》被视作美国与中国以及更为广泛的亚洲之间建立关联的宪法时刻(constitutive moment)(第112页),该条约第21条规定,“合众国民人由领事等官捉拿审讯,照本国例治罪”,这意味着当美国人登陆中国的领土之时,他们将带有“家乡味道”的法律与权利也带到了异国的土地。通过不平等条约,美国攫取了在中国的治外法权,实现非领土占有的殖民特权。此种“没有殖民地的殖民主义”的实现形式,是美国在东方构建法律帝国所迈出的重要一步,从此美国人可以在“自身权威的基础之上,锻造法律事实”(第137页)。

马克思曾评价英国在印度的殖民统治须肩负双重使命:“一个是破坏性的使命,即消灭旧的亚洲式的社会;另一个是建设性的使命,即在亚洲为西方式的社会奠定物质基础。”⑭而美国作为后发的殖民帝国,并未实现地理空间意义上的大范围领土殖民。⑮ 在殖民的客体运作方面,美国很早尝试现代法治的精神及实体输出,实现法律层面的破坏与建设,让美国法在东方再生,成为普世的“国际标准”,从而建立起无形的“法律”帝国。而治外法权本身就是法律帝国主义实践的典范⑯,成功延伸了美国法对疆域之外国民的司法管辖,使在华的美国人可继续享受美国法的关怀,而免受中国专制法律的制裁。何况治外法权让美帝国具备了大英帝国在中国所享有的特权,不失一种帝国霸权的“体

⑭ [德]卡尔·马克思:《不列颠在印度统治的未来结果》,载《马克思恩格斯选集》,人民出版社2006年版,第246~252页。

⑮ 尽管在1898年美西战争中,美国获胜并夺取了西班牙在美洲和亚洲的殖民地,但是相较于英法等老牌殖民帝国,美国依然不是殖民扩张的主要参与者。

⑯ 更为详细的研究,可参见李洋:《美国驻华法院研究(1906—1943)——近代治外法权的殊相》,上海人民出版社2017年版。

面”。同时,《望厦条约》也为美国在东方的法律殖民提供了一个“范本”,后来治外法权成为美国外交实践的一项制度化规范,在日本、暹罗、萨摩亚、朝鲜和汤加等地也获得了类似的特权。美国成为治外法权帝国实践的领航者,其治外法权的“国际经验”,被其他欧洲殖民国家所效法。此后又有更多的国家在中国攫取了治外法权,将本国的法律凌驾于他国的法律之上,构成了没有殖民地的殖民主义的新形式。

在治外法权之下,美国法在中国有了更为充分的运作空间,转化为了更多的精细化实践。1906 年,美国国会通过了设立“驻华法院”的法案,尝试在中国的领土之上,设立“真正的”实体法院,任用更专业的法官,适用更专业的“美国法”,来处理各类殖民司法问题。驻华法院作为联邦法院的附属部分,其上诉法院为旧金山的第九巡回法院,终审于美国最高法院。驻华法院被设想为“中国人可以进入并获取正义的地方”(第 162 页),肩负着重要使命,展示“美国版”的法治模型,让中国人能够享受美国法的福祉,此种法律东方主义的实践扩张到了极致。但事实上,美国法在中国的适用,却面临着极度的尴尬,为确保法律适用的同一性和连贯性,国会的任何相关法案都在中国辖区生效,甚至不考虑它最初适用的对象限制。与此同时,驻华法院又不可能完全忽视中国法的习惯,在涉及不动产案件中也会适用中国法(第 173 页)。结果驻华法院更像是治外法权帝国所孕育的“怪胎”,在“无法之地”适用的并非纯粹的美国法,而是一套魔幻现实主义的“无地之法”,这套“中国版”的“美国法”有多达 14 种法源(第 175 页)。同时驻华法官拥有超乎寻常的自由裁量权,在诸多重要案件中施加个人影响,似乎越来越接近于“卡迪审判”。[17] 而法律东方主义的实践,还出现了“公审公廨”的新形式。公审公廨作为公共租界上的中国法院,形式上本应适用中国法,在实际运作中却是中国法官与外国陪审员共同创制法律,自成其

---

⑰ 卡迪审判,指法官们在审判案件时不是通过适用作为理性的、普通规则下的法律,而是通过援用伦理、政治信条,甚至情感因素来衡量个案的具体事实而形成的判决。在这种体制下,法官的自由裁量权较大,亦较为专断。马克斯·韦伯曾将中国传统法与卡迪司法归为一类。转引自侯欣一:《从司法为民到人民司法——陕甘宁边区大众化司法制度研究》,中国政法大学出版社 2007 年版,第 19 页。

领域。可以看到，标榜“普世性”的美国法，以法律东方主义为内核，在华构建的却是司法实践的“独特性”，这无疑是自相矛盾的。

尝试在“东方”建立“普世”法治关怀的同时，法律东方主义也影响到了美国国内法的运作。从 1882 年起，美国国会颁布了一系列的《排华法案》，最高法院判决了一系列排华案例，来限制华人的移民，同时也向华人群体展示了法律的至高权威。如果说通过治外法权来侵蚀中国的主权和尊严，那么通过筑起阻碍中国移民的长城就是来强化自身的国家主权（第 142 页）。可以看到，治外法权的运作和《排华法案》的实践，共同让法律东方主义建制化，构成了物质性实践的完整形态。

三、法律东方主义之现在——没有殖民者的殖民主义

殖民，将宇宙或宇宙的一部分完全纳入这一民族的语言、习俗、观念和法律之中。

——爱德华·萨义德

当我们谈论法律东方主义的“现在”，就会发现它所经历的“长时段”。从 19 世纪末到 20 世纪，人类历史经历了“一战”、“二战”到“冷战”再到“历史的终结”，国际秩序格局经历了一次次剧变。但作者为我们讲述法律东方主义的历史叙事之时，却进行了大幅度的时间段跳跃。在法律东方主义的历史航程之中，1943 年是一个重要的时间节点。在这一年，民国政府通过中英、中美的一系列条约，正式废除了美国在华的治外法权。治外法权的废黜，貌似使美国法在华失去了现实的运作空间，而作者认为这并非意味着法律东方主义自此终结。但作者对此时间点之前和之后的话语与实践也是一笔带过，而直接聚焦 1978 年以后中国的司法改革。这种跳跃使本书的叙事完整性出现了欠缺，也给读者留下了更多的思考空间。回顾整个 20 世纪，作者跳跃

了两个重要的时间段：一是中华民国建立之后的历史时期，二是中华人民共和国建立的前三十年。自晚清至民国以降，将中国法改造为美国法形式的构想与实践从未停止过。弗兰克·古德诺作为袁世凯政府的宪法顾问，希望袁政府能够建立起君主立宪政体，来适用于“缺乏自治经验和公共教育，而习惯于专制统治”的中国民众[18]；罗斯科·庞德也长期作为中华民国的法律顾问，以一种“法律传教士”的心态自居。[19]如果我们以内部视角观察来自“西方”的法律东方主义，就需反思自晚清至民国以降，“这套话语究竟是如何在中国传播的”，以及面对美国法的来袭，“中国又有过哪些抵抗和超越的努力”的重要问题。[20] 而关于新中国成立之后的考察，黄宗智认为，中国的法律体系“同时具有权利和道德的概念，也具有一定的实用性，展示着三种传统——来自西方的移植，古代的传统以及现代革命传统的混合”。[21] 当代中国一直适用来自革命传统的法律（特别是婚姻法律）以及革命所创建的法庭调解制度[22]，可以说，现代革命的传统是重塑中国法主体性的不可或缺的重要因素，而作者对这些重要的因素进行了选择性遗忘。就法律东方主义而言，当我们谈论“现在”，需要对这两个时间段进行更多的思考。

作者通过对中国 1978 年后司法改革的观察，发现法律东方主义呈现出新的客体运作形式——“自我东方化”。“自我东方化”，阿里夫·德里克将其表述为：“亚洲人对亚洲的体验与看法，将本民族文化非历史化、非社会化的种种倾向”[23]；作者认为这是“法律主体性之规范被内

---

⑱ 转引自田雷：《最坏的政体——古德诺的隐匿命题以及解读》，载《华东政法学院学报》2013 年第 5 期。

⑲ 对古德诺和庞德更为详尽的个案研究，可参见 Jedidiah J. Kroncke, *The Futility of Law and Development: China and the Dangers of Exporting American Law*, Oxford University Press, 2016。

⑳ 章永乐：《从萨义德到中国：法律东方主义的一种读法》，载《中国法律评论》2016 年第 4 期。

㉑ 黄宗智：《中西法律如何融合？道德、权利与实用》，载《中外法学》2010 年第 5 期。

㉒ 黄宗智：《实践与理论：中国社会、经济与法律的历史与现实研究》，法律出版社 2015 年版，第 16 页。

㉓ ［美］阿里夫·德里克：《后现代主义、东方主义与“自我东方化”》，曾艳兵译，载《东方论坛》2001 年第 4 期。

化的结果”。自1978年改革开放后，中国为了规范社会主义法制体系，进行了大刀阔斧的司法改革。通过法律移植、超前立法等方式，中国以惊人的速度构建了大量的实体法和程序法，形成了体量庞大的法律体系。虽然现在的中国法律体系是建立于大陆法系基础之上，但在商法和经济法领域，美国法仍是被移植的实体法的主要来源。特别是中国加入WTO后，伴随跨国法律实践呈现的普遍“美国化”，美国法似乎在更广泛地塑造着中国的法律实践。当把“移植美国法”作为构建和改造本国法律体系的“标准范式”，这本身就包含着中国法“落后于美国”乃至“本土无法治”的自我认同，从而自觉接受并适用“先进”的“美国法”。更有甚者“自觉或不自觉地借助历史事例、历史过程的叙述平台，以建立法律移植的可能性、条件、过程等普遍理论”，[24]将“自我东方化”推向了自证其合理性的更高层级。

这种“自我东方化”倾向，不单单在立法和司法实践中显现，也深刻影响着“法治”观念的生成与构建。步入20世纪90年代，依法治国被写入了中国宪法，也被写入了中国共产党的施政纲领，成为治国理政的基本原则之一。但在中国谈论“法治”之时，看到的是更多“西化”的法律观念，和逐渐建立并壮大的权利话语。人权保护、废除死刑、司法独立等西方现代法治理念占据了话语的主流，并被更多地运用于社会现实问题的探讨当中。“生活在法律文本或者学术话语之中的权利概念，正在形成一种沁入平民现实生活的物质力量，一种在沁入的同时对社会关系起着分割、厘定作用的物质力量。”[25]如作者观察所见，中国人生活的世界越来越法律化，越来越多中国法律人士加入权利话语体系之中，成为“东方化”的主动参与者。在西方主导的政治经济秩序和文化霸权之下，部分中国法律人似乎更多表现出葛兰西所言的文化接受的“主动权”：用西方的眼光来审视自身，以西方的价值尺度来评判自己，进而以西方的模式改造自己，这些中国人正和东方主义者一道，共

㉔ 刘星：《重新理解法律移植——从“历史”走向“当下”》，载《中国社会科学》2004年第5期。

㉕ 沈岿：《界定权利的时代》，载北大法律网，2003年。

同营造着“法律东方主义”的新神话——没有殖民者的殖民主义。

四、法律东方主义之未来——东方法律主义?

他了解自我和他者
也就知道东方
与西方不能分离。

——歌德

然而作者绝非法律东方主义胜利论者。虽然作者甚至夸张地认为，中国的改变，已经达到“逐步消除其独特政治传统造就的障碍，为现代法律的发展开辟着道路”的地步，但并不意味着中国在复制和照搬西方的法律模式，更不意味着法律东方主义的话语与实践在中国的全盘胜利。诚如作者所言，如果推定当下中国的所有法律话语纯粹只是自我东方化的花言巧语，乃是一个重大的理论错误和事实错误(第214页)。

时间来到20世纪末，在“经济全球化”的时代，中国在改革开放的同时，寄希望于加入世界贸易组织(WTO)来融入全球市场，在国际经济贸易体系中发挥更重要的影响。但在入世的过程中，中国的法律制度面临着与全世界接轨的难题，“超前立法”或“法律移植”可能更适应列强主导的国际霸权秩序。[26] 可以看到，中国的入世过程无比艰难，前后历时15年，经历了与37个成员国的多轮谈判，在WTO的历史上前所未有。这其中充斥着法律东方主义的陈词滥调：中国并非符合现代性法律的主体；中国未能与普世的法律价值和形式相接轨；中国法必须要建立于普世价值模型之上：更宽松的人权话语，更完备的诉讼程序，更开放的审判环境，更人性的惩罚体系……在法律东方主义规制和解

[26] 章永乐：《从秋菊到WTO：反思国际战略选择与国内法律秩序演变的关系》，载《武汉大学学报》(哲学社会科学版)2017年第1期。

释的国际法体系之中,法律秩序愿景已被普世化的构建,中国只需单纯地复制和执行即可。这会让中国再次陷入"自我东方化"的窘境之中。加入 WTO,是否意味着主体性的同化与丧失?这也成为法律东方主义航程中一个新的时间节点。

在此背景之下,越来越多的中国法律研究者寻求文明自信与文化自觉,尝试进行在"他者"面前发现"本我"的探索,回应如何看待自己和看待别人的问题。作者也关注到不少中国研究者已有的探索:法治及本土资源论;"三个至上"论;儒家风格自由主义的民权说,儒家宪政主义构想等。这些理论尝试在中国历史、文化、社会等不同层面,与法律东方主义进行对话,重新发现中国法的主体性。苏力的法治与本土资源论,是较为前沿和成熟的探索,尝试反思"普世"的西方现代法治经验,转而探寻中国法治资源的本土性和主体性。有学者总结本土资源论的要义在于"从中国本土经验中提炼出一般化的概念或命题,并用中国普通人日常生活的语言来表述,从而一方面确立中国学术自身的主体性,另一方面能够与包括欧美在内的世界各国学术进行平等的、互有贡献的对话"。[27] 在苏力本人看来,对本土资源的寻求,除了"从历史典籍规章中去寻找,更重要的是要从社会生活中的各种非正式法律制度中去寻找"。[28] 因此苏力在展开本土资源的研究之时,从"研究中国问题、注重司法和建立学术传统"[29]三个具体方面着手。苏力的研究关注中国的具体个案和现实问题,关注乡土社会中的司法具体实践,关注市场经济与立法的互动问题,关注中国古代文学艺术作品中的法律现象和社会问题,而后又推进了"古代宪制"研究,尝试回归中国社会语境,在中华文明的历史维度中重新理解中国的政治构成和"宪制"传统。并且在苏力的影响之下,一批具备社会学、经济学、人类学的相关知识的青年学者,采用社会科学的方法来研究本土的法治问题,形成了

---

[27] 郑戈:《寻找法治中国化的道路——以苏力〈法治及其本土资源〉为样本的分析》,载《探索与争鸣》2017 年第 5 期。

[28] 苏力:《送法下乡:中国基层司法制度研究》,中国政法大学出版社 2000 年版,第 1~2页。

[29] 苏力:《批评与自恋——读书与写作》,法律出版社 2004 年版,第 203 页。

“社科法学”的学术共同体。[30] 中国的司法改革白皮书将“在承继中国传统法律文化优秀成果、借鉴人类法治文明的基础上，探索建立并不断完善中国特色社会主义司法制度”作为一项长久的愿景，用以指导中国的法治进程与实践。可以相信，未来会有更多诸如苏力的研究者积极寻求文明自信与文化自觉，尝试发掘、理解和提炼本土经验，在法治进程中不断地展现中国叙事。

既然存在东方主义，是否也应存在与之对应的西方主义？萨义德学说最早的引介者张宽曾给出肯定的回应：“所谓东方主义，一定有它的对应物，我们不妨把这对应物称之为西方主义（Occidentalism）。”[31]在张宽的语境里，其指在西方强势文明冲击下浮躁的、盲目的、非理性的对待西方文化的态度。而《西方主义》中[32]所言的“西方主义”，是在某种意义上是对“东方主义”的反向论述，亦即东方人对西方世界的报复性想象及去人性化理解。可以大胆的想象，是否可以按照东方人的理解来建构东方？中国法是否能成为新的普世法治标准？此种法律话语的反转，并非绝无可能。中国法也许在未来代表一种理想的法律秩序，荣升为“东方法律主义”，去构建“东方法律主义”的话语和实践，形成新的法治理想图景。但作者在尝试破除“法律东方主义”神话的同时，也不忘在本书的结尾为“东方法律主义”泼上一盆现实的凉水：虽然中国对经济普世性和政治支配力在逐渐增强，也就是说中国融入了世界经济体系，并且在国际政治中拥有更强的话语权，但“中国法”的观念长期受制于东方主义的历史困扰，会继续给人留下一种自我矛盾的印象（第234页）。

---

[30] 详见尤陈俊：《社科法学的成长与发展》，载《南开法律评论》2015年刊。

[31] 张宽：《欧美人眼中的“非我族类”》，载《读书》1993年第9期。

[32] ［荷］伊恩·布鲁玛、［以］阿维赛·玛格里特：《西方主义》，张鹏译，金城出版社2010年版。

五、结语

纵观全书,当以法律东方主义的视角来看待美国法与中国法的历史与现实,就会陷入多重的二元对立:现代与传统、普世性与独特性、主体性与非主体性、全球化与本土化,自然就会得出中国无法性的悖论,就要以"西方范式"来构建中国的法治。"如果对法律的界定如此偏狭,以至于将中国从法律的世界排除出去,有点未见过世面之人的教条主义。"[33]同时,回顾历史的过去、现在与未来,就可以看到美国法,抑或中国法并非孤立的存在,应抛开文化帝国主义的执念,正视两者皆是全球法律现代性话语的重要组成部分。也许萨缪尔·亨廷顿为我们指明了"法律东方主义"未来的出路:"在未来的岁月里世界上将不会出现一个单一的普世文化,而是将有许多不同的文化和文明互相并存。"[34]

㉝ [美]达玛什卡:《司法和国家权力的多种面孔:比较视野中的法律程序》,郑戈译,中国政法大学出版社2004年版,第199页。

㉞ [美]萨缪尔·亨廷顿:《文明的冲突与世界秩序的重建》,新华出版社2010年版,第1~2页。

《政治与法律评论》
(第九辑)第247~250页

《政治与法律评论》引征体例

援用规范:

凌斌:《村长的困惑——〈秋菊打官司〉再思考》,载《政治与法律评论》(第1辑),北京大学出版社2010年版。

一般体例

1. 引征应能体现所援用文献、资料等的信息特点:(1)能与其他文献、资料等相区别;(2)能说明该文献、资料等的相关来源,方便读者查找。

2. 引征注释以页下脚注形式连续编排。

3. 正文中出现一百字以上的引文,不必加注引号,直接将引文部分左边缩排两格,并使用楷体字予以区分。一百字以下引文,加注引号,直接放在正文中。

4. 直接引征不使用引导词或加引导词,间接性的带有作者个人的概括理解的,支持性或背景性的引用,可使用"参见"、"例如"、"例见"、"又见"、

“参照”等;对立性引征的引导词为“相反”、“不同的见解,参见”、“但见”等。

5. 作者(包括编者、译者、机构作者等)为三人以上时,可仅列出第一人,使用“等”予以省略。

6. 引征二手文献、资料,须注明该原始文献资料的作者、标题,在其后注明“转引自”该援引的文献、资料等。

7. 引征信札、访谈、演讲、电影、电视、广播、录音、未刊稿等文献、资料等,在其后注明资料形成时间、地点或出品时间、出品机构等能显示其独立存在的特征。

8. 不提倡引征作者自己的未发表稿件,除非是即将出版或已经在一定范围内公开的。

9. 引征网页应出自大型学术网站或新闻网站,由站方管理员添加设置的网页,应附有详细的可以直接确认定位到具体征引内容所在网页的 URL 链接地址,并注明最后访问日期。不提倡从 BBS、BLOG 等普通用户可以任意删改的网页中引征。

10. 英文以外作品的引征,从该文种的学术引征惯例,但须清楚可循。

11. 其他未尽事宜,参见近期已登文章的处理办法。

引用例证

中文

1. 著作

＊朱慈蕴:《公司法人格否认法理研究》,法律出版社 1998 年版,第 32 页。

2. 译作

＊[法]孟德斯鸠:《论法的精神》(下册),张雁深译,商务印书馆 1963 年版,第 32 页。

3. 编辑(主编)作品

＊朱景文主编:《对西方法律传统的挑战——美国批判法律研究运动》,中国检察出版社 1996 年版,第 32 页。

4. 杂志/报刊

＊张维迎、柯荣住:《诉讼过程中的逆向选择及其解释——以契约纠纷的基层法院判决书为例的经验研究》,载《中国社会科学》2002 年第 2 期。

＊刘晓林:《行政许可法带给我们什么》,载《人民日报》(海外版)2003 年 9 月 6 日第 H 版。

5. 著作中的文章

＊宋格文:《天人之间:汉代的契约与国家》,李明德译,载高道蕴等主编:《美国学者论中国法律传统》,中国政法大学出版社 1994 年版,第 32 页。

6. 网上文献资料引征

＊梁戈:《评美国高教独立性存在与发展的历史条件》,载 http://www.edu.cn/20020318/3022829.shtml,最后访问日期:2008 年 8 月 1 日。

7. 古籍

＊(清)汪辉祖:《学治臆说》,卷下,清同治十年慎间堂刻汪龙庄先生遗书本,第 4 页 b。

＊(清)薛允升:《读例存疑》(重刊本),黄静嘉编校,台湾成文出版社 1970 年版,第 858 页。

8. 档案文献

＊"沈宗富诉状",嘉庆二十二年十二月二十日,巴县档案 6－2－5505,四川省档案馆藏。

英文

1. 英文期刊文章 consecutively paginated journals

Frank K. Upham, "Who Will Find the Defendant if He Stays with His Sheep? Justice in Rural China", 114 *Yale Law Journal* 1675 (2005).

2. 文集中的文章 shorter works in collection

Lars Anell, "Foreword", in Daniel Gervais, *The TRIPS Agreement: Drafting History and Analysis*, London: Sweet & Maxwell, 1998, p. 1.

3. 英文书 books

Richard A. Posner, *The Problems of Jurisprudence*, Cambridge, MA: Harvard University Press, 1990, p. 456.

4. 英美案例 cases

New York Times Co. v. Sullivan, 76 U. S. 254(1964). (正文中出现也要斜体)

Kobe, Inc. v. Dempsey Pump Co., 198 F. 2d 416, 420 (10th Cir. 1952).

5. 未发表文章 unpublished manuscripts

Yu Li, *On the Wealth and Risk Effects of the Glass-Steagall Overhaul: Evidence from the Stock Market*, New York University, 2001 (*unpublished manuscript, on file with author*).

6. 信件 letters

Letter from A to B of 12/23/2005, p. 2.

7. 采访 interviews

Telephone interview with A(Oct. 2, 1992).

8. 网页 internet sources

Lu Xue, *Zhou Zhengqing Talks on the Forthcoming Revision of Securities Law*, *at* http://www. fsi. com. cn/celeb300/visited303/303_0312/303_03123001. htm? 最后访问日期:2008 年 8 月 1 日。

注释中重复引用文献、资料时,若为注释中次第紧连援用同一文献的情形,使用"同上注,第 2 页"、"Id. , p. 2"等。

若为非次第紧连但在同页出现的文献,可将文献的版次、出处等简略,仅使用"同前注"、"supra note",但须注明引用文献的名称和作者,以便识别。如"苏力:《送法下乡》,同前注"。

《政治与法律评论》
(第九辑)第251 ~252页

《政治与法律评论》稿约

1.《政治与法律评论》创办于2010年,由北京大学法治研究中心和重庆大学人文与社会科学高等研究院联合编辑。《评论》致力于对西方与中国的政制与法律传统研究,提倡对法律问题和公共政策进行政治过程或政治哲学分析。《评论》坚持学术自主、自尊和自律,坚持兼容并包、思想自由。

2.《评论》分为“特稿”“主题研讨”“论文”“评论”“书评”五个栏目,对来稿不做字数上的限制,不考虑稿件作者的身份和以往学术经历,以学术水准和学术规范为要求。关于引证规范,请具体参见尾页所附之引证体例。

3.《评论》实行匿名审稿制度。来稿请详细注明作者的身份和联系方法(姓名、单位、通信地址、E-mail、联系电话等)。来稿须同一语言下未事先在任何纸面和电子媒介上发表。稿件请附相关的中文摘要和主题词。中文以外的其他语言之翻译稿须同时邮寄原文稿部分,并附作者或出版者的翻译书面(包括E-mail)授权许可。

4.《评论》编辑委员会拥有对在《政治与法律评论》上已登作品的版权。作者应保证对其作品具有著作权并不侵犯其他个人或组织的著作权,译者应该保证该译本未侵犯原作者或出版者任何可能的权利,并在可能的损害产生时自行承担损害赔偿责任。编辑委员会或其任何成员不承担由此产生的任何责任。

5.《评论》欢迎对所登文章的转载、摘登和翻译,但应尊重原作者依据《著作权法》享有的权利,并在实施转载时注明"转载自《政治与法律评论》第×辑(××出版社××××年)"和原作者、译校者署名,同时书面或电子邮件通知《评论》编辑委员会。

6. 来稿请寄:pkureview@ gmail. com。《评论》要求作者以 Word 文档或 PDF 格式并使用附件发送,不接受纸质投稿。任何来稿视为作者、译者已经阅读或知悉并同意本声明。

《政治与法律评论》编辑委员会

2010 年 3 月 22 日

图书在版编目(CIP)数据

政治与法律评论. 第九辑 / 强世功主编. -- 北京 : 法律出版社, 2020
ISBN 978-7-5197-4818-0

Ⅰ. ①政… Ⅱ. ①强… Ⅲ. ①法学-政治学-研究 Ⅳ. ①D90-05

中国版本图书馆CIP数据核字(2020)第143417号

政治与法律评论(第九辑)
ZHENGZHI YU FALÜ PINGLUN (DI-JIU JI)

强世功 主编
于明 王凯 执行主编

责任编辑 韩满春
装帧设计 李瞻

出版 法律出版社
总发行 中国法律图书有限公司
经销 新华书店
印刷 三河市龙大印装有限公司
责任校对 李景美 周诗湄
责任印制 陶松

编辑统筹 学术·对外出版分社
开本 710毫米×1000毫米 1/16
印张 16.25
字数 222千
版本 2020年10月第1版
印次 2020年10月第1次印刷

法律出版社/北京市丰台区莲花池西里7号(100073)
网址/www.lawpress.com.cn
投稿邮箱/info@lawpress.com.cn
举报维权邮箱/jbwq@lawpress.com.cn
销售热线/400-660-8393
咨询电话/010-63939796

中国法律图书有限公司/北京市丰台区莲花池西里7号(100073)
全国各地中法图分、子公司销售电话:
统一销售客服/400-660-8393/6393
第一法律书店/010-83938432/8433
西安分公司/029-85330678
重庆分公司/023-67453036
上海分公司/021-62071639/1636
深圳分公司/0755-83072995

书号:ISBN 978-7-5197-4818-0
定价:78.00元
(如有缺页或倒装,中国法律图书有限公司负责退换)